基金项目：北京科技大学中央高校基本科研业务费（FRF-TP22-068A1）

劳动收入风险与城镇家庭金融资产选择

贺茂斌◎著

·北京·

图书在版编目（CIP）数据

劳动收入风险与城镇家庭金融资产选择 / 贺茂斌著. 北京：科学技术文献出版社，2025.3. -- ISBN 978-7-5235-2374-2

Ⅰ.F126.2；TS976.15

中国国家版本馆CIP数据核字第2025NX8858号

劳动收入风险与城镇家庭金融资产选择

策划编辑：丁芳宇　　责任编辑：李　晴　　责任校对：宋红梅　　责任出版：张志平

出 版 者	科学技术文献出版社
地　　址	北京市复兴路15号　　邮编　100038
出 版 部	（010）58882941，58882087（传真）
发 行 部	（010）58882868，58882870（传真）
官方网址	www.stdp.com.cn
发 行 者	科学技术文献出版社发行　全国各地新华书店经销
印 刷 者	北京厚诚则铭印刷科技有限公司
版　　次	2025年3月第1版　2025年3月第1次印刷
开　　本	710×1000　1/16
字　　数	200千
印　　张	13.75
书　　号	ISBN 978-7-5235-2374-2
定　　价	56.00元

版权所有　违法必究

购买本社图书，凡字迹不清、缺页、倒页、脱页者，本社发行部负责调换

PREFACE 序言

  Markowitz（1952）均值-方差资产组合理论表明，投资者进行资产选择时，高风险资产与低风险资产之间是互补的，以实现投资收益和投资风险的有效组合，最终实现收益最大化。换言之，不考虑流动性和交易成本，当资产选择达到均衡时，同等风险的资产之间是可以相互替代的。因此，当把人力资本看作一种家庭资产时，同等风险的人力资本和家庭其他资本可以相互替代。人力资本作为家庭的重要资本，一般来说，其流动性较低，风险高于定期存款和政府债券等无风险资产，低于股票等风险金融资产，可以获得超出无风险资产收益的风险溢价（Heaton et al., 2010）。

  在金融资产中，股票的收益波动性较大，属于高风险资产（Campbell，2006），而且中国股票市场波动大、换手率高，风险高于欧美等国家成熟股票市场（田利辉 等，2014）。通常观点认为，在体制内单位工作的个体追求稳定的工资收入，不愿意承担更多的风险（陈刚 等，2017）。然而，2018 年北京大学中国社会科学调查中心公布的中国家庭追踪调查（China Family Panel Studies，CFPS）数据却显示，在体制内单位工作的城镇家庭中，17.43%的家庭持有股票等风险金融资产，远高于城镇家庭风险金融资产平均持有比例（9.93%），且为城镇体制外单位工作家庭风险金融资产持有比例的 2.41 倍。城镇体制内单位工作家庭比体制外单位工作家庭更偏好股票等风险金融资产，该结论在控制了体制内单位工作的"精英效应"后仍显著成立。

基于上述情境，本书将人力资本也看作一种家庭资本，将其纳入 Li 等（2000）的多期均值-方差模型。不考虑流动性和交易成本，高风险对应高收益，低风险对应低收益。资产选择达到均衡时，同等风险的人力资本和家庭其他资本是同质的，并可以相互替代。结合计划经济向市场经济转型时期的特殊国情，将人力资本分为体制内单位工作和体制外单位工作两种类型。在其他条件不变的情况下，当家庭选择在体制内单位工作时，由于体制内单位工作的人力资本风险低，家庭会将其他物质和金融资产投资于高风险部门；反之，家庭选择在体制外单位工作时，由于体制外单位工作的人力资本风险高，家庭会将其他物质和金融资产投资于低风险部门。

本书主要包括 9 个章节。

第 1 章，研究背景和思路。

第 2 章，理论基础。本章介绍了威廉·配第、亚当·斯密、大卫·李嘉图和卡尔·马克思的劳动价值论的基本观点和演变历程。同时，介绍了家庭资产选择的相关理论，包括生命周期假说、理性预期假说、流动性偏好、均值-方差模型、消费-投资选择模型和行为金融理论。

第 3 章，文献综述。本章系统阐释了劳动收入风险与家庭资产选择的相关研究，包括劳动收入的定义及来源、劳动收入风险的定义及影响因素、劳动收入风险对家庭资产选择的影响、体制内单位与体制外单位工作劳动收入风险的差异。此外，本章也梳理了影响家庭风险金融资产选择的其他因素，包括投资者个体特征、家庭特征、数字金融及新冠疫情的影响等。在此基础上，指出现有研究的贡献及不足，并提出本书的研究思路。

第 4 章，理论模型。首先，将人力资本引入 Li 等（2000）的多期均值-方差模型，分析劳动收入风险与家庭其他资产风险之间的替代效应。其次，阐述了中国股票市场高风险的特征。此外，结合中国计划经济向市场经济转型过程中的特殊国情，将劳动收入风险按照工作单位性质分为体制内单位工作和体制外单位工作两种类型，对比分析二者劳动收入风险的差异。在此基础上，提出本书的研究假设和研究推论。

第 5 章，城镇家庭劳动收入风险的测度与分解。将中国区域经济发展不平衡引入并修正 Angerer 等（2009）的劳动收入风险测度方法，利用中国家庭追踪调查（CFPS）2010—2018 年的 5 次调查数据，测度城镇家庭个体和整体劳动收入风险，将劳动收入风险分解为暂时性劳动收入风险和永久性劳动收入风险。进一步地将劳动收入风险按照工作单位性质分为体制内单位工作和体制外单位工作两种类型，对比分析二者劳动收入风险的差异。

第 6 章，劳动收入风险与城镇家庭风险金融资产投资。基于第 5 章测度的城镇家庭劳动收入风险，利用中国家庭追踪调查（CFPS）2010—2018 年的 5 次调查数据，验证劳动收入风险对城镇家庭风险金融资产投资是否存在负向影响。进一步地，将城镇家庭样本分为体制内单位工作和体制外单位工作两种类型，分析二者劳动收入风险差异对城镇家庭风险金融资产投资影响的异质性。在此基础上，进一步控制了体制内单位工作的"精英效应"和模型估计的内生性问题，并使用西南财经大学中国家庭金融调查与研究中心公布的中国家庭金融调查（China Household Finance Survey，CHFS）2011—2017 年 4 次调查的城镇家庭样本进行稳健性检验。

第 7 章，"铁饭碗"代际传递与城镇家庭风险金融资产投资。首先，考察户主父母在体制内单位工作对户主职业选择的影响。在此基础上，使用中介效应模型验证户主父母在体制内单位工作对户主劳动收入风险的影响，进而分析其对城镇家庭风险金融资产投资的影响。

第 8 章，事业单位改革与城镇家庭风险金融资产投资。首先，将劳动收入风险引入 Merton（1971）动态消费-投资选择模型，分析劳动收入风险变化对城镇家庭风险金融资产投资的影响。在此基础上，以 2012 年新一轮事业单位改革为准自然实验，使用倾向得分匹配控制了样本选择偏误后，利用双重差分模型分析 2012 年新一轮事业单位改革带来的劳动收入风险变化对城镇体制内单位工作家庭风险金融资产投资的影响。

第 9 章，结论与建议。总结本书的内容，提出相关政策建议，并指出未来的研究方向。

CONTENTS 目 录

第1章 **研究背景和思路** …………………………………… 1
 1.1 研究背景 …………………………………………… 1
 1.2 研究思路 …………………………………………… 4

第2章 **理论基础** ………………………………………… 6
 2.1 劳动价值理论演变 ………………………………… 6
 2.2 家庭资产选择的相关理论 ………………………… 11

第3章 **文献综述** ………………………………………… 19
 3.1 劳动收入风险的定义及影响因素 ………………… 19
 3.2 劳动收入风险与家庭风险金融资产投资 ………… 23
 3.3 体制内单位与体制外单位工作劳动收入风险的差异 …… 25
 3.4 影响家庭风险金融资产投资的其他因素 ………… 27
 3.5 文献述评 …………………………………………… 36

第4章 理论模型 ········ 38
4.1 劳动收入风险与家庭资产选择 ········ 39
4.2 中国股票市场的高风险特征 ········ 48
4.3 体制内单位和体制外单位工作劳动收入风险差异 ········ 53
4.4 本章小结 ········ 54

第5章 城镇家庭劳动收入风险的测度与分解 ········ 56
5.1 财务风险与收入风险的测度 ········ 57
5.2 数据、变量与方法 ········ 59
5.3 城镇家庭个体劳动收入风险测度结果 ········ 64
5.4 城镇家庭整体劳动收入风险测度结果 ········ 68
5.5 本章小结 ········ 74

第6章 劳动收入风险与城镇家庭风险金融资产投资 ········ 76
6.1 数据、变量与模型 ········ 78
6.2 实证结果分析 ········ 86
6.3 体制内单位和体制外单位工作与城镇家庭风险金融资产投资 ········ 110
6.4 本章小结 ········ 138

第7章 "铁饭碗"代际传递与城镇家庭风险金融资产投资 ········ 140
7.1 数据、变量与模型 ········ 142
7.2 实证结果分析 ········ 147
7.3 本章小结 ········ 157

第8章 事业单位改革与城镇家庭风险金融资产投资 ········ 159
8.1 理论模型 ········ 161
8.2 数据、变量与模型 ········ 164

8.3 实证结果分析 …………………………………………… 170
8.4 本章小结 ………………………………………………… 181

第9章 结论与建议 …………………………………………… 182
9.1 研究结论 ………………………………………………… 182
9.2 政策建议 ………………………………………………… 184
9.3 研究展望 ………………………………………………… 188

参考文献 ……………………………………………………… 190
后记 …………………………………………………………… 208

第 1 章

研究背景和思路

1.1 研究背景

就业是沟通社会供给和需求的桥梁,是连接生产、交换、分配和消费的纽带,也是维护经济平稳运行的基本保障。随着中国经济发展进入新常态、外部环境发生重大变化、经济下行压力增大,多渠道拓展就业、多举措稳定就业成为新时期经济工作的重中之重。2018 年 7 月 31 日,中共中央政治局会议首次提出"六稳"方针①,即稳就业、稳金融、稳外贸、稳外资、稳投资、稳预期。2020 年 4 月 17 日,中共中央政治局会议又提出"六保"的新任务②,即保居民就业、保基本民生、保市场主体、保粮食能源安全、保产业链供应链稳定、保基层运转。2022 年 10 月 16 日,党的二十大报告进一步强调,"实施就业优先战略。就业是最基本的民生。强化就业优先政策,健全就业促进机制,促进高质量充分就业。健全就业公共服务体系,完善重点群体就业支持体系,加强困难群体就业兜底帮扶。统筹城乡就业政策体系,破除妨碍劳动力、人才流动的体制和政策弊端,消除影响平等就业的不合理限制和就业歧视,使人人都有通过勤奋劳动实现自身发展的机会"。稳就业和保居民就业放在"六稳""六保"政策的首要位置,实施"就业优先战略",是克服新

---

① 习近平主持中共中央政治局会议 [EB/OL]. (2018-07-31) [2024-06-30]. https://www.gov.cn/xinwen/2018-07-31/content_5310829.htm.
② 中共中央政治局召开会议 习近平主持 [EB/OL]. (2020-04-17) [2024-06-30]. http://www.qstheory.cn/yaowen/2020-04/17/c_1125872069.htm.

冠疫情冲击、缓解国际经济环境不稳定不确定性的影响、保证我国经济社会平稳运行的核心举措。

鼓励公民积极参与股票等金融市场，合理配置家庭资产，增加居民财产性收入，多元化拓展收入来源，是提升居民获得感、幸福感和安全感的有效途径。2007年10月15日，党的十七大报告首次提出"创造条件让更多群众拥有财产性收入"①。2022年10月16日，党的二十大报告进一步提出，"完善按要素分配政策制度，探索多种渠道增加中低收入群众要素收入，多渠道增加城乡居民财产性收入"②。2023年9月25日，国务院印发《关于推进普惠金融高质量发展的实施意见》③，要求"构建类别齐全、策略丰富、层次清晰的理财产品和服务体系，拓宽居民财产性收入渠道"。在此背景下，探究家庭劳动收入风险的来源，研究城镇家庭劳动收入风险对家庭资产选择的影响及作用机制，对于稳定家庭就业、增加家庭财产性收入、提升家庭整体福利具有重要意义。

家庭资产选择理论重点关注家庭如何将资产配置到不同风险和不同收益的资产组合上，以实现家庭收益最大化（Campbell，2006）。人力资本作为家庭的重要资本，一般来说，流动性较低，风险低于股票等风险金融资产，可以获得超出无风险资产收益的风险溢价（Heaton et al.，2010）。家庭进行资产选择时，高风险资产和低风险资产之间是互补的。将人力资本纳入统一的家庭资产选择框架，当家庭资产选择达到均衡时，不考虑流动性和交易成本，同等风险的人力资本和家庭其他资本之间可以相互替代。相对于人力资本，股票等风险金融资产收益波动性高，加之中国股票市场波动大、换手率高、牛市熊市成交额相差过大、市盈率高和股票收益相对较低等特点，中国股票市场风险高于欧美等成熟股票市场（王向楠，2019；尹力博 等，2019）。

---

① 胡锦涛在中共第十七次全国代表大会上的报告全文 [EB/OL]．（2007-10-24）[2024-06-30]．https：//www.gov.cn/ldhd/2007-10/24/content_785431.htm．

② 习近平：高举中国特色社会主义伟大旗帜　为全面建设社会主义现代化国家而团结奋斗——在中国共产党第二十次全国代表大会上的报告 [EB/OL]．（2022-10-25）[2024-06-30]．https：//www.gov.cn/xinwen/2022-10/25/content_5721685.htm．

③ 国务院关于推进普惠金融高质量发展的实施意见（国发〔2023〕15号）[EB/OL]．（2023-10-11）[2024-06-30]．https：//www.gov.cn/zhengce/zhengceku/202310/content_6908496.htm．

通常观点认为，在体制内单位工作的个体追求稳定的工资收入，不愿意承担更多的风险（陈刚 等，2017）。然而，2018年北京大学中国社会科学调查中心公布的中国家庭追踪调查（CFPS）数据却显示，在体制内单位工作的城镇家庭中，17.43%的家庭持有股票等风险金融资产，远高于城镇家庭风险金融资产平均持有比例（9.93%），且为城镇体制外单位工作的家庭风险金融资产持有比例的2.41倍。进一步细分户主教育程度后，当户主的受教育程度均为本科时，城镇体制内单位工作的家庭风险金融市场参与比例是体制外单位工作家庭的2.03倍。这表明，"精英效应"并不能有效解释为什么城镇体制内单位工作的家庭更愿意持有股票等风险金融资产。而体制内和体制外单位工作的劳动收入风险差异将成为解释在体制内单位工作的城镇家庭更偏好股票等风险金融资产的重要因素。

中国由计划经济向市场经济转型过程中，体制内单位工作和体制外单位工作存在很大差异。体制内单位工作一般是指在政府部门、事业单位和国有企业工作，相较于体制外单位工作，体制内单位工作相对稳定，被辞退概率低，医疗保险、养老保险和住房补贴等福利待遇相对较好（孙文凯 等，2017）。体制外单位工作的工资性收入虽然高于体制内单位工作，但是工作福利低于体制内单位工作。近年来，随着市场化改革的深入，体制内和体制外单位工作的福利差距和工资差距虽然呈现缩小的趋势，但体制内单位工作的平均工资性收入仍显著低于体制外单位工作，工资性收入波动也显著低于体制外单位工作（孙文凯 等，2016；孙文凯 等，2017）。

本书将城镇家庭中至少有一人在政府部门、事业单位或者国有企业工作的家庭定义为体制内单位工作家庭。中国家庭追踪调查（CFPS）数据显示，2010—2018年，城镇体制内单位工作的家庭人均工资性收入波动（标准差）为3.71，体制外单位工作家庭的人均工资性收入波动（标准差）为4.97。这表明，2010—2018年，城镇体制外单位工作家庭的工资性收入波动高于体制内单位工作的家庭。此外，由于体制内单位工作的劳动者被解雇的风险小、离职率低[1]，

---

[1] 中组部副部长：公务员队伍总体稳定 不存在"辞职下海潮"［EB/OL］.（2017-10-19）［2024-06-30］. https：//www.chinanews.com.cn/gn/2017/10-19/8356247.shtml.

因而失业风险低；而体制外单位工作的劳动者离职率较高，且面临一定程度的被解雇风险和企业破产风险。特别是2019年末开始的新冠疫情，造成大量企业停产停工，营业收入大幅下降，企业开始通过降薪和裁员等方式降低损失，加之为防控疫情而采取的隔离等限制人口流动等措施，均降低了家庭的劳动参与率和劳动收入，也加剧了家庭的劳动收入风险。相比之下，在体制内单位工作的家庭，工资由国家或地方财政承担，工资给付的不确定性小，劳动收入风险也相对较低。因此，城镇体制内单位工作的家庭劳动收入风险低于体制外单位工作的家庭。

基于上述情境，在其他条件不变的情况下，当城镇家庭选择在体制内单位工作时，由于体制内单位工作的人力资本风险或者劳动收入风险相对较低，家庭会将其他物质资本和金融资本投资于高风险部门；反之，当城镇家庭选择在体制外单位工作时，由于体制外单位工作的人力资本风险或者劳动收入风险相对较高，家庭会将其他物质资本和金融资本投资于低风险部门。

1.2 研究思路

首先，本书将人力资本引入Li等（2000）的多期均值-方差模型，分析同等风险条件下人力资本风险对家庭其他资产风险的替代作用。基于中国由计划经济向市场经济转型过程中的特殊国情，将人力资本风险或者劳动收入风险按照工作单位性质分为体制内单位工作和体制外单位工作两种类型，对比分析二者劳动收入风险的差异。

其次，将中国区域经济发展不平衡引入并修正Angerer等（2009）的劳动收入风险测度方法，运用中国家庭追踪调查（CFPS）2010—2018年5次调查数据，测度中国城镇家庭个体和整体的劳动收入风险，将其分解为暂时性劳动收入风险和永久性劳动收入风险。此外，重点测度了城镇体制内和体制外单位工作劳动收入风险的差异。

在此基础上，实证检验劳动收入风险对城镇家庭风险金融资产投资的影响，并分析体制内单位工作和体制外单位工作劳动收入风险差异对城镇家庭风险金融资产投资的影响。进一步地，本书将城镇体制内单位工作家庭细分为体制内不同单位类型、管理者/领导者和普通员工、单职工和双职工家庭、有无正式工作编制等维度，考察劳动收入风险对城镇体制内单位工作家庭风险金融资产投资影响的异质性。

进而，区分户主的父母是否也在体制内单位工作，考察近年来中国城镇家庭是否存在"铁饭碗"的代际传递现象，并从劳动收入风险代际传递的视角分析"铁饭碗"的代际传递对城镇家庭整体劳动收入风险和家庭风险金融资产投资的影响。户主父母在体制内单位工作时，户主进入体制内单位工作的概率更高，这降低了城镇家庭整体劳动收入风险，进而提升了城镇家庭风险金融资产投资。

最后，进一步拓展理论模型，分析劳动收入风险变化对城镇家庭风险金融资产投资的影响。具体来说，将劳动收入风险引入 Merton（1971）动态消费-投资选择模型，考虑随着市场化体制改革的深入，体制内单位工作和体制外单位工作的劳动收入风险逐步趋同时，城镇家庭风险金融资产投资的动态变化。并以 2012 年新一轮事业单位改革为准自然实验，分析事业单位改革对城镇体制内单位工作家庭劳动收入风险和城镇家庭风险金融资产投资的影响。

第 2 章

理论基础

2.1 劳动价值理论演变

劳动价值理论经历了从威廉·配第（William Petty，1623—1687）的"土地是财富之母，劳动是财富之父"，到亚当·斯密（Adam Smith，1723—1790）的"劳动是衡量一切商品交换价值的真实尺度"，再到大卫·李嘉图（David Ricardo，1772—1823）的"劳动时间决定商品价值"，以及卡尔·马克思（Karl Marx，1818—1883）在坚持唯物史观基础上的批判、继承和发展。新时期的劳动价值理论更加突出知识、技术、管理、数据等要素在价值创造中的重要作用。

2.1.1 威廉·配第

威廉·配第是 17 世纪的英国统计学家和经济学家，被马克思誉为"现代政治经济学的创始者"[①]。1662 年，威廉·配第在《赋税论》（*A Treatise of Taxes and Contributions*）一书中，第一次有意识地将商品价值的源泉归结为劳动，奠定了科学的劳动价值论的基础。威廉·配第在研究地租问题时提出了劳动价值论的基本框架。他认为，土地是财富之母，劳动是财富之父，人民应当从其劳动收入和土地收入中缴纳一部分充作公用，其中出自土地的部分

---

① 马克思. 马克思恩格斯全集（第二十卷）[M]. 中共中央马克思恩格斯列宁斯大林著作编译局，译. 北京：人民出版社，1971.

即土地税收。他研究了商品价值量与劳动生产率的关系，指出商品价值量与劳动时间成正比，与劳动生产率成反比。此外，他还论证了分工对提高劳动生产率的作用，认为分工越细，劳动生产率越高，劳动时间越节约，商品价值越低。他考察了影响一国财富增进的因素，主要讨论了3种因素，即劳动生产率、从事生产性劳动的人数和赋税政策。他把对财富源泉的分析，由流通领域转移到生产领域，并把劳动看作财富的主要源泉。

工资论是威廉·配第分配论的基础，同时也是其剩余价值理论的基础。他认为，工人的工资是由劳动者为了"生存、劳动和传宗接代"所必需的东西决定的，即工资等于最低限度的生活资料价值。同时，他将工资和资本家的利润联系起来考察，提出如果工资上涨，利润将减少，二者之间存在对立关系。最低限度工资理论后来成为古典经济学的基础之一。

威廉·配第用劳动和土地两种自然单位来评定所有物品的价值，并尝试把土地和劳动之间的等价关系归结为一个成年人平均每天需要的口粮。因此，从根本上说，威廉·配第主张的是多要素价值论而非单要素劳动价值论（胡寄窗，1991；蔡继明 等，2017）。

2.1.2 亚当·斯密

1776年3月，亚当·斯密在《国富论》（*An Inquiry into the Nature and Causes of the Wealth of Nations*）一书中，聚焦国家财富的起源及其生产和增长的途径，第一次将当时的所有经济知识归纳为一个统一而完整的体系。

亚当·斯密首次系统地阐述了劳动分工理论，他认为劳动分工是提高劳动生产率的关键。分工使劳动者专注于某一特定任务，从而提高了其技能水平。分工减少了工作转换的时间损失，使劳动者能够更高效地利用时间。分工为机器的发明和简化劳动提供了可能，从而进一步提高了生产效率。通过分工，每个人专注于特定的任务，从而提高了熟练度、技巧和判断力，进而提高了整体生产效率。亚当·斯密强调劳动是衡量一切商品交换价值的真实尺度，即劳动是价值的源泉。商品的价值由生产该商品所耗费的劳动量决定。亚当·斯密还区分了简单劳动和复杂劳动，认为它们在同样单位时间内所支出的劳动量是不相等的。这在一定程度上解释了不同商品价值差异的原因。

关于工资，亚当·斯密认为既然商品价值是劳动生产的，劳动的全部产品就是劳动的自然报酬或自然工资，他区分了劳动的货币价格和自然价格。工资水平受到劳动力供求关系的影响，同时也受到劳动者生活必需品价格的影响。劳动的市场价格也围绕其自然价格上下波动，劳动的供求对工资起调节作用。他指出雇主拥有降低工资的力量，但工资仍有其最低水平，这个最低水平是劳动者必须能够维持基本生活的水平。

亚当·斯密的工资基金理论指出，劳动工资取决于劳动市场的供需关系，具体受到工人数量、就业机会和可用于支付工资的资本量3个因素的影响。他批评了重商主义者错误地将工资与资本联系起来，并混淆了价值和交换价值的概念。他认为，当社会对工人的需求增加或工资基金提高时，工资将高于最低水平。

亚当·斯密的劳动价值论把一般无差别的社会劳动作为价值的决定因素，不仅超出了重商主义和重农主义的狭隘眼界，而且把劳动和财富生产过程作为分析的焦点（李彬彬，2023）。但是，一方面，亚当·斯密认为商品价值由生产该商品所耗费的劳动决定；另一方面，亚当·斯密又认为商品价值由这个商品所能购买或支配的劳动决定。这反映了亚当·斯密对劳动价值论理解的复杂性。

2.1.3 大卫·李嘉图

大卫·李嘉图在继承亚当·斯密劳动价值论的基础上，对其进行了批判和发展。他指出了亚当·斯密理论中的混乱与错误，如混淆了购买劳动和耗费劳动在价值决定中的作用等。1817年，大卫·李嘉图在《政治经济学及赋税原理》（*On the Principles of Political Economy and Taxation*）一书中详细地阐述了劳动价值理论，这一理论对古典政治经济学的发展产生了深远影响，并为后来的经济学家，尤其是卡尔·马克思，提供了重要的理论基础。

大卫·李嘉图认为，商品的价值由生产该商品所需的劳动时间决定。这一观点奠定了劳动价值理论的基础，为后来的经济学家提供了重要的理论支撑。他强调，决定商品价值的劳动是社会必要劳动，即在最不利的条件下生产商品所耗费的劳动量。同时，大卫·李嘉图明确指出，商品首先需要有使用价值，然后才能拥有交换价值。使用价值是交换价值的物质承担者，没有使用价值的商品不可能有交换价值。大卫·李嘉图首次明确地将劳动、土地和资本作为生产要素，并强调劳动在其中的重要作用。

关于工资，区别于亚当·斯密，大卫·李嘉图将工资与一般性劳动收入进行了区分，并始终将工资与雇佣工人的收入联系在一起。大卫·李嘉图的工资理论，以劳动是商品作为出发点，将工资视为劳动的价值，而工资必然等于工人维持最低限度生活资料的价值。同时，大卫·李嘉图也区分了名义工资和实际工资，名义工资即以货币形式表示的劳动的"市场价格"。实际工资即劳动的"自然价格"，取决于劳动者维持最低生活需要所需食物、必需品及享受品的价格。大卫·李嘉图也指出，随着社会的发展，由于资本增长率低于人口增长率，货币工资的增长率低于生活必需品价格的增长率，工资将呈现长期下降趋势。

大卫·李嘉图主要强调的是劳动在创造价值中的作用，对土地和资本等其他要素的作用探讨较少，这使得他的理论在解释某些经济现象时存在局限。同时，大卫·李嘉图将各种类型的劳动简单地视为劳动时间的量，而忽略了劳动的质的区别及其在创造价值中的不同作用。这使得他的劳动价值理论在衡量不同劳动的价值大小时存在困难。

2.1.4 卡尔·马克思

卡尔·马克思在批判和继承古典劳动价值论的基础上，创立了马克思主义劳动价值论。卡尔·马克思认为亚当·斯密由单要素价值论转变成多要素价值论，由耗费的劳动决定价值转变成购买的劳动或3种收入决定价值，是由科学的劳动价值论转变成庸俗的要素价值论（蔡继明 等，2017）。马克思以唯物史观的方法，批判了亚当·斯密基于经验主义方法，把利润、地租和工资看成价值源泉的错误观点，进一步指出了亚当·斯密的收入形式价值论的庸俗成分，指出了亚当·斯密关于价值和收入关系看法的二重性及价格构成理论的循环论证，还批判了亚当·斯密把社会产品的全部价值归结为收入的错误（李彬彬，2023）。

劳动价值论是马克思主义政治经济学的基本理论，旨在揭示商品经济的本质和规律。马克思认为商品的价值不仅取决于生产它所需的劳动时间，还要考虑生产资料、资本的投入等因素对价值的影响。马克思提出了劳动的二重性理论，即具体劳动创造使用价值，抽象劳动创造价值。他还明确了社会必要劳动时间决定商品价值量的原理。具体来说，马克思认为商品具有使用价值和价值二重性。使用价值是商品的自然属性，是满足人们某种需要的属性；价值则是商品的社会属性，是凝结在商品中的无差别的人类劳动，由抽象劳动所创造。生产商品的劳动具有二重性，即具体劳动和抽象劳动。具体劳动创造使用价值，抽象劳动创造价值。二者不是两次劳动或两种劳动，而是生产商品的同一劳动的两个方面。商品的价值量由生产该商品的社会必要劳动时间决定，与劳动生产率成反比。社会必要劳动时间是在现有的社会正常的生产条件下，在社会平均的劳动熟练程度和劳动强度下制造某种使用价值所需要的劳动时间。随着社会分工和商品交换的进一步扩大，要求一般等价物相对地固定在某一种商品上，即货币。货币是固定充当一般等价物的商品，是价值形式发展的完成阶段。价值规律是商品经济的基本规律。商品的价格以价值为中心上下波动，受到供求关系的影响。价值规律调节着社会供求关系，实现资源合理配置。

关于工资，马克思认为，工资的本质是劳动力价值的转化形式，而不是劳动的价值或价格。劳动力作为商品，其价值由生产和再生产劳动力商品的社会必要劳动时间决定，这包括生产、维持、发展和延续劳动力所必要的生活资料的价值。劳动力商品的价值还包含一个历史的、道德的因素，反映了不同国家和社会的生活水平差异。马克思指出，工资的形成与决定受到供求规律和竞争规律的共同制约和影响。劳动报酬的波动以供求关系为转移，也以购买劳动的资本家和出卖劳动的工人之间的竞争情形为转移。在资本主义制度下，工资的形式主要包括计时工资和计件工资。计件工资是以计时工资为基础确定的，因此，计件工资是计时工资的转化形式。这些工资形式在表面上表现为劳动的价格或价值，但实质上反映的是劳动力的价值或价格。随着资本积累过程的推进，资本有机构成的提高产生了持续存在的相对过剩人口，这一规律调节着资本主义工资的运动趋势。工资水平的变化受到相对过剩人口规模变化的调节，而相对过剩人口的存在又是由资本主义生产方式本身决定的。

马克思的劳动价值论不仅揭示了资本主义生产方式下工资的本质和运动规律，也为企业利用工资提高劳动者的积极性提供了理论依据，为劳资谈判提供了可能性。此外，马克思的工资理论还批判了资本主义的产业独裁现象，为工资的社会调节提供了理论依据。同时，它也提醒人们关注资本主义生产方式下工人阶级的生存状况，推动社会向更加公平、合理的方向发展。

进入20世纪后，随着资本主义经济的发展和全球经济格局的变化，劳动价值论也在不断发展。当代劳动价值论更加注重劳动要素的全面性和多样性，强调环境、社会、文化等因素对劳动价值的影响。同时，随着科技创新和知识经济的兴起，脑力劳动和技术创新在价值创造中的作用日益凸显。卫兴华（2000）指出，在人与自然间的物质变换过程中发生作用的诸因素，包括劳动者、生产资料、科学、管理、分工协作、知识等也都是生产力的因素。科技工作是劳动的重要形式，而且会越来越重要，它与其他生产劳动一样，会创造价值。程恩富等（2001）指出，物化劳动和科学技术这两种生产要素不会自行创造价值。但科学技术的运用使人类的劳动不断起着自乘的作用，从而对使用价值和价值的创造都具有重要作用。蔡继明等（2022）基于广义价值论，建立了纳入数据要素的一般均衡分析框架。研究发现，数据要素可以通过数据的初始存量、前期收集处理数据所投入的劳动及当期在收集处理数据所投入的劳动等途径提高绝对生产力，进而通过综合生产力和比较生产力的提升参与价值创造，并引起价值量的增加。

2.2 家庭资产选择的相关理论

家庭资产选择的相关理论涉及多个方面，主要围绕家庭如何管理其金融资产、做出消费和投资决策及这些决策如何影响家庭的经济状况。主要包括生命周期假说、理性预期假说、流动性偏好、均值-方差模型、消费-投资选择模型和行为金融理论。

2.2.1 生命周期假说

1954年，美国经济学家弗兰科·莫迪利安尼（Franco Modigliani）和理查德·布伦伯格（Richard Brumberg）在《效用分析与消费函数》（Utility Analysis and the Consumption Function：An Interpretation of Cross-section Data）一文中提出了关于家庭消费和储蓄决策的"生命周期假说"（life-cycle hypothesis）。1963年，弗兰科·莫迪利安尼和阿尔伯特·安多（Albert Ando）在《储蓄的"生命周期假说"》（The Life Cycle Hypothesis of Saving）一文中对生命周期假说做了进一步的补充和发展。

生命周期假说认为，理性的消费者会根据自己预期的总收入和财产来安排整个生命周期的消费和储蓄，以实现消费的最佳配置和效用最大化。这意味着个人不仅会根据当前的收入来决定消费和储蓄，还会考虑到未来可能获得的收入，以及在整个生命周期中收入的变化。生命周期假说强调跨期消费平滑，即消费者在整个生命周期内平滑消费的重要性。消费者会试图通过在高收入时期增加储蓄，来平滑低收入时期的消费，从而在整个生命周期内实现稳定的消费水平。消费不仅仅取决于当前收入，还受到预期未来收入的影响。因此，个人会根据其一生的收入流来优化一生的消费流。

生命周期假说将人的一生分为年轻时期、中年时期和老年时期3个阶段。在不同阶段，个人的收入水平和消费倾向会有所不同，从而影响其储蓄决策。年轻时期：个人收入较低，但预期未来收入会增加。因此，他们往往会将家庭收入的绝大部分用于消费，有时甚至举债消费，导致消费大于收入。中年时期：随着收入的增加，个人开始偿还青年时期的负债，并增加储蓄以备退休之用。此时，消费在收入中所占的比例会降低，收入大于消费。老年时期：退休后，个人收入下降，消费又会超过收入。此时，他们主要依靠中年时期的储蓄来维持生活水平。

生命周期假说解释了为何消费函数在长期是保持稳定的，而在短期中会出现波动。它说明了财产与收入的比率在长期中大致不变，因此，长期平均消费倾向稳定；而在短期中，由于资本市场的价格变动等因素，这一比率会发生变化。该假说也为个人和家庭提供了制定长期财务规划的理论依据。它鼓励个人在年轻时储蓄以备不时之需，在中年时积累财富以应对退休后的生活需求。

2.2.2 理性预期假说

1961 年，约翰·穆斯（John Muth）在《理性预期与价格变动理论》（Rational Expectations and the Theory of Price Movements）一文中首次提出"理性预期"的概念。

理性预期假说认为，经济行为主体（如个人、企业等）在形成对未来经济变量的预期时，会充分利用所有可获得的信息，包括经济理论、政府政策、历史数据等，以做出最为准确和理性的预测。这种预期不仅基于当前的信息，还考虑到未来可能的变化，因此平均而言，人们的预期应该是无偏的，即与未来的实际结果相一致，也与所使用的经济理论和模型相一致，这意味着预期的形成是符合经济规律的。

理性预期假说强调，在制定宏观经济政策时，必须考虑到经济行为主体的预期反应。如果政策能够被公众准确预期到，那么政策的效果可能会大打折扣，因为公众会提前调整自己的行为以抵消政策的影响。因此，政策制定者需要更加谨慎地设计政策，以确保其有效性。在家庭金融领域，理性预期假说有助于解释家庭如何根据宏观经济环境、金融市场走势等因素来调整其资产配置和消费计划。

2.2.3 流动性偏好

约翰·梅纳德·凯恩斯（John Maynard Keynes）在其经典著作《就业、利息和货币通论》（The General Theory of Employment, Interest, and Money）中首次系统阐述了人们对货币的需求，这种需求被凯恩斯称为"流动性偏好"（liquidity preference）。流动性偏好是指人们宁愿持有流动性高但不能直接产生利息收入的货币，而不愿持有其他虽能生息但变现能力较弱的资产的心理倾向。凯恩斯认为，货币作为一种特殊形式的资产，具有完全的流动性和最小的风险性，因此人们会出于各种动机持有货币。

凯恩斯将人们对货币的需求归结为3种主要动机：①交易动机：这是指人们为了应付日常交易的需要而持有一部分货币的动机。无论是家庭还是企业，都需要持有一定数量的货币来购买商品和支付服务费用。交易动机引起的货币需求量与人们的收入水平密切相关，收入越高，交易数量越大，所需的货币量也越多。②预防动机：也称为谨慎动机，是指人们为了预防意外的支出或不确定性而持有一部分货币的动机。例如，个人或企业可能需要为应对事故、失业、疾病等意外事件而持有一定数量的货币储备。预防动机同样与人们的收入水平密切相关，但更多地受到对未来收入和支出不确定性感知的影响。③投机动机：这是指人们为了抓住可能出现的投资机会而持有一部分货币的动机。当利率较低时，人们预期未来利率可能上升，债券价格下跌，因此，倾向于持有货币以等待更好的投资机会；反之，当利率较高时，人们可能更愿意将货币投资于债券等生息资产以获取更高的收益。

在家庭金融领域，流动性偏好理论有助于解释家庭为何会保持一定的现金或流动性高的金融资产储备，以应对突发的支出需求或投资机会。流动性偏好对家庭消费-投资决策的影响主要体现在以下几个方面：当家庭对未来经济前景持乐观态度时，其流动性偏好可能相对较低，更愿意将资金用于消费而非储蓄。相反，当经济不确定性增加时，家庭可能增加流动性偏好，减少消费支出以增加储蓄和流动性资产。家庭在做出投资决策时会考虑其流动性偏好。流动性偏好较高的家庭可能在资产配置中增加现金及现金等价物的比例，以确保有足够的流动资金应对突发情况。相反，流动性偏好较低的家庭可能更倾向于将资金投资于股票、房地产等长期收益较高的资产。虽然家庭的投资决策通常不以投机为主要目的，但流动性偏好在一定程度上也会影响其对市场时机的把握。例如，在市场预期利率下降、资产价格上涨时，流动性偏好较低的家庭可能更倾向于增加投资以获取更高的收益。相反，在市场预期不明朗或风险增加时，家庭可能增加流动性偏好，减少投资以避免潜在的损失。

2.2.4 均值-方差模型

均值-方差模型（mean-variance model）是现代投资组合理论中的核心，1952年，哈里·马科维茨（Harry Markowitz）在《金融杂志》（*the Journal of*

Finance)上发表了题为《资产组合的选择》(Portfolio Selection)的论文,将概率论和线性代数的方法应用于证券投资组合的研究,从而奠定了现代西方证券投资理论的基础。哈里·马科维茨因此获得了 1990 年的诺贝尔经济学奖。

均值-方差模型主要用来帮助投资者在风险和收益之间做出最优选择。

具体来说,均值(mean)代表投资组合的预期收益率。它是投资组合中所有资产预期收益率的加权平均,权重为各资产在组合中的比例。方差(variance)代表投资组合的风险。方差越大,投资组合的风险越高。风险通常被定义为投资组合收益率的不确定性或波动性。均值-方差模型的目标是找到在给定风险水平下预期收益率最高的投资组合,或者在给定预期收益率下风险最低的投资组合。

在家庭金融领域,资产组合理论为家庭提供了制定多元化投资策略的理论基础,有助于家庭通过分散投资来降低风险并提高整体收益。个体投资者的投资决策通过以下步骤实现:首先,确定投资目标和约束条件,包括投资者的风险承受能力、投资期限、流动性需求等。其次,基于历史数据和市场分析估计资产的预期收益率和风险。再次,构建有效边界(efficient frontier)。有效边界曲线显示了在不同风险水平下可能达到的最高预期收益率。最后,选择最优投资组合。根据投资者的偏好,在有效边界上选择一个最符合其风险-收益权衡的投资组合。

但是,均值-方差模型也有一定的局限性。第一,模型假设投资者只关心预期收益率和风险,而忽略了其他可能影响投资决策的因素,如税收、交易成本等。第二,参数估计的不确定性。预期收益率和风险的估计可能不准确,导致模型结果不稳定。第三,非正态分布的影响。模型假设资产收益率服从正态分布,但实际情况可能并非如此,这可能导致模型在某些情况下失效。

为了克服这些局限性,研究者们提出了许多扩展和改进的模型,如资本资产定价模型(capital asset pricing model,CAPM)、套利定价理论(arbitrage pricing theory,APT)等。这些模型在均值-方差模型的基础上,引入了更多的变量和假设,以更全面地描述和解释金融市场的行为。

2.2.5 消费-投资选择模型

罗伯特·默顿（Robert Merton）（1969，1971）的消费-投资选择模型是金融数学中的一个重要模型，它主要研究投资者如何在给定的时间区间内，合理分配其资产用于消费和投资，以期望达到消费效用或终值财富效用的最大化。在不确定的经济环境下，消费-投资选择模型为投资者提供一种决策框架，帮助他们平衡当前的消费需求与未来的投资回报。该模型关注家庭如何在当前消费和未来投资之间做出最优决策，以实现跨期效用最大化。通过合理的消费-投资决策，投资者可以在满足当前生活需求的同时，也为未来的财务安全打下坚实的基础。

模型考虑了市场条件、资源约束和投资者的偏好等因素。市场被认为是有效的，即资产价格反映了所有可获取的信息。投资者能够基于现有信息进行理性决策，追求效用最大化。投资者通常面临多种资产选择，包括无风险资产（如国债）和风险资产（如股票、债券基金等）。资金具有时间价值，投资者需要考虑贴现率对未来现金流的影响。

消费决策：投资者需要决定每一期的消费水平，这取决于其收入、资产状况、风险偏好等因素。

投资决策：投资者需要决定如何分配其剩余资产用于投资，以期望在未来获得更高的回报。这包括选择投资标的、确定投资比例等。

风险与收益权衡：投资者在做出投资决策时，需要权衡风险与收益。高风险投资可能带来高回报，但也可能导致重大损失；而低风险投资则相对稳健，但回报也较低。

消费-投资选择模型为个人投资者提供了制订理财计划的框架和思路。通过合理规划消费和投资比例，投资者可以更好地实现其财务目标。跨期模型还强调了跨期消费平滑的重要性。通过在不同时期调整消费和投资比例，投资者可以更好地应对经济波动和市场风险。

但是，模型也面临一些挑战。例如，市场并非完全有效，投资者可能受到认知偏差、损失厌恶、情绪因素、习惯形成等因素的影响而做出非理性决策（李仲飞 等，2004；冯亚南 等，2008；朱永王 等，2012）；同时，模型中的参数（如贴现率、风险溢价等）难以准确估计。为了克服这些挑战，研究者们不断对模型进行改进和完善，如引入行为金融学理论来解释投资者的非理性行为，或者采用更先进的统计方法和机器学习技术来估计模型参数等。

2.2.6 行为金融理论

行为金融理论将人类心理与行为纳入金融研究的框架之中，挑战了传统金融学的理性人假设，认为投资者的决策行为会受到心理、情感和社会因素的影响，从而导致市场偏离完全理性的状态。

行为金融理论认为，家庭在配置资产时并非完全理性，他们的决策往往受到自身认知的局限性、情感、心理预期和情绪等因素的影响，依赖于启发式决策规则。这些规则简化了复杂的决策过程，但也可能导致系统性偏差。例如，家庭成员可能倾向于选择自己熟悉的投资产品，而忽视了其他可能更优的选项。此外，家庭成员还可能受到锚定效应的影响，即过分依赖过去的经验或信息来做出当前决策。

1979年，丹尼尔·卡内曼（Daniel Kahneman）和阿莫斯·特沃斯基（Amos Tversky）提出了前景理论（prospect theory）。前景理论认为，人们对风险和收益的态度并非总是理性的，而是受到多种心理因素的影响。例如，确定性效应表明人们对确定的结果过度加权，而反射效应则揭示了人们在面对损失和收益时的不同偏好顺序。

丹尼尔·卡内曼和阿莫斯·特沃斯基也提出了损失厌恶（loss aversion）的概念。损失厌恶解释了为什么家庭成员在面对投资损失时比面对等量收益时更加敏感。这种心理现象影响了家庭成员的风险态度和投资决策。为了避免潜在损失，家庭成员可能倾向于选择低风险的投资产品，即使这意味着牺牲了潜在的高收益。然而，在特定情况下，如家庭面临重大支出压力时，他们也可能愿意承担更高风险以追求更高收益。

1980年，芝加哥大学行为科学教授理查德·塞勒（Richard Thaler）提出了心理账户（mental accounting）概念。这个概念解释了家庭成员如何将不同来源的资金划分为不同的心理账户，并据此做出不同的投资决策。例如，家庭成员可能将工资收入视为"日常开销账户"，而将投资收益视为"长期储蓄账户"。这种心理账户的划分影响了家庭成员的资产配置策略，使得他们在不同账户之间采取不一致的投资行为。

家庭成员在配置资产时还可能受到社会互动的影响。他们可能通过观察周围人的投资行为来形成自己的决策依据，这种现象被称为羊群效应（the effect of sheep flock）。羊群效应可能导致家庭成员盲目跟风投资热门产品，而忽视了自身的风险承受能力和投资目标。因此，在家庭资产选择过程中，保持独立思考和理性分析显得尤为重要。行为金融理论在解释金融市场中的异常现象、指导投资策略等方面具有广泛应用。例如，它解释了为什么某些情况下非理性投资者能够获得比理性投资者更高的收益，以及为什么市场会出现泡沫等现象。

行为金融理论的应用也为家庭资产选择提供了有益的启示。首先，家庭成员应认识到自身决策过程中的有限理性和心理偏差，并努力克服这些偏差对投资决策的负面影响。其次，家庭成员应根据自身的风险承受能力、收益预期和资金流动性情况来制定合理的资产配置策略，避免盲目跟风和过度集中投资。最后，家庭成员应关注市场动态和政策变化，及时调整投资策略以适应市场变化，确保家庭资产的保值增值。

然而，行为金融理论本身也存在一些不足。由于涉及人类心理与行为研究，行为金融理论在模型构建和实证检验方面仍面临诸多困难。此外，由于行为金融理论尚未形成完整的体系，其在实际应用中的效果也存在一定的不确定性。

第 3 章

文献综述

本书在梳理劳动价值理论和现代家庭资产选择相关理论的基础上,将人力资本纳入统一的家庭资产选择框架,分析人力资本风险对家庭其他资产风险的替代效应,进而将家庭按照就业单位性质分为体制内单位工作和体制外单位工作两种类型,对比分析二者人力资本风险差异对城镇家庭风险金融资产投资的影响。本章首先定义劳动收入风险及其影响因素,进而分析劳动收入风险对家庭风险金融资产投资的影响。其次,阐述城镇体制内单位工作和体制外单位工作劳动收入风险的差异。此外,梳理了影响城镇家庭风险金融资产投资的其他因素,包括个体特征、家庭特征、数字金融和新冠疫情的影响等。在梳理相关研究的基础上,指出现有研究中关于劳动收入风险与城镇家庭风险金融资产选择相关研究的不足,并提出本书的具体研究思路。

3.1 劳动收入风险的定义及影响因素

3.1.1 劳动收入的定义及来源

劳动收入是指劳动者通过劳动获得的各种报酬,无论是货币形式还是实物形式,都被视为劳动收入。劳动者报酬分别来自企业和政府部门向居民支付的劳动报酬,以及居民部门内部的劳务关系产生的劳动报酬,如个体经营者向其雇员支付的劳动报酬(白重恩 等,2009)。

劳动收入的来源多种多样，主要包括以下几个方面：①工资薪金收入：这是劳动收入的主要组成部分，包括计时工资、计件工资、津贴和补贴、加班工资等。这些收入是劳动者在用人单位工作所获得的直接报酬。②福利性收入：除了直接的工资薪金外，用人单位还可能发放与劳动密切相关的各种福利待遇，如年终奖、季度奖、属于工资总额范围的奖励性工资等。这些福利性收入也是劳动收入的一部分。③个体经营收入：对于私营企业主和个体工商户来说，他们通过经营企业所获得的收入，包括经营利润、分红等，也属于劳动收入。虽然这些收入中可能包含非劳动要素（如资本）的贡献，但他们的经营管理劳动也是收入的重要来源。④农村劳动收入：在农村地区，农民通过从事农、林、牧、副、渔等产业所获得的收入，包括出售农产品所得、养殖收入等，也是劳动收入的重要组成部分。⑤其他劳动收入：劳动者还可能通过业余时间从事相关劳动获得收入，如稿酬、讲课费、咨询费、劳务费等。这些收入虽然不属于传统意义上的工资薪金，但同样是劳动者通过劳动所获得的报酬。

3.1.2 劳动收入风险的定义

劳动收入风险是指个体因年老、受伤、生病和死亡等原因造成失业所带来损失的不确定性，不仅包括劳动收入波动，也包括失业风险（李亚玲 等，2019）。由于失业意味着劳动者直接失去劳动收入，因此，本书在分析过程中将失业风险纳入劳动收入波动进行分析，进而使用劳动收入风险作为人力资本风险的代理变量。

个体所拥有的人力资本可以视为一种特殊的家庭资产。劳动收入作为人力资本的收益，又称工资性收入，是指劳动者通过个体劳动所获取的报酬，包括工资、奖金、补贴及分配到个人名下的红利等。Schultz（1961）提出"人力资本"的概念，指出人力资本是经济增长的源泉，且人力资本投资收益高于物质资本投资收益。Mincer（1974）根据人力资本决定理论，认为人力资本决定劳动生产率，进而决定劳动者工资收入，并据此推导出工资决定方程，认为工资由教育程度、工作经验及工作经验的平方决定。按照 Mincer（1974）提出的工资决定方程，劳动收入风险是指工资方程中教育、工作经验和工作经验的平方不可解释的部分，即随机误差项。也有学者使用职业类型（Tsai et al.，2014）和工资收入的波动（Betermier et al.，2012）等指标衡量个体劳动收入风险。

3.1.3 劳动收入风险的影响因素

学者们从宏观经济波动、个体特征和工作类型等角度分析了劳动收入风险的影响因素。

宏观经济波动是影响劳动收入风险的重要外部因素。何兴强等（2009）认为经济波动是劳动收入风险的重要来源，并以人均地区生产总值的波动率作为劳动收入风险的代理变量，分析其对家庭资产选择的影响。宏观经济波动也通过影响企业利润和破产风险进而影响劳动者的工资收入及劳动收入风险（涂巍 等，2015）。

2019年末，新冠疫情突如其来并肆虐全国，导致国内大量企业停产停工，营业收入和净利润大幅降低，许多企业采用降薪和裁员等方式降低企业损失（朱武祥 等，2020）。消费需求和出口需求的下降也降低了企业用工需求①，加之为防控疫情所采取的严格隔离和控制人口流动等措施均降低了劳动者的劳动参与率和劳动收入。国家统计局2020年4月17日公布了2020年一季度经济数据，扣除价格因素后，2020年一季度全国居民人均可支配收入为8561元，较2019年实际降低3.9%；人均工资性收入为4896元，增速明显放缓，仅为1.2%，远低于2019年同期增幅（8.7%)②。此外，新冠疫情也导致劳动者失业风险增加。2020年2月和3月，全国城镇调查失业率分别达到6.2%和5.9%，较2019年同期有大幅增加③。劳动收入不确定性的增加和企业破产风险的上升均显著增加了劳动者的劳动收入风险。此外，此轮新冠疫情也会改变投资者对于未来市场的预期（李焱芳 等，2020），在更多地考量自身面临的劳动收入风险后，再决定是否参与风险金融市场及参与风险金融市场的强度。

---

① 疫情缓解下企业有序复工，但市场形势依然严峻［EB/OL］．(2020-04-16)［2024-06-30］．http：//www.zgsyb.com/news.html? aid=548639.

② 来源：国家统计局网站。

③ 同②。

Mincer（1974）的工资决定方程从个体教育程度和工作经验的视角揭示了劳动收入的影响因素。学者们也在修正 Mincer（1974）的工资决定方程的过程中，进一步从个体特征视角探讨劳动收入风险的影响因素，主要包括劳动者的年龄（Shum et al.，2006；Iwaisako，2009）、性别与婚姻状况（王珺等，2014）、教育程度（萧端 等，2018）、认知能力（孟亦佳，2014；周洋等，2017；李涛 等，2017）和非认知能力（程虹 等，2017）等方面。

也有学者从工作类型的角度分析劳动收入风险的影响因素。首先，劳动收入风险受工作所在行业的影响。不同行业的风险和利润率不同，劳动者的平均工资收入和劳动收入风险也不同。Tsai 等（2014）将工作按照所在行业分为农业、商业、交通、建筑、金融服务、制造业、服务业、公共管理 8 个类型，发现从事商业贸易部门和金融服务部门工作的劳动者的永久性劳动收入风险高于社会平均风险，而在公共管理部门和制造业部门工作的劳动者永久性劳动收入风险低于社会平均风险。其次，劳动收入风险也受到工作性质的影响。长期工作或者临时工作、全职工作或者兼职工作、是否签订劳动合同等工作差异都会产生劳动收入风险的差异。签订劳动合同的长期工作的劳动者的劳动收入风险明显低于未签订劳动合同的短期工作的劳动者的劳动收入风险（Angerer et al.，2009）。

马克思主义理论从资本主义制度的固有弊端出发，分析劳动收入风险的来源。在资本主义条件下，资本家总会尽最大可能去压榨劳动者的剩余价值，以获取最大化的利润。因此，劳动者的劳动收入总体上呈现下降的趋势。劳动者剩余价值被资本家占有，导致劳动者利益和资本家利益长期对立（卫兴华，2012；周建锋，2019）。而且劳动者的工作条件很差，资本家可以随时解雇工人，这都使得劳动者面临严重的劳动收入风险。

关于劳动收入风险的影响因素，现有研究鲜有结合中国计划经济向市场经济转型过程中的特殊国情，分析计划经济向市场经济转型过程中，体制内单位和体制外单位工作差异对劳动收入风险的影响。

3.2 劳动收入风险与家庭风险金融资产投资

Markowitz（1952）均值-方差资产组合理论表明，投资者进行投资组合选择时，按照风险最小化或收益最大化的原则，将资产配置到高风险和低风险资产上。当资产选择达到均衡时，不同资产之间的边际收益相等，不考虑流动性和交易成本，同等风险的资产之间是可以相互替代的。人力资本作为家庭的重要资本，流动性较低，不容易变现，其风险高于存款等无风险资产，因而可以获得超出无风险资产收益的风险溢价（Friedman，1956）。

将人力资本看作一种家庭资产时，人力资本风险会对家庭其他资产风险产生替代效应。劳动收入可看作人力资本投资收益，未来工资的不确定性和个体根据自身财富和工资水平调整未来劳动供给，造成未来劳动收入具有很大的不确定性（朱涛 等，2009）。较高水平的劳动收入不确定性将限制家庭持有风险金融资产（Becker et al.，2016）。个体可以通过劳动获取劳动收入，但个体不能交易该收入的所有权。人力资本不可交易性的特点决定了劳动收入风险无法完全规避。作为家庭背景风险的重要组成部分，劳动收入风险使得家庭不愿意承担更多的投资风险，投资时更加谨慎（Campbell，2006）。

Bodie 等（1992）指出劳动收入风险可以完全由金融资产对冲，家庭将人力资本投资于高风险职业后，会将家庭其他资产投资于低风险部门。但是，借贷和卖空限制（秦学志 等，2003）、存在交易费用（李仲飞 等，2004）等限制造成市场不完备，以致劳动收入风险无法被金融资产完全对冲（杨科威，2009）。Heaton 等（2010）指出劳动收入风险的存在会对资产选择产生财富效应和替代效应：财富效应是指在考虑人力资本后，如果一个家庭的风险资产占总财富的比例保持不变，那么风险资产对金融财富的比例就会增加；替代效应是指人力资本本身包含风险，人力资本将对风险资产产生替代效应。由于人力资本的风险低于股票市场的风险，因此总体上呈现出财富效应特征。Cocco 等（2015）将劳动收入看作一项未来持续有资金流入的资产，当劳动收入稳定时，劳动收入可看作一项无风险资产；当劳动收入不稳定时，劳动收入可看作风险资产。因此,劳动收入风险对家庭风险金融资产投资风险存在替代效应。

　　劳动收入风险对家庭风险金融资产持有的负向影响得到了众多微观数据的验证(Heaton et al.,2002;Angerer et al.,2009;Cardak et al.,2009;何兴强 等,2009)。假定劳动收入与风险资产收益不相关,Guiso 等(1996)发现预期未来劳动收入风险高的家庭会相应地减少风险金融资产的持有量,并增加房产等非流动资产的比重。劳动收入波动不仅对家庭是否参与风险金融市场产生负向影响,也会对家庭风险金融资产持有比例产生负向影响。这主要是因为劳动收入的不确定性增加了家庭的预防性储蓄动机(虞斌 等,2010)。朱涛等(2012)发现人力资本对家庭风险金融资产投资具有财富效应和替代效应,劳动收入波动降低了家庭参与股票市场的积极性。胡振等(2016)发现,自我感知的劳动收入风险越低,家庭通过金融教育参与风险金融投资的概率越高。张兵等(2016)以非农劳动力比例及有无未满16周岁家庭成员比例度量家庭劳动收入的风险,发现劳动收入风险越小,家庭越倾向于持有更多的非存款类金融资产,投资风险资产的种类也更多。不仅是职业本身的劳动收入风险差异会对家庭投资组合产生影响,家庭成员工作转换过程中产生的劳动收入风险变化也会对家庭风险金融资产持有产生重要影响。Betermier 等(2012)利用瑞典家庭调查数据发现,在工作转换过程中,家庭会调整其投资组合。当工作由工资波动较低的行业转入工资波动较高的行业时,家庭投资组合中的风险资产将减少35%。

　　放松劳动收入与风险资产收益不相关假定后,Arrondel 等(2003)发现,风险资产的持有可以对冲劳动收入风险,起到保险的作用。当劳动收入风险与金融资产投资风险呈正相关时,劳动收入风险的增加将降低家庭风险金融资产持有量;当劳动收入风险与金融资产投资风险呈负相关时,劳动收入风险的增加也会增加风险金融资产的持有量。Arrondel 等(2003)运用法国家庭微观调查数据发现,由于法国劳动力市场发育程度高,劳动收入风险与金融资产投资风险呈正相关,因此,劳动收入风险高的家庭更愿意参与风险金融市场。Bagliano 等(2010)也指出,劳动收入和股票回报之间的相关性可以影响投资者在生命周期模型中的投资组合决策。Tsai 等(2014)进一步分析了不同行业劳动收入风险与金融资产风险之间的相关性对家庭资产组合的影响。研究发现，在建筑业和金融业等劳动收入与股票相关性较高的行业工作的投资者，应减少股票投资。而在农业和专业服务业等劳动收入与债券相关性较高的行业工作的投资者，应减少债券投资。

劳动收入风险并非总是对家庭风险金融资产持有产生负向影响。Angerer 等（2009）将家庭劳动收入风险分为暂时性劳动收入风险和持久性劳动收入风险，发现持久性劳动收入风险对家庭风险金融资产配置有着显著的负向影响，暂时性劳动收入风险对家庭非风险金融资产配置的负向影响并不显著。陈莹等（2014）发现收入风险对家庭风险金融资产配置的影响随着收入水平的变化呈现非线性的关系。王宗润等（2020）基于离散时间的均值-方差模型，系统研究了劳动收入风险下的多阶段投资策略。研究发现，当劳动收入风险与风险资产相互独立且呈正相关时，随着劳动收入风险的增加，投资者会增加无风险资产的投资比例，减少风险资产的持有量；当劳动收入与风险资产呈负相关时，随着劳动收入风险的增加，投资者增加风险资产的持有量，减少无风险资产的投资比例。

3.3 体制内单位与体制外单位工作劳动收入风险的差异

体制内单位工作一般是指在政府部门、事业单位和国有企业工作，具有正式行政或事业编制，由国家或地方财政负担全部或部分工资，或是国有企业的正式员工。

政治身份和职业阶层对个体收入具有重要影响（边燕杰 等，2002；郝大海 等，2006）。邢春冰（2007）强调了教育和经验在国有部门工资决定方程中的重要性。张车伟等（2008）利用"家庭动态与财富代际流动抽样调查"数据研究发现，国有部门的工资主要由教育、经验、年龄和性别决定。尹志超等（2009）、张义博（2012）利用中国健康与营养调查（China Health and Nutrition Survey，CHNS）1989—2006 年 7 次调查数据，检验了公共部门收入差异（包括工资、补贴和奖金）的影响因素，结果表明教育、经验、性别及所在地区都会影响个体收入；同时还发现事业单位的收入显著高于政府机关。

现有文献对公共部门和非公共部门工资差异的影响因素进行了深入分析，但并未进一步对体制内单位和体制外单位工作劳动收入风险的差异进行阐释。

计划经济向市场经济转型过程中的中国，体制内单位和体制外单位工作的劳动收入风险存在很大差异。体制内单位的编制管理机关根据机构职能核定机构的编制数额，组织人事部门再根据编制数额来配置人员，而财政部门也以此作为拨款的依据。人员一旦获得编制，不仅意味着获得了"体制内"稳定的工作，而且能够享受相应的工资和福利待遇（钱先航 等，2015）。相较于体制外单位工作，体制内单位工作相对稳定，被辞退概率低，医疗保险、养老保险和住房补贴等福利待遇也相对较好（孙文凯 等，2017）。刘志国等（2016a）基于中国健康与营养调查（CHNS）数据发现，中国劳动力市场存在明显的体制内单位和体制外单位工作的分割现象，劳动者在体制内单位工作可以拥有更加稳定的收入增长空间，而在体制外单位工作则需要承受较大的劳动收入风险。

体制内单位工作的工资主要由非市场机制决定，而体制外单位工作的工资主要由市场机制决定（Xin，2012）。体制内单位工作虽然工资性收入较体制外单位工作低，但住房和社保等福利待遇好，不容易被辞退，劳动收入相对稳定（尹志超 等，2009；姜励卿 等，2012）。近年来，国有企业成为大学生就业的首选，以及公务员和事业编报考等编制热现象也从侧面印证了体制内外单位工作在人力资本定价机制和人力资本回报上存在显著差异（卢现祥 等，2009；陈瑞祥，2010）。但是，随着市场化改革的深入，体制内单位和体制外单位工作的福利差距和收入差距也呈现缩小的趋势（孙文凯 等，2016；孙文凯 等，2017）。此外，中国家庭追踪调查（CFPS）数据也显示，2010—2018 年，城镇体制内单位工作家庭人均工资性收入波动（标准差）为 2.71，而体制外单位工作的家庭人均工资性收入波动（标准差）为 4.97。这表明，2010—2018 年，城镇体制外单位工作家庭的工资性收入波动高于体制内单位工作的家庭。

近年来，全国破产企业数量在波动中增加，但国有企业破产数量逐年减少。这主要是因为经历了 1997 年国企改革后，淘汰了众多落后国有企业，兼并重组了许多大中型国有企业，培育形成了坚实的企业自生能力，国有企业竞争力和抵御市场冲击的能力也不断增强，破产概率相对较低（林毅夫 等，2001；李维安，2014；路晓蒙 等，2019）。现有破产企业以民营中小企业为主，国有企业和大型企业破产概率相对较低。以江苏为例，2011—2015年，全省法院共审结破产案件788件，按所有制性质划分，债务人企业以民营企业居多，国有企业占比呈下降趋势，苏州、扬州法院近5年仅分别受理4件、2件国企破产案。按企业规模划分，破产企业以中小企业居多，2015年南京两级法院新收案件中，中小型企业占比达九成[①]。另外，此轮新冠疫情加大了企业还债和经营压力，导致企业，特别是中小企业，破产风险增加（钟震 等，2020；沈国兵，2020）。根据人民法院公告网数据，自疫情暴发以来，自2020年1月23日至3月31日，已有1500家企业发布破产公告[②]，远超2019年同期水平。

综上所述，城镇体制内单位工作的工资性收入波动显著低于体制外单位工作，且体制内单位工作被解雇的风险低、国有企业破产概率也相对较低，因此城镇体制内单位工作的劳动收入风险显著低于体制外单位工作。

3.4 影响家庭风险金融资产投资的其他因素

除了劳动收入风险，现有研究也从个体特征和家庭特征等角度分析家庭风险金融资产选择的影响因素。其中，个体特征包括生命周期、婚姻、性别、教育背景、风险态度、健康风险和医疗保险等；家庭特征包括家庭的财富、收入、借贷约束、社会资本、房产和房贷等。本节也将梳理数字金融发展和新冠疫情对家庭资产选择的影响。

3.4.1 个体特征

（1）生命周期

家庭资产组合存在显著的生命周期效应，即风险资产持有比例与年龄之间存在倒"U"形关系，而无风险资产持有比例与年龄之间存在"U"形关系

---

① 江苏法院5年新收企业破产案件1341件［EB/OL］．（2016-06-15）［2024-06-30］．https：//tv.chinacourt.org/15215.html．

② 来源：人民法院公告网（https：//rmfygg.court.gov.cn/）。

(Heaton et al., 2002；吴卫星 等，2007；吴卫星 等，2015）。当劳动收入与风险金融资产收益不相关时，年轻人可以运用较多的未来劳动收入以补偿股票等风险金融资产投资损失（Levy，2016）。但是，如果将总资产细分为流动资产和固定资产，仅持有流动资产存在生命周期效应，而住房等固定资产并不存在生命周期效应（Heaton et al.，2002）。此外，也有研究表明，中国风险金融资产投资的生命周期效应并不显著（史代敏 等，2005）。

（2）婚姻和性别

研究表明，已婚者比单身者更倾向于投资风险资产（王琎 等，2014；段军山 等，2016）。这不仅是因为已婚者的家庭总收入高于单身者，其劳动收入风险也明显低于单身者（Waite et al.，2001；Schmidt et al.，2006），Bertocchi 等（2014）认为婚姻本身也可以被视为一种金融资产，其风险低于风险金融资产，与风险金融资产之间也存在替代关系。已婚女性比单身女性更多地参与风险金融市场，而男性由于劳动收入风险低，已婚男性和单身男性风险金融市场参与之间没有显著差异。

（3）教育背景

受教育程度越高，拥有金融经济等相关专业背景，其参与风险金融市场的概率也就越高（萧端 等，2018）。较高的教育程度不仅会增加个体收入，也会增强个体处理信息和解决复杂问题的能力（Guiso et al.，2018）。金融知识和经济金融相关专业背景不仅可以降低交易成本，也会增加风险认知，进而提高投资收益（张腾文 等，2016）。除了受教育年限和金融知识，用字词能力和数学能力所代表的家庭决策者的认知能力越高，从而提高家庭金融参与的深度（孟亦佳，2014）。

（4）风险态度

经典投资组合理论认为，家庭资产配置比例仅取决于其风险态度，投资者越偏好风险，其风险资产持有比例也就越高。这一结论也得到了诸多微观调查数据的证实（Shum et al.，2006；Paiella，2008；Yilmazer et al.，2015）。由于社会保障体系和资本市场不完善，交易成本高，因而相比较于欧美等发达国家，中国家庭的投资态度更加保守，更不愿意参与股票等风险金融市场（周弘，2015；段军山 等，2016）。

然而，也有研究表明，家庭越厌恶风险，其预防性储蓄的动机也就越强，这使得家庭积累了相对更多的财富，能够支付股票市场的固定成本，且达到股票市场的投资门槛，因而更愿意参与股票等风险金融市场投资（Cocco et al.，2015）。李涛等（2009）进一步发现，社会互动可以降低个体的风险感知，使得高社会互动家庭的风险态度对于其是否参与股票等风险金融市场没有显著的影响。

(5) 健康风险和医疗保险

健康风险作为重要的背景风险，对家庭资产选择具有极其重要的影响。现有研究主要通过自身健康风险和医疗保险两个维度分析健康风险对家庭资产选择的影响。Rosen 等（2003）最早使用微观家庭数据研究健康与家庭资产配置之间的关系。个体的健康状况越差，其拥有风险性金融资产的概率也就越低。此外，他们也从风险态度、未来预期和遗产动机等角度分析了健康风险影响家庭资产选择的作用机制。当个体预期到自身未来健康状况较差时，会更多地持有流动性比较强的低风险资产。Campbell（2006）指出，健康风险将通过减少预期寿命和增加当期医疗保健支出的方式增加家庭收入风险，进而降低风险资产持有量。但是，也有研究发现，健康风险对家庭风险投资影响并不显著（李涛 等，2009）。吴卫星等（2011）利用北京奥尔多投资调查数据，发现受访者自评健康状况仅影响家庭资产配置比例，而并未影响家庭参与风险金融市场。由于健康无法储蓄和跨期配置，健康风险无法通过资产组合配置来分散，且会对家庭消费产生显著影响（何兴强 等，2014）。健康风险通过产生非预期的医疗支出，以及通过影响家庭劳动参与行为，增加家庭收入的不确定性，对家庭财务脆弱性产生间接影响（廖宇航，2019）。健康风险可能会由于预防性动机而增加家庭储蓄动机，增加无风险资产和流动性资产的配置比例，提高家庭应对未来不确定性冲击的能力（岳崴 等，2021）。

医疗保险作为有效转移健康风险的重要工具，对缓解家庭健康风险具有重要作用。在健康风险发生的情况下，医疗保险的参保家庭只需承担部分医疗支出，使得其面临的未来支出不确定性下降，进而增强了应对健康风险的能力（周钦 等，2015）。医疗保险可以有效缓解健康风险对家庭持有风险金融资产的负向影响。医疗保险可以降低家庭不确定性，减少预防性储蓄，进而改变家庭资产结构（王稳 等，2020），拥有社会医疗保险和商业医疗保险的家庭，会更多地持有风险金融资产（何兴强 等，2009；宗庆庆 等，2015）。

3.4.2 家庭特征

（1）财富和收入

由于股票等风险金融市场具有相对较高的投资门槛和交易成本，制约了中低收入家庭的市场参与，因此财富水平较高的家庭更倾向于选择风险金融资产，家庭资产配置中存在显著的财富效应（Guiso et al.，1998；吴卫星 等，2007；刘进军，2015）。而具有持续且稳定的现金流是家庭参与风险金融市场的基础。收入越高，家庭风险承受能力越强，可以选择持有更多的风险金融资产以提升家庭总体投资收益（Cocco et al.，2005）。陈莹等（2014）也指出，中国家庭在风险金融资产配置过程中存在明显的收入效应和财富效应。

（2）借贷约束

借贷约束在不同的国家都普遍存在，而中国借贷约束问题更加突出（尹志超 等，2015）。借贷约束将影响家庭资产选择行为，当期的借贷约束和预期的借贷约束都会使得家庭增加预防性储蓄，进而减少风险金融资产投资（李涛 等，2009；王聪 等，2012）。此外，借贷约束也强化了收入风险对家庭风险金融投资的挤出效应（Guiso et al.，2008）。相反，职业声望（吴卫星 等，2019）和社会互动（孟亦佳，2014）都将缓解借贷约束对家庭风险金融投资的挤出效应。

借贷约束对家庭风险投资的影响存在异质性。Michaelides（2003）进一步区分了借贷约束类型，发现基于收入的借贷约束会减少家庭风险金融资产投资，而基于担保的借贷约束则不会影响家庭风险金融资产投资。段军山等（2016）指出，借贷约束提升了家庭的风险厌恶程度，进而降低了家庭风险金融资产投资。此外，来自银行等正规金融机构的借贷约束会制约家庭风险金融资产投资，而来自亲友和民间借贷等非正规金融渠道的借贷约束影响并不显著（吕学梁 等，2017）。

(3) 社会资本

社会资本能增加社会信任，降低金融契约订立成本等交易成本，进而增加金融市场参与（李涛，2006）。社会网络通过信息获取渠道和社会互动渠道传递股市信息，进而提升了家庭股票市场参与度（郭士祺 等，2014）。周广肃等（2018）认为收入差距的扩大提升了高社会资本家庭的物质渴求动机，进而提升了家庭风险金融市场的参与概率和参与深度。刘雯（2019）进一步指出，社会网络或者说社会资本通过地位攀比效应影响了家庭风险偏好，家庭社会资本越多，地位攀比效应越大，信息提供越充分，缓解当前借贷约束而非已有借贷约束的能力越高，从而越偏好风险投资。

(4) 房产和房贷

房产是家庭最重要的资产，占中国家庭资产的比重超过70%（吴卫星 等，2016），欧美等发达国家房产占家庭总资产的比重也超过40%（Guiso et al.，2012）。与其他资产相比，房产具有消费和投资双重属性。房产作为一种风险资产，其风险无法有效分散，是家庭背景风险的重要组成部分。房产投资对家庭其他风险金融资产存在显著的挤出效应，房产资产占家庭总资产的比重越大，家庭参与风险金融市场的概率也就越低（吴卫星 等，2016）。房价波动是房产投资风险的重要来源，当家庭已经在承担房产风险时，将降低参与风险金融市场的概率（Huang，2019；马征程 等，2019）。

然而，也有研究表明，房产投资的增加会提升家庭参与股票等风险金融市场的可能。Flavin 等（2002）从投资分散化的角度指出，同时持有房产和其他风险金融资产可以分散风险，持有房产也不会对其他风险资产产生挤出效应。首先，多套房和无房贷的家庭更愿意参与风险金融市场。随着房产数量的增加，家庭参与风险金融市场的概率也在增加。拥有单套住房的家庭，房产会挤出风险金融资产，房产具有明显的财富效应（马征程 等，2019）。拥有多套房产的家庭会倾向于持有更多的风险金融资产（王琎 等，2014）。此外，与有房贷的家庭相比，无房贷家庭更倾向于持有风险金融资产。这主要是因为家庭面临借贷约束，缺乏有效的抵押品，而房产作为优质抵押品可以缓解家庭的借贷约束，而且有房贷的家庭财务杠杆比率相对较高（吴卫星 等，2016），已经承担了较高的金融风险，因此，无房贷的家庭更愿意参与风险金融市场（史代敏，2005；路晓蒙 等，2019）。另外，在中国传统的"成家立业"观念影响下，持有房产可以提升家庭主观幸福感（陈斌开 等，2011），这会降低家庭风险感受，进而提升家庭参与风险金融市场的意愿。

此外，也有研究从互联网使用（周广肃 等，2018）、收入差距和物质渴求（周广肃 等，2018）、家庭结构（吴卫星 等，2016；吴卫星 等，2017）、工作的职业声望（吴卫星 等，2019a）和工作时长（吴卫星 等，2019b）等角度分析了其对城镇家庭风险金融资产投资的影响。

3.4.3 数字金融

数字金融是指将互联网、区块链、大数据、人工智能等数字技术应用到金融行业而产生的新产品、新服务和新业态，以及银行、保险公司等金融机构将数字技术运用于流程改造和产品创新等。它涵盖了利用数字技术对传统金融服务的改造和升级，以及基于数字技术的新型金融服务的创造。数字普惠金融通过金融科技的技术手段，使金融服务惠及更多用户群体，特别是那些传统金融服务难以覆盖的弱势群体，如小微企业、农村地区居民、低收入人群等。它旨在缩小贫富差距，改善金融服务质量，助力发展更具活力的金融市场。数字金融可以提升居民家庭的资金可得性，缓解流动性约束，通过多样化的投资渠道来实现资金的跨期配置，提高投资收益，增强家庭财务稳健性和抗风险能力（吴雨 等，2021）。数字技术的发展打破了金融资金在区域、人口和时间上所受的各种限制，部分纠正了传统金融嫌贫爱富的本性（魏滨辉 等，2023）。

数字普惠金融分别通过提高金融素养水平、提升风险偏好、增加财产性收入、缓解流动性约束等方式，增加家庭投资的多样性，提升家庭金融市场参与的广度和深度（董婧璇 等，2022；莫亚琳 等，2024）。进一步地，吴雨等（2021）借鉴 Pelizzon 等（2009）、吴卫星等（2015）的计算方法，采用夏普比率衡量家庭金融资产组合的有效性，发现数字普惠金融的发展也通过提升投资便利性、增加金融信息获取和提升家庭风险承担水平等方式提升了家庭资产组合的有效性。此外，数字金融的发展降低了普通家庭参与金融市场的门槛，提升了家庭资产的流动性，影响家庭能力投资和金融资产配置效率，缓解家庭金融脆弱性（李容 等，2023）。数字普惠金融通过推动挤出社会关系网络借贷，降低通过社会关系网络分担风险的需求，提高家庭收入水平，增加家庭购买商业保险等方式，实现重大风险转移，以降低家庭通过社会关系网络分担风险的依赖性，提升了家庭抗风险能力（温博慧 等，2023）。数字普惠金融也通过增加居民创业、吸引劳动力流动提升居民劳动参与水平，增加劳动收入，降低家庭财务脆弱性（黄磊 等，2023）。

然而，数字金融的发展也可能造成家庭金融脆弱性的增加。柴时军（2020）指出，移动支付的使用通过缓解家庭流动性约束和促进家庭消费显著提升了家庭资产负债率和债务收入比，导致家庭财务杠杆放大和债务风险加剧。移动支付降低了消费者的支付痛苦感，增加消费者非理性消费的可能，造成分期付和消费贷等非计划负债增加，提高财务杠杆，增加家庭偿债的风险，进而对家庭福利水平造成不利冲击（周利 等，2021；李波 等，2020；李冠华 等，2022）。郑美华等（2024）研究发现，数字普惠金融通过增加家庭高风险型债务的方式扩大家庭过度负债风险，降低家庭偿债能力与资产流动性，增加家庭财务风险。数字金融的滥用会加剧家庭财务脆弱性，增加返贫风险（李瑞晶 等，2023）。

此外，随着数字金融产品复杂化和便利化的提升，校园贷、套路贷等违规事件和金融诈骗案件层出不穷，频频导致家庭财产损失，进一步提升了家庭风险水平（吴再发，2017；吴鹤群 等，2018）。金融知识较为欠缺的家庭在使用数字金融服务时容易被繁杂的页面误导，从而做出错误的投资决策，将家庭推向财务困境边缘（王海军 等，2022）。

3.4.4 新冠疫情的影响

2019年末暴发的新冠疫情，迅速蔓延全国。这一重大突发公共卫生事件，导致社会总需求大幅降低、生产和投资中断、失业人口不断增加、金融市场波动性加大，也使得城镇家庭面临的健康、收入、消费和投资的不确定性不断加大。

现有研究关注新冠疫情作为突发公共卫生事件对家庭就业、个体健康、金融市场等的短期冲击效应及对宏观经济波动的影响。具体来说，主要集中在以下几方面：

第一，劳动力市场。疫情防控所采取的各项延迟复工政策导致劳动力无法及时复工，工资收入和消费需求大幅降低，需求的减少和劳动力的短缺导致企业无法正常开工，全国劳动力市场面临前所未有的压力（杨子晖 等，2020）。国家统计局数据显示，2020年2月我国城镇调查失业率达到6.2%，创近3年最高值。现有研究强调了2020年2月企业复工率低的问题（金泉 等，2020）及个体经营者遭受的短期损失（王靖一 等，2020）。西南财经大学等单位联合发布的《疫情下中国家庭的财富变动趋势——中国家庭财富指数调研报告（2020Q1）》显示，疫情对低收入群体和自由职业者的影响更大，使得工作稳定性下降，工资性收入大幅下滑，劳动收入风险不断增加。蔡昉等（2021）基于疫情前后个体的追踪调查数据，发现各地的疫情防控措施短期内显著降低了劳动者复工的可能性，复工不足会对从业者的心理健康产生显著的负向影响，为了更好地应对短期的就业冲击，常态化疫情防控下应做好"稳就业"工作，制定有针对性的帮扶政策，减少贫困的发生。张敏等（2022）基于引入中国特色的二元劳动力市场后的劳动搜寻匹配模型，发现疫情冲击对失业的影响随着工资刚性的减弱而下降，但对消费的影响随着工资刚性的减弱而上升。相对于为失业劳动者提供失业补贴和为企业提供工资补贴，补贴企业岗位创建活动对于促进就业、扩大消费有着显著的积极影响。周磊等（2022）基于动态随机一般均衡（dynamic stochastic general equilibrium，DSGE）模型，发现疫情冲击在短期内导致失业率上升和岗位空缺下降，水平冲击在供需两端加剧了失业，且叠加冲击降低了工资波动；不确定冲击通过预防性储蓄效应抑制了总需求，加剧了劳动力市场波动。郭佩（2022）基于对日本劳动力市场的研究，发现疫情下的日本失业率处于较低水平，但休业人员显著增加，非正式员工、育儿女性、应届毕业生等低收入者受到了严重的影响。邹静娴等（2023）基于发达国家经验，发现疫情对于劳动力市场的影响主要有自动化替代的加速、居家办公的普及，以及此次新出现的"女性衰退"现象，疫情对于劳动力市场中低技能、女性、年轻及年长劳动力等弱势群体可能造成更大冲击。此外，白云丽（2022）研究表明，疫情期间农业部门的就业缓冲作用具有包容性，对年长、文化程度较低和西部地区农村劳动力的就业缓冲作用更明显。

第二，金融市场。新冠疫情造成的恐慌和经济活动停滞引起了全球金融市场的波动（Baek et al., 2020；蓝波 等，2021）。具体来看，新冠疫情冲击下不同的金融市场其风险传染与市场波动是不同的。对固定收益类的金融市场影响较小，对权益类的金融市场影响较大。加上量化宽松的对冲政策，金融资产价格变动更加复杂（陈赟 等，2020）。Alfaro 等（2020）通过对比"非典"时期中国香港股市和新冠疫情时期的美国股市，在预期公众被感染数量翻番的条件下，美国股市的总市值将下降 4%～11%。金岳成（2023）研究发现，新冠疫情通过影响实体经济、投资者情绪及经济政策，造成企业盈利能力降低，违约风险加大，投资者追求安全资产，减持风险资产，经济运行不确定性增加，宏观经济波动加剧，最终造成金融市场价格波动。金融市场"羊群效应"的存在，也将对金融市场的稳定性产生不利影响。粟亚亚（2020）基于百度搜索指数、网络新闻媒体、网络社交媒体等舆论数据构建网络舆情指数，分析网络舆情对金融资产价格及价格波动的影响，研究结果表明在市场动荡期，网络舆情对金融资产价格波动的影响更加显著。高扬等（2022）研究表明，投资者情绪对科创板收益率的影响在新冠疫情期间更强。此外，全球股票市场的传染效应也将进一步加剧金融市场的波动。沈悦等（2023）研究发现，全球股票市场风险传染总效应在新冠疫情时期达到历史峰值，全球股票市场风险网络关联度更紧密，资本开放水平较高的发达市场对新兴市场的风险输出作用更明显。

第三，个体健康。新冠疫情对个体健康的影响主要体现在劳动者面临被病毒感染的风险上升，个体客观健康风险不断上升。感染新型冠状病毒，将对个体的呼吸系统、消化系统、神经系统造成损害，新型冠状病毒还可能侵犯人体的其他器官，如肝脏、肾脏、心脏、血液凝血系统等，导致肝肾功能异常、心功能衰竭、血液凝血系统衰竭等严重后果。唐楚文等（2023）研究发现，在新冠疫情期间，公众被迫居家隔离，睡眠昼夜节律的平衡稳态被打破、睡眠周期紊乱，使睡眠结构呈现一个睡眠时间延长或缩短、入睡时间延迟及睡眠质量下降的趋势。此外，新冠疫情也会引发情绪行为问题、居家心理问题、原有精神心理问题加重或复发等（苏斌原 等，2020；王珍珍 等，2021）。袁会等（2021）研究发现，新冠疫情造成个体疑似心理障碍增加，提升个体应激水平，造成情绪波动增加。个体对疫情过度关注，也可能会使个体应激水平升高，对个体心理健康有不利影响。杨之旭（2024）研究发现，在新冠疫情初期，青少年抑郁、焦虑问题急剧恶化，疫情后期青少年的抑郁、焦虑水平逐渐下降，且男生和女生的变化轨迹无显著差异。

第四，宏观经济波动。重大突发公共卫生事件造成全球经济衰退和宏观经济波动增大相叠加的双重冲击，消费和投资需求收紧，并伴随着通货膨胀和失业水平的上涨压力（尹彦辉 等，2023；沈丽 等，2021）。易行健（2020）指出，新冠疫情对世界经济的供给和需求均造成了巨大冲击，现代经济的强关联性将进一步放大疫情造成的经济损失。疫情对金融业的冲击具有短期内过度反应的特征，总体上将降低公司市场价值，提升国家、企业与家庭的负债水平。史本叶等（2021）研究发现，新冠疫情对消费、投资需求的初始冲击通过居民收入与消费需求间、劳动需求与投资水平间、资本品需求与企业财务状况间的循环作用，对消费、储蓄、投资、产出、利率、资本品市场、劳动力市场等产生连锁反应。

随着疫情防控机制的常态化，个体劳动者收入风险和健康风险等人力资本风险将如何变化，城镇家庭如何调整资产配置，应对疫情带来的不确定性，亟须进一步追踪调研和系统性研究，进而为缓解疫情带来的损失提供有针对性的政策建议。

3.5　文献述评

现有文献分析了家庭收入的定义及来源、劳动收入风险的定义、影响因素及劳动收入风险对家庭风险金融资产选择的影响。在此基础上，对比分析了体制内单位和体制外单位工作劳动收入风险的差异及风险变化。此外，现有文献也分析了影响城镇家庭风险金融资产选择的个体特征、家庭特征、数字金融和新冠疫情影响等因素。

但是，现有研究仍存在以下不足：首先，现有文献分析了将人力资本作为一种资产时家庭投资组合的变化。但是，并未将人力资本纳入多期均值-方差模型，分析多期资产选择情形下同等风险的人力资本对其他资本的替代作用。其次，现有文献分析了不同类型的人力资本对家庭风险金融资产投资的影响，但是并未结合中国由计划经济向市场经济转型过程中体制内单位和体制外单位工作的劳动收入风险差异较大的实际，分析其对家庭资产选择的影响。最后，现有文献并未考虑随着市场化改革的深入，体制内单位和体制外单位工作的劳动收入风险趋同时，即体制内单位和体制外单位工作劳动收入风险变化时，家庭风险金融资产投资的变化。

因此，本书将人力资本也看作一种家庭资本，将其纳入 Li 等（2000）的多期均值-方差模型，在不考虑流动性和交易成本的情况下，同等风险的人力资本和家庭其他资本是同质的并可以相互替代。结合转型时期中国特殊国情，将人力资本分为体制内单位工作和体制外单位工作两种类型。在其他条件不变的情况下，为实现家庭收益最大化，当家庭选择体制内单位工作时，由于体制内单位工作的劳动收入风险低，家庭会将其他物质和金融资产投资于高风险部门；反之，家庭选择体制外单位工作时，由于体制外单位工作的劳动收入风险高，家庭会将其他物质和金融资产投资于低风险部门。

第 4 章

理论模型

资产组合又称为资产配置,是指投资者将手中的资金分配到不同风险和不同收益的资产上,以获取最大化的收益。Markowitz(1952)构建了均值-方差模型,揭开了现代资产选择理论研究的序幕。

静态资产组合模型仅考虑一期的资产选择情况。假定投资者具有同质期望,且对资产价格具有理性预期,投资者在期初选择持有某种确定的资产组合,并将其一直持有到期末。Markowitz(1952)提出的均值-方差模型,从收益和风险双目标出发,构建出资产组合的有效边界。在该模型中,高风险对应高收益,低风险对应低收益。进一步地,为了减少 Markowitz(1952)的均值-方差模型中参数估计的数量,Sharpe(1963)提出了以资产收益为核心的单因子模型。在均值-方差模型中,资产价格正的波动和负的波动都被视为风险。然而,资产价格的正向波动可以理解为正的超额收益,也是投资者所追求的。因此,Mao(1970)提出并完善了均值-下半方差模型,用基于均值的负半方差来衡量风险。均值-方差模型假定资产收益服从正态分布,然而现实并非如此,Konno 等(1995)放松了资产收益分布对称性假定,提出了均值-方差-偏度模型,用期望绝对偏差来刻画风险。此外,也有学者从控制损失概率的角度分析投资决策问题,Roy(1952)提出了安全第一资产组合策略,使用切比雪夫不等式求解出给定风险水平下极小化的资产组合收益,将问题转化为均值和方差比的优化问题。

投资是一个长期的过程,投资者可以根据市场环境变化及时调整资产组合策略。为了研究动态的资产组合策略,学者们构建特定资产价格和财富水平下的效用函数模型，分析财富或者效用最大化问题。Merton（1971）构建效用函数模型，分析动态的消费-投资选择，并得出风险资产需求函数。此后，学者们放松偏好一致性假定，分析双曲贴现/准双曲贴现下的最优消费-投资组合问题，发现双曲贴现下，家庭当期消费的效用更高，即家庭更偏好于当期消费时，挤出了家庭储蓄和投资（Harris et al.，2013）。此外，也有学者构建了动态均值-方差组合模型，更直观地刻画投资风险。Li 等（2000）利用动态规划求解多期均值-方差模型的解析解。Ji 等（2008）利用随机极大值原理处理禁止破产条件下的非线性财富方程，得到禁止破产条件下的最优投资选择。Xie 等（2008）将负债引入动态均值-方差组合模型，分析在多项风险资产和一项负债条件下的最优投资组合策略。姚海祥等（2013）将通货膨胀引入动态均值-方差组合模型，并利用拉格朗日乘子法和动态规划法得到了解析解。Chiu 等（2017）分析了大数据背景下高维数据对动态均值-方差组合模型下最优投资策略的挑战。通过对比连续时间预先承诺和持续再平衡策略，发现当观测数据量变大时，即使股票的个数增长快于观测值的个数，长期最优投资组合也会收敛到无估计误差的最优投资组合。

本章主要内容如下：首先，将 Li 等（2000）的多期均值-方差模型由 n 种资产拓展到 $n+1$ 种资产，并将人力资本以低风险资产的形式引入 Li 等（2000）的多期均值-方差模型，分析人力资本风险和金融资产投资风险之间的替代效应。其次，通过对比中国股票市场和欧美成熟股票市场间的风险差异，从市场波动、市盈率、换手率、成交额和股票收益率等方面阐释中国股票市场高风险特征。最后，将城镇家庭按照工作单位性质不同分为体制内单位工作家庭和体制外单位工作家庭，对比分析二者人力资本风险差异。在此基础上，提出本书的研究假说和推论。

4.1 劳动收入风险与家庭资产选择

Li 等（2000）将 Markowitz（1952）提出的单期资产组合模型拓展到多期情形，利用动态规划法寻求多期的最优资产组合策略。首先，将 Li 等（2000）的多期均值-方差模型从 n 种资产拓展到 $n+1$ 种资产的情形，分析不含人力资本情形下的多期均值-方差模型。然后，将第 $n+1$ 种资产替换为低风险的人力资本，分析在多期情形下，人力资本和其他风险金融资产之间的替代关系。

模型假定：

①投资者厌恶风险。相同的投资收益下，投资者选择低风险资产，相同的投资风险下，投资者会选择收益较高的资产。Ajzen（1991）在计划行为理论中指出，决策者的态度是影响其行为的重要因素。该理论在家庭资产选择领域也得到了广泛证实，Barasinska 等（2012）发现，个人的风险态度会影响其风险金融资产的持有，决策者的风险厌恶程度越高，家庭持有的无风险资产比例也越高。段军山等（2016）利用中国微观家庭调查数据也得到了一致的结论。西南财经大学和广发银行联合发布的《2018 中国城市家庭财富健康报告》[①] 数据显示，住房资产占城镇家庭总资产的70%以上，而同期美国住房资产占家庭总资产的比重约为34%；金融资产仅占中国城镇家庭总资产的11.8%，而同期美国家庭金融资产占家庭总资产的比重达到42.6%。中国城镇家庭金融资产以现金和活期存款等低风险金融资产为主，占家庭金融资产的42.9%，而股票等风险金融资产占金融资产比重仅为8.1%。中国城镇家庭以住房和存款等安全性资产为主的家庭资产结构，也从侧面印证了中国城镇家庭风险厌恶程度比较高。

② 投资者是理性的，在投资决策过程中仅考虑资产的均值和方差，资产收益率服从（0，1）正态分布。

③ 资本市场是有效的，不存在摩擦、交易成本、税收及市场进入和退出限制，且资本市场参与者是价格接受者。

假定市场中有 $n+1$ 种风险资产，投资期限是 T，投资者在 t_0 时期进入资本市场，将其所拥有的初始财富 x_0 分配到 $n+1$ 种风险资产上，在余下 $T-1$ 期内，财富可以在 $n+1$ 种风险金融资产上重新配置。当 $T=1$ 时，多期均值-方

---

① 《2018 中国城市家庭财富健康报告》发布 近四成家庭财富管理不健康［EB/OL］．（2019-01-18）［2024-06-30］．https：//finance.cnr.cn/jjgd/20190118/t20190118_524486979.shtml.

差模型即可转化为 Markowitz（1952）的单期均值-方差模型。第 t 期风险资产 i 回报率为 e_t^i，且不同期资产收益率是相互独立的。不同资产组合的均值和方差为：

$$E[e_t] = [E(e_t^0), E(e_t^1), E(e_t^2), \cdots, E(e_t^n)]'。 \quad (4-1)$$

$$\mathrm{Cov}[e_t] = \begin{bmatrix} \sigma_{t,00} & \cdots & \sigma_{t,0n} \\ \sigma_{t,01} & \cdots & \sigma_{t,1n} \\ & \cdots & \\ \sigma_{t,0n} & \cdots & \sigma_{t,nn} \end{bmatrix}。 \quad (4-2)$$

令 RS_{it} 表示家庭期望的风险金融资产份额，X_{it} 表示家庭特征变量，包括劳动收入风险。期望的风险金融资产份额由个体特征和家庭特征决定，并存在随机误差。随机误差是两个相互独立的正态分布过程的总和，一个是个体特征和家庭特征决定的；另一个是白噪声。此时，家庭期望风险资产份额为：

$$RS_{it} = X_{it}\beta + \tau_i + \omega_{it}, \quad (4-3)$$

其中，τ_i 表示个体特征和家庭特征差异产生的随机误差，ω_{it} 表示白噪声，且 τ_i 和 ω_{it} 是相互独立的。

假设家庭不能做空风险资产，因此观察到的家庭风险金融资产份额是非负的。风险金融资产份额可以超过也可以不超过 100%，这取决于一个家庭是否持有负债。因此，当不考虑负债时，家庭风险金融资产配置模型如下：

$$RS_{it} = \begin{cases} RS_{it}^*, & RS_{it}^* > 0 \\ 0, & RS_{it}^* \leq 0 \end{cases}。 \quad (4-4)$$

4.1.1 未引入人力资本的多期均值-方差模型

投资者第 t 期的财富是 x_t，u_t^i 是第 t 期投资于风险金融资产 i 的金额。投资者的最优投资策略 $u_t = [\mu_t^1, \mu_t^2, \mu_t^3, \cdots, \mu_t^n]'$，使得最终的期望收益 $E(x_T)$ 最大化，或者风险 $Var(x_T)$ 最小化。因此，多期的均值-方差投资组合模型可以用期望收益最大化或对应的风险最小化的形式表示：

收益最大化时

$$\max E(x_T)$$
$$s.t.\ Var(x_t) \leq \sigma$$
$$x_{t+1} = \sum_{i=1}^{n} e_t^i u_t^i + \left(x_t - \sum_{i=1}^{n} u_t^i\right) e_t^0 = e_t^0 x_t + P_t' u_t \circ \quad (4-5)$$

风险最小化时

$$\min Var(x_T)$$
$$s.t.\ E(x_T) \geq \epsilon \quad (4-6)$$
$$x_{t+1} = \sum_{i=1}^{n} e_t^i u_t^i + (x_t - \sum_{i=1}^{n} u_t^i) e_t^0 = e_t^0 x_t + P_t' u_t \circ$$

本书假定所有的矩阵 E 都是正定的，也即 $E[e_t(e_t)'] > 0$。其中，

$$P_t' = [P_t^1, P_t^2, P_t^3, \cdots, P_t^n]'$$
$$= [(e_t^1 - e_t^0), (e_t^2 - e_t^0), (e_t^3 - e_t^0), \cdots, (e_t^n - e_t^0)]', \quad (4-7)$$
$$E[e_t(e_t)'] = Cov(e_t) + E(e_t)E(e_t')\circ \quad (4-8)$$

式（4-8）表明，

$$\begin{bmatrix} E[(e_t^0)^2] E(e_t^0 P_t') \\ E(e_t^0 P_t) E(P_t P_t') \end{bmatrix} = \begin{bmatrix} 1 & 0 & \cdots & 0 \\ -1 & 1 & \cdots & 0 \\ \vdots & \vdots & & \vdots \\ -1 & 0 & \cdots & 1 \end{bmatrix} E[e_t(e_t)'] \begin{bmatrix} 1 & -1 & \cdots & -1 \\ 0 & 1 & \cdots & 0 \\ \vdots & \vdots & & \vdots \\ 0 & 0 & 0 & 1 \end{bmatrix} > 0,$$
$$(4-9)$$

可以得到

$$E[P_t P_t'] > 0, \quad (4-10)$$
$$E[(e_t^0)^2] - E(e_t^0 P_t') E^{-1}(P_t P_t') E(e_t^0 P_t) > 0 \circ \quad (4-11)$$

多期均值-方差策略是一个投资序列：

$$\pi = [\mu_0, \mu_1, \mu_2, \cdots, \mu_{T-1}] = \left\{ \begin{bmatrix} \mu_0^1 \\ \mu_0^2 \\ \cdots \\ \mu_0^n \end{bmatrix} \begin{bmatrix} \mu_1^1 \\ \mu_1^2 \\ \cdots \\ \mu_1^n \end{bmatrix} \begin{bmatrix} \mu_2^1 \\ \mu_2^2 \\ \cdots \\ \mu_2^n \end{bmatrix} \cdots \begin{bmatrix} \mu_{T-1}^1 \\ \mu_{T-1}^2 \\ \cdots \\ \mu_{T-1}^n \end{bmatrix} \right\}。$$

(4 – 12)

投资组合收益 π 是以一个将 t 期初始财富配置到资产组合策略 μ_t 时的反馈策略。

$$[\mu_t^1, \mu_t^2, \mu_t^3, \cdots, \mu_t^n]' = [\mu_t^1(x_t), \mu_t^2(x_t), \mu_t^3(x_t), \cdots, \mu_t^n(x_t)]'。$$

(4 – 13)

如果不存在其他多周期投资组合策略 π，即 $E(x_T)\mid\pi \geq E(x_T)\mid\pi^*$ 和 $Var(x_T)\mid\pi \leq Var(x_T)\mid\pi^*$，且至少有一个等式严格，则称多期均值-方差策略 π^* 是有效的。通过改变 ϵ 或者 σ 即可生成一组有效的多周期投资组合策略。

收益最大化问题或者风险最小化问题等价于：

$$\begin{aligned} &\max E(x_T) - wVar(x_T) \\ &s.t.\ x_{t+1} = e_t^0 x_t + P_t' u_t, \end{aligned}$$

(4 – 14)

其中，$w \in [0, \infty)$。若 π^* 是式（4 – 14）的最优解，则 π^* 也是式（4 – 5）和式（4 – 6）的最优解，且在最优解处，$w = \partial E(x_T)/\partial Var(x_T)$。当投资者能够在预期最终财富和相应的风险之间进行权衡时，投资选择可以采用式（4 – 14）的形式。

为了得到多期均值-方差模型的解析解，定义

$$V_t = E(P_t') E^{-1}(P_t P_t') E(P_t),$$

(4 – 15)

$$W_t^1 = E(e_t^0) - E(P_t') E^{-1}(P_t P_t') E(e_t^0 P_t),$$

(4 – 16)

$$V_t^2 = E((e_t^0)^2) - E(e_t^0 P_t') E^{-1}(P_t P_t') E(e_t^0 P_t),$$

(4 – 17)

$$W_t^1 = W_t \frac{\prod_{k=t+1}^{T-1} V_t^1}{2 \prod_{k=t+1}^{T-1} V_t^2},$$

(4 – 18)

$$W_t^2 = W_t \left(\frac{\prod_{k=t+1}^{T-1} V_t^1}{2 \prod_{k=t+1}^{T-1} V_t^2} \right)^2, \quad (4-19)$$

其中，$\prod_{k=t}^{T-1} V_t^i = 1$，$t = 1, 2, 3, \cdots, T-1$。

$$\mu = \prod_{t=0}^{T-1} AV_t^1, \quad (4-20)$$

$$v = \sum_{t=0}^{T-1} \left(\prod_{k=t+1}^{T-1} V_t^1 \right) W_t^1, \quad (4-21)$$

$$\tau = \prod_{t=0}^{T-1} V_t^2, \quad (4-22)$$

$$a = 0.5v - v^2, \quad (4-23)$$

$$b = \frac{\mu v}{a}, \quad (4-24)$$

$$c = \tau - \mu^2 - ab^2。 \quad (4-25)$$

最优多期均值-方差模型的解析解为

$$u_t^* = -E^{-1}(P_t P_t') E(e_t^0 P_t) x_t$$
$$+ 0.5 \left(b x_0 + \frac{v}{2aw^*} \right) \left(\prod_{k=t+1}^{T-1} \frac{V_k^1}{V_k^2} \right) E^{-1}(P_t P_t') E(P_t), \quad (4-26)$$

$$u_{T-1}^* = -E^{-1}(P_{T-1} P_{T-1}') E(e_{T-1}^0 P_{T-1}) x_{T-1}$$
$$+ 0.5 \left(bx_0 + \frac{v}{2aw^*} \right) E^{-1}(P_{T-1} P_{T-1}') E(P_{T-1})。 \quad (4-27)$$

当求解收益最大化问题时

$$w^* = \frac{v}{2\sqrt{a(\sigma - c x_0^2)}}。 \quad (4-28)$$

当求解风险最小化问题时

$$w^* = \frac{v^2}{2a[\epsilon - (\mu + bv) x_0]}。 \quad (4-29)$$

多期均值-方差模型的有效前沿为

$$Var(x_T) = \frac{a}{v^2}\left[E(x_T) - (\mu + bv)x_0\right]^2 + cx_0^2$$

$$E(x_T) \geqslant (\mu + bv)x_0 \text{。} \quad (4-30)$$

多期最优均值-方差组合模型的解析解由投资者的风险态度和财富共同决定，且风险态度和所拥有的财富相互独立。风险态度可以在做出投资决策之前获取，财富数据在每个投资期分别计算。

4.1.2 引入人力资本的多期均值-方差模型

假定家庭资产由一种人力资本和 n 种风险金融资产组成，风险金融资产由无风险资产和风险资产组成。Friedman（1956）在货币需求函数中指出，人力资本的变现能力低于金融资本。因此，人力资本风险高于存款和债券风险，低于股票市场风险，是介于定期存款和股票之间的一种特殊资产（Heaton et al.，2010）。由于劳动力市场活动不受风险金融资产持有的影响，且金融资产的风险比劳动力收入风险更容易控制（Cardak et al.，2009）。因此，本书假定劳动收入风险与风险金融资产投资不相关。

将人力资本引入家庭资产组合模型中时，由于假定人力资本收益和风险金融资产收益并不相关，因此，存在人力资本的投资情形可视为多期均值-方差模型中的特例，即一个有 n 种风险资产和一种人力资本的资本市场。此时，$e_t^0 = H_t$，且 $Cov(e_t^0, e_t^i) = 0$。

$$W_t = E(P_t')E^{-1}(P_t P_t')E(P_t), \quad (4-31)$$

$$V_t^1 = H_t^1(1 - W_t), \quad (4-32)$$

$$V_t^2 = H_t^2(1 - W_t), \quad (4-33)$$

$$W_t^1 = \frac{W_t}{2\prod_{k=t+1}^{T-1} H_k}, \quad (4-34)$$

$$W_t^2 = \frac{W_t}{4\left(\prod_{k=t+1}^{T-1} H_k\right)^2}, \quad (4-35)$$

其中，$\prod_{k=t}^{T-1} H_k = 1$，$t = 1, 2, 3, \cdots, T-1$。

$$\mu = \prod_{t=0}^{T-1} H_t(1 - W_t), \qquad (4-36)$$

$$v = 0.5\left[1 - \prod_{t=0}^{T-1}(1 - W_t)\right], \qquad (4-37)$$

$$\tau = \prod_{t=0}^{T-1} H_t^2(1 - W_t), \qquad (4-38)$$

$$a = 0.25 \prod_{t=0}^{T-1}(1 - W_t)\left[1 - \prod_{t=0}^{T-1}(1 - W_t)\right], \qquad (4-39)$$

$$b = 2\prod_{t=0}^{T-1} H_t, \qquad (4-40)$$

$$c = 0, \qquad (4-41)$$

其中，

$$\prod_{t=0}^{T-1}(1 - W_t) = 1 - \sum_{t=0}^{T-1}\left(\prod_{k=t+1}^{T-1}(1 - W_k)\right) W_t。 \qquad (4-42)$$

引入人力资本后，多期均值-方差模型的最优解为：

$$\gamma^* = 2\prod_{t=0}^{T-1} H_t x_0 + \frac{1}{w\left(\prod_{t=0}^{T-1}(1 - W_t)\right)}。 \qquad (4-43)$$

u_t^* 与 $E^{-1}(P_{T-1} P'_{T-1}) E(P_{T-1})$ 成比例，这意味着每个投资者将以相同的相对比例将其财富分散到风险资产中。另外，风险金融资产投资是在每个时段考虑人力资本风险后，通过观察其财富的变现价值并根据投资者对风险的态度来确定的。这可以看作将单周期投资组合选择的两基金分离定理推广到多周期投资组合选择的情形。

$$u_t^* = -H_t E^{-1}(P_t P'_t) E(P_t) x_t$$
$$+ \left[\prod_{k=0}^{T-1} H_k x_0 + \frac{1}{2w\left(\prod_{k=0}^{T-1}(1 - B_t)\right)}\right] \left(\prod_{k=t+1}^{T-1}\frac{1}{H_k}\right) E^{-1}(P_t P'_t) E(P_t),$$

$$(4-44)$$

$$u_{T-1}^* = -H_{T-1}E^{-1}(P_{T-1}P'_{T-1})E(P_{T-1})x_{T-1}$$
$$+\left[\prod_{k=0}^{T-1}H_k x_0 + \frac{1}{2w\left(\prod_{k=0}^{T-1}(1-B_t)\right)}\right]E^{-1}(P_{T-1}P'_{T-1})E(P_{T-1}),$$
$$(4-45)$$

$$E(x_T) = \prod_{t=0}^{T-1}H_k x_0 + \frac{1-\prod_{t=0}^{T-1}(1-B_t)}{2w\left(\prod_{t=0}^{T-1}(1-B_t)\right)}, \quad (4-46)$$

$$Var(x_T) = \frac{1-\prod_{t=0}^{T-1}(1-B_t)}{4w^2\prod_{t=0}^{T-1}(1-B_t)}。 \quad (4-47)$$

求解收益最大化问题时

$$w^* = 0.5\sqrt{\frac{1-\prod_{t=0}^{T-1}(1-B_t)}{\sigma\prod_{t=0}^{T-1}(1-B_t)}}。 \quad (4-48)$$

求解风险最小化问题时

$$w^* = 0.5\frac{1-\prod_{t=0}^{T-1}(1-B_t)}{\left(\epsilon-\prod_{t=0}^{T-1}H_t x_0\right)\left(\prod_{t=0}^{T-1}(1-B_t)\right)}。 \quad (4-49)$$

引入人力资本后，多期均值-方差模型的有效前沿：

$$Var(x_T) = \frac{\prod_{t=0}^{T-1}(1-B_t)}{1-\prod_{t=0}^{T-1}(1-B_t)}\left(E(x_T) - x_0\prod_{k=0}^{T-1}H_t\right)^2, \quad (4-50)$$

$$E(x_T) \geqslant x_0\prod_{k=0}^{T-1}H_t。 \quad (4-51)$$

投资者承担的整体投资风险（包括人力资本风险和金融资产投资风险）一定的情况下，投资者的人力资本风险或者说劳动收入风险越高，其可承担的股票等金融资产投资的风险越低，即较高的人力资本风险对金融资产投资风险具有替代效应。因此，投资者的人力资本风险或者说劳动收入风险越高，其风险金融资产持有的可能性和持有比例也就越低；反之，投资者的劳动收入风险越低，风险金融资产持有的可能性和持有比例也就越高。

特别的，多期均值-方差模型有效前沿的一个端点，即 $E(x_T) = x_0 \prod_{k=0}^{T-1} H_t$ 且 $Var(x_T) = 0$ 时，即投资者的人力资本风险最大时，超过其所能承受的整体风险水平，投资者不会再将其物质财富投资到风险金融资产中。

4.2 中国股票市场的高风险特征

一般来说，股票风险高于存款风险和债券风险。股票风险主要包括系统性风险和非系统性风险。具体来说，系统性风险又被称为整体风险或者不可分散风险，包括宏观经济政策风险、流动性风险、通货膨胀风险、利率风险、汇率风险和经济周期波动风险等。非系统性风险主要是上市公司自身风险，主要包括摘牌风险、财务风险和经营管理风险等，股票投资者可以通过分散投资的方式对冲非系统性风险。

马克思主义理论也指出，股票实质上是资本，是雇佣劳动者创造的剩余价值的转化形式。股票市场的存在虽然可以为资本家扩大再生产集聚资本，但是股票市场也使得资本主义生产过程存在更高的盲目性、投机性和冒险性，且拥有与信息不对称和垄断联盟等问题而导致股票市场发展过程中呈现明显的虚拟化趋势（乔涵 等，2018）。因此，股票市场本身存在较高的风险。

相较于欧美国家更成熟的股票市场，中国股票市场存在显著的过度投机问题，并对实体经济发展产生不利影响（张璐 等，2017；苏冬蔚 等，2019）。此外，由于信息不对称、政府干预、上市公司现代企业制度不完善及宏观经济政策不确定等因素，中国股票市场的系统性风险高于欧美成熟的资本市场（刘圣尧 等，2016；邓可斌 等，2018；Dai et al.，2019）。

中国股票市场过度投机或者说高风险性特征主要表现在以下几个方面：

第一，中国股票市场波动幅度高于美国股票市场。本书以上海证券交易所综合指数（简称"上证综指"）和深圳证券交易所综合指数（简称"深证综指"）两个指标表示中国股票市场发展，以纳斯达克100指数表示美国股票市场发展。通过对比，中国股票市场与美国股票市场波动方向具有一致性，且中国股票市场波动幅度远高于美国股票市场。其中，1992—2019年，上证综指涨幅最高达165.67%，跌幅最高达65.39%；深证综指涨幅最高达189.04%，跌幅最高达61.76%；而同期美国纳斯达克100指数涨幅最高达84.34%，跌幅最高达40.98%（图4-1）。

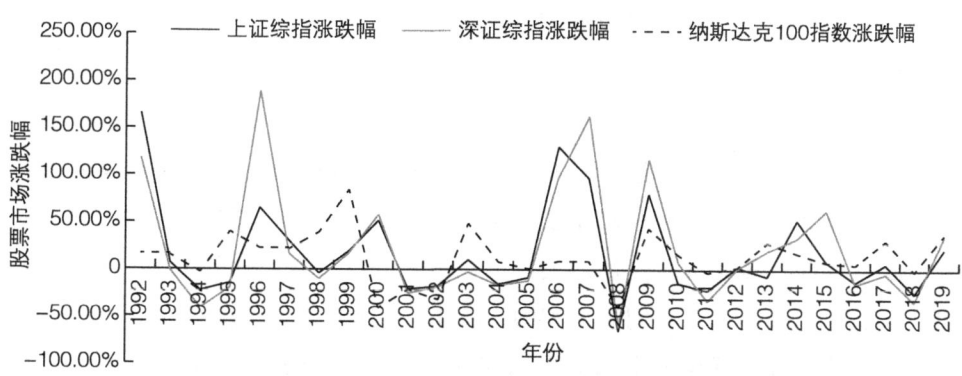

图4-1　1992—2019年中国股票市场和美国股票市场涨跌幅对比

（来源：《中国证券期货统计年鉴2019》及国泰安数据库）

第二，近年来中国股票市场市盈率虽有下降，但部分行业和部分板块仍明显高于合理水平。学者们普遍从投资的机会成本角度判断股票市场是否存在过度投机现象。具体来说，使用一年期定期存款利率的倒数作为投资的机会成本，并将其作为股票市场平均市盈率的理论值，与股票市场平均市盈率进行对比，进而判断股票市场是否存在过度投机现象（图4-2）。

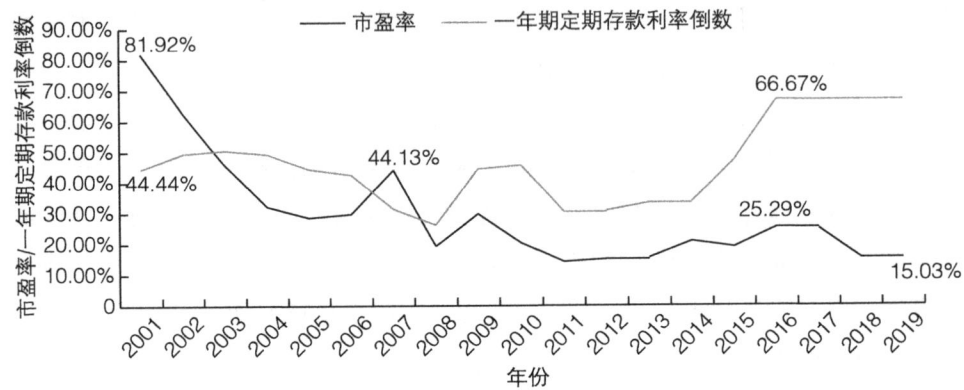

图 4-2 2001—2019 年中国股票市场平均市盈率及一年期定期存款利率倒数对比

注：市盈率＝股价/每股税后纯利润。

（来源：2001—2018 年数据来自《中国证券期货统计年鉴 2019》，2019 年数据根据上海证券交易所和深圳证券交易所公开数据计算获得。一年期定期存款利率根据央行历次调整的定期存款利率加权平均获得）

图 4-2 表明，2001—2004 年，中国股票市场市盈率显著高于市场投资的机会成本，股票市场整体过度投机现象明显。2005—2009 年，中国股票市场市盈率和投资机会成本在波动中交替降低。2010 年以来，股票市场平均市盈率远低于投资机会成本。但是，银行等权重股的市盈率普遍低于 5，拉低了股票市场的平均市盈率。而创业板和中小板市场的市盈率普遍高于 50。这表明，从市盈率角度看，近年来中国股票市场过度投机问题虽有所缓解，但部分行业仍存在严重的过度投机问题。

第三，中国股票市场换手率高。从换手率角度看，2001—2019 年，中国股票市场换手率波动幅度较大，年平均换手率达到 350.53%，且持续高于欧美成熟资本市场水平。2009 年以来，上海证券交易所年平均换手率为 194%，深圳证券交易所年平均换手率为 336%，而同期纽约证券交易所年平均换手率仅为 108.60%，伦敦证券交易所年平均换手率仅为 63%。特别的，2007 年中国股票市场换手率最高，达到 817.95%，市场过度投资特征明显（图 4-3）。这主要是因为欧美等成熟股票市场具有成熟的退市制度，退市数量和退市率普遍高于中国等新兴市场（万丽梅，2019）。而且，欧美等成熟资本市场以机构投资者为主,而中国股票市场以个体投资者为主,机构投资者交易额占比较低,投资者羊群效应明显(陈运森 等,2019)。

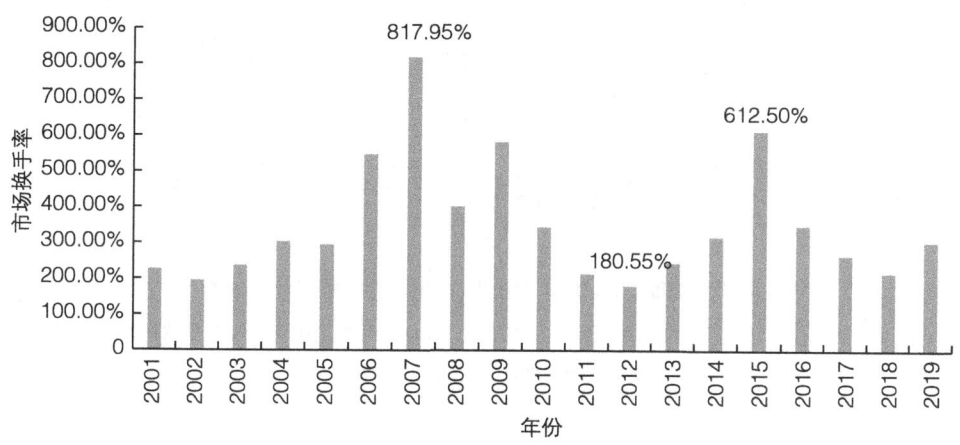

图 4-3　2001—2019 年中国股票市场换手率

注：市场换手率=股票市场全年成交额/(上年末股票市场流通市值+本年末股票市场流通市值)/2×100。

(来源：2001—2018 年数据来自《中国证券期货统计年鉴 2019》,2019 年数据根据上海证券交易所和深圳证券交易所公开数据计算获得)

第四,中国股票市场牛市时和熊市时的成交额相差较大。图 4-4 表明,无论是沪市还是深市,市场交易额和收盘价存在显著的正向相关关系,即牛市时成交额迅速增加,熊市时成交额迅速萎缩。此外,牛市和熊市成交额差异较大。2015 年,沪市和深市成交额分别达到 132.56 万亿元和 122.50 万亿元,相比 2014 年分别增加了 252.93% 和 233.97%,而 2016 年成交额却较 2015 年牛市时分别降低了 62.15% 和 36.65%。股票市场高成交量是市场过度投资的表现,而成交量迅速萎缩也展示了过度投资的另一面。

第五,中国股票收益率整体较低。投资者持有股票的目的之一是获取企业利润的分配权,股票收益率的高低也成为投资者是否持有股票的重要判断标准。图 4-5 表明,2008—2018 年,中国沪深两市平均股息率均明显低于一年期定期存款利率。这表明,中国股票的收益率较低。

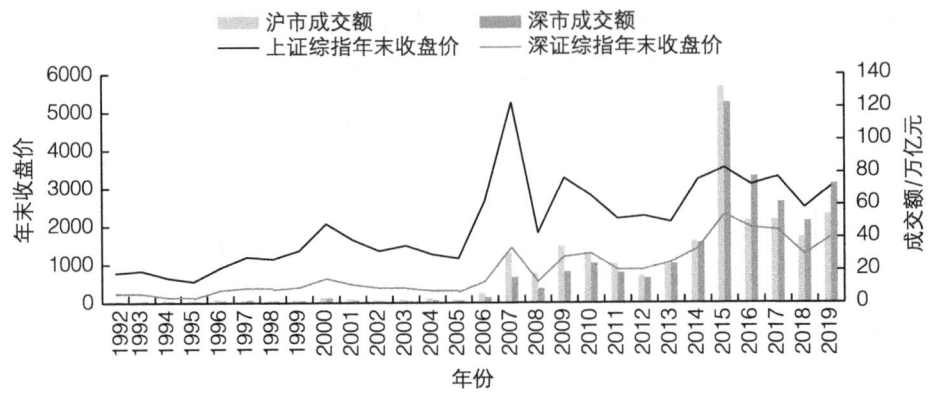

图 4-4　1992—2019 年中国股票市场成交额和年末收盘价

（来源：2001—2018 年数据来自《中国证券期货统计年鉴 2019》，2019 年数据根据上海证券交易所和深圳证券交易所公开数据计算获得）

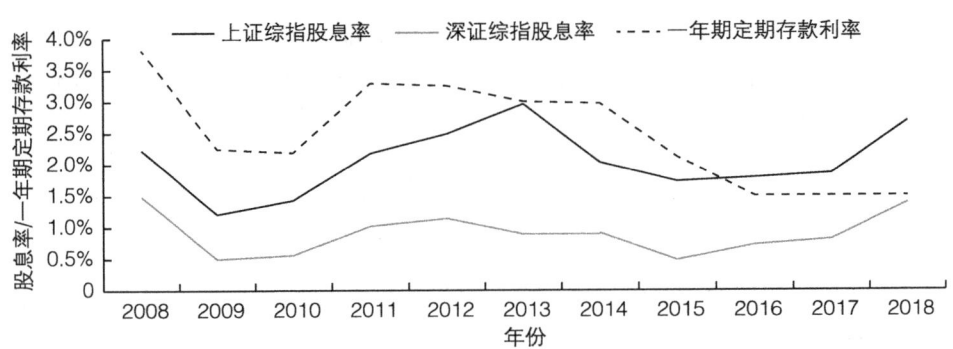

图 4-5　2008—2018 年沪市深市股息率及一年期定期存款利率对比

注：股息率=（股息/股票价格）×100。

（来源：两市股息率数据来自《中国证券期货统计年鉴 2019》，一年期定期存款利率根据央行历次调整的定期存款利率加权平均获得）

综上所述，相较于欧美成熟资本市场，中国股票市场波动幅度高、换手率高、股票收益率低、牛市熊市成交量相差大、市盈率高和个股行情暴涨暴跌现象明显，这表明中国股票市场风险高于欧美成熟资本市场，过度投机问题严重。中国股票市场的高风险特征也成为影响城镇家庭风险金融资产投资决策的重要因素。

4.3 体制内单位和体制外单位工作劳动收入风险差异

计划经济向市场经济转型过程中的中国，城镇家庭体制内单位和体制外单位工作劳动收入风险存在较大差异。体制内单位工作的工资多由中央或地方财政全额给付或者部分给付，工资给付的不确定性较体制外单位工作小，因而工资性收入相对稳定。中国家庭追踪调查（CFPS）数据显示，细分城镇家庭样本，并控制家庭规模、成员健康、住房等因素后，2010—2018 年，城镇体制内单位工作的家庭人均工资性收入波动（标准差）为 2.71，而城镇体制外单位工作的家庭人均工资性收入波动（标准差）为 4.97。这表明，城镇体制外单位工作的家庭工资性收入波动性高于体制内单位工作的家庭，城镇体制内单位工作的家庭工资性收入相对稳定。

失业风险方面，体制外单位工作的职业流动性高于体制内单位工作，且体制外单位企业经营受到宏观经济环境影响较大，工资波动也高于体制内单位工作。体制外的企业也面临一定程度的破产风险。自 2007 年 6 月 1 日《中华人民共和国企业破产法》颁布实施以来，企业申请破产案件数量在波动中不断增加。本书基于 iCourt Alpha 从中国裁判文书网对案由为"申请破产清算""申请破产重整""申请破产和解"，不限地域、时间截至 2019 年 12 月 31 日的裁判文书进行检索，得到 2009—2019 年申请破产的民营企业数量。结果如图 4-6 所示。

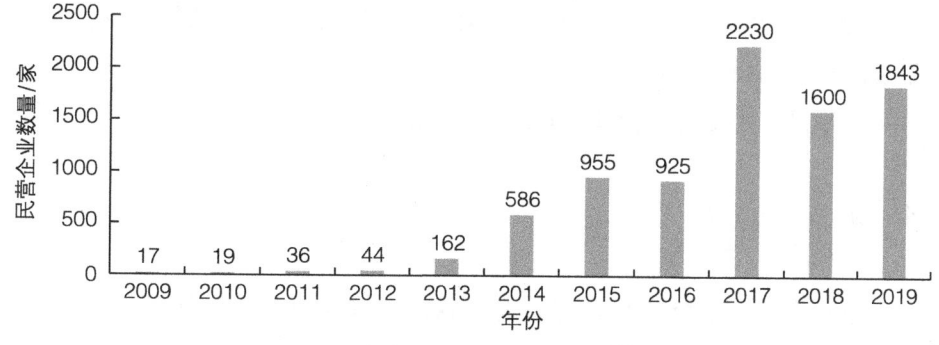

图 4-6 2009—2019 年申请破产的民营企业数量

（来源：根据中国裁判文书网整理获得）

图 4-6 显示，2009 年以来，民营企业破产数量在波动中增加，2017 年申请破产企业数量达峰值，为 2230 家，这表明体制外单位破产风险高，在体制外单位工作的劳动者失业风险也高于体制内单位工作。

特别是，从 2019 年末开始暴发的新冠疫情，导致国内众多企业停产停工，企业利润直线下降，导致企业，特别是中小微企业，面临严峻的财务困境和破产风险（钟震 等，2020；朱武祥 等，2020）。自 2020 年 3 月以来，国内新冠疫情虽得到了有效控制，但是全球范围内的疫情暴发使得国外企业纷纷停工，对中国出口产品需求也大幅降低，更是加重了国内企业的经营压力和破产风险（沈国兵，2020）。对于劳动者来说，为防控疫情所采取的隔离和限制流动措施，也降低了劳动者的劳动参与率和工资性收入。企业破产风险的上升也增加了体制外单位工作劳动者失业的风险（李志萌 等，2020）。相比之下，在政府部门、事业单位和国有企业工作的城镇家庭的工资性收入受到新冠疫情的冲击相对较小，工资性收入也相对稳定，且面临更小的失业风险。

上述分析表明，城镇体制内单位工作的工资性收入虽然低于体制外单位工作，但是体制内单位工作的工资性收入波动低于体制外单位工作，且面临较低的失业风险和企业破产风险。因此，城镇体制内单位工作的劳动收入风险低于体制外单位工作。

结合中国特殊国情，城镇体制内单位工作的家庭工资性收入相对稳定，人力资本风险相对较低，可以选择持有更多的风险金融资产以实现特定投资风险下的收益最大化。因而，城镇体制内单位工作的家庭更愿意持有股票等风险金融资产。相反，城镇体制外单位工作的家庭工资性收入稳定性差，人力资本风险高，不愿意持有更多的股票等风险金融资产。

4.4 本章小结

本章首先梳理了资产组合理论发展脉络，将人力资本以低风险资本的形式引入 Li 等（2000）多期均值-方差模型，分析家庭人力资本风险对金融资产投资风险的替代效应。其次，在阐释中国股票市场高风险特征的基础上，结合中国在由计划经济向市场经济转型过程中的特殊国情，将城镇家庭按照工作单位性质分为体制内单位工作和体制外单位工作两种类型，对比分析二者劳动收入的风险差异。

中国股票市场高风险特征影响了城镇家庭风险金融资产投资，将人力资本也视为一种家庭资本，将其纳入家庭统一资产选择框架，在家庭可承担的整体风险不变的情况下，人力资本风险或者劳动收入风险越高，家庭可承担的金融资产投资风险也就越低，因而会不参与或者减少参与风险金融市场。将劳动收入风险进一步按照就业单位性质分为体制内单位工作和体制外单位工作两种类型，体制内单位工作工资性收入相对稳定，失业风险低，劳动收入风险低于体制外单位工作，因而更愿意持有股票等风险金融资产。

基于上述分析，本书提出以下研究假设和推论：

研究假设：在城镇家庭可承担整体投资风险不变的情况下，人力资本风险或者劳动收入风险与其他金融资产投资风险之间存在替代效应。劳动收入风险越高，城镇家庭风险金融资产投资的概率和强度也就越低；反之，劳动收入风险越低，城镇家庭风险金融资产投资的概率和强度也就越高。

推论1：中国股票市场风险高于欧美成熟资本市场，而且城镇体制内单位工作家庭的劳动收入风险低于城镇体制外单位工作家庭，因而在体制内单位工作的城镇家庭更愿意参与股票等风险金融市场。

推论2：当体制内单位和体制外单位工作的劳动收入风险发生变化时，城镇家庭风险金融资产投资概率和强度也会发生变化。

第 5 章

城镇家庭劳动收入风险的测度与分解

本章首先梳理现有研究中家庭财务风险和劳动收入风险测度方法，然后将中国区域经济发展不平衡引入并修正 Angerer 等（2009）的劳动收入风险测度方法，并将劳动收入风险分解为暂时性劳动收入风险和永久性劳动收入风险两种类型。在此基础上，利用中国家庭追踪调查（CFPS）2010—2018 年的 5 次调查数据，测度中国城镇家庭个体和整体劳动收入风险，并结合中国由计划经济向市场经济转型的特殊国情，将劳动收入风险按照就业单位性质分为体制内单位工作和体制外单位工作两种类型，对比分析体制内单位工作和体制外单位工作劳动收入风险的差异。特别是，本书将城镇家庭中至少有一名家庭成员在体制内单位工作的家庭定义为体制内单位工作家庭，体制内单位包括政府部门、事业单位和国有企业。

本章的贡献在于：①在劳动收入决定方程中引入区域经济发展水平变量，修正 Angerer 等（2009）的劳动收入风险测度方法，从区域经济发展不平衡的角度完善了劳动收入风险测度方法；②利用中国家庭追踪调查（CFPS）数据，测度并分解中国城镇家庭劳动收入风险，对比分析城镇家庭体制内单位和体制外单位工作劳动收入风险的差异；③为后文检验劳动收入风险和城镇家庭风险金融资产投资关系奠定基础。

5.1 财务风险与收入风险的测度

5.1.1 家庭财务脆弱性的定义及测度

Ampudia 等（2016）和 Brunetti 等（2016）认为，家庭财务脆弱性通常指家庭在未来陷入财务困境的可能性，描述了家庭面临无法及时或完全履行偿债义务而发生财务困境的可能。Anderloni 等（2012）认为，当家庭存在无法按期偿还本息和无法承担非预期必要支出的风险时，家庭财务状况存在脆弱性。不可持续的借债行为、缺乏平滑性的消费行为、缺乏有效的风险管理手段被认为是导致家庭财务脆弱性的主要原因（岳崴 等，2021）。

Lusardi 等（2011）指出，非预期支出通常包括健康医疗、汽车维修、法律诉讼、房屋维修等方面支出，当家庭无法承担上述特定的风险损失时，即表明家庭存在财务脆弱性。Brunetti 等（2016）根据家庭收入、预期支出、流动性资产、非预期支出的对比关系，把家庭财务状况分成以下 4 种情况：①财务自由（unconstrained），即家庭收入大于预期消费支出且流动性资产大于非预期支出；②财务脆弱（financially fragile），即家庭收入大于预期支出但流动性资产小于非预期支出；③过度消费且具有流动性（over-consuming but liquid），即家庭收入小于预期支出但流动性资产超过非预期支出；④财务约束（constrained），即家庭收入低于预期支出且流动性资产小于非预期支出。其中，预期支出包括家庭基本生活支出和应还贷款本息，流动性资产主要指家庭现金和存款总额。尹志超（2023）认为从家庭财务风险角度来看，面临风险最大的首先是财务约束家庭，即当期收入和存量储蓄均不足以满足家庭支出；其次是财务脆弱家庭；最后是需要警惕的过度消费家庭。从数量来看，过度消费家庭和财务脆弱家庭占比相对较大，财务约束家庭也较多。

尹志超等（2023）基于上述分类方法，并借鉴李波等（2020）的方法，引入"财务保证金"，测度家庭财务脆弱性。财务保证金等于家庭总收入（包括家庭成员的工资性收入、经营性收入、财产性收入和转移性收入）加上家庭可迅速变现的流动资产（包括定期存款、活期存款和现金），减去资产能顺利支付的预期支出（包括家庭日常消费支出、房贷、车贷等消费贷款）和非预期支出（包括突发性的医疗支出和转移性支出）。当家庭面临不确定性冲击时，财务保证金小于零，则表示家庭财务是脆弱的，即家庭存在财务风险。根据中国家庭金融调查（CHFS）数据，2021年，约3.15%的家庭存在投资损失，约1.35%的家庭存在经营损失，家庭以医疗保健支出为主的非预期支出占家庭总支出的18.16%。

5.1.2 劳动收入风险的定义及测度

家庭财务脆弱性的定义和测度为劳动收入风险的测度提供了有益借鉴。学者们也从劳动收入风险的决定因素出发，构建不同的指标测度个体和家庭层面的劳动收入风险。

Gomes 等（2003）以虚拟变量的形式构建家庭劳动收入风险指标。当家庭有多于一个家庭成员可以获取劳动收入时，记为1，表示家庭劳动收入风险低；反之，记为0，表示家庭劳动收入风险高。该方法从家庭能否获取持续稳定的收入的角度衡量了家庭劳动收入风险，有多个劳动收入个体的家庭劳动收入风险低于有一个或没有劳动收入个体的家庭，但是其忽略了家庭内部劳动者个体差异对工资性收入和劳动收入风险的影响。

Guiso 等（1996）将劳动者主观评价的劳动收入不确定性作为劳动收入风险的代理变量。但由于风险态度与劳动收入风险之间存在相关性（Cardak et al.,2009），将主观评价的劳动收入不确定性作为劳动收入风险的代理变量将产生内生性问题。为解决这一问题，Guiso 等（2008）利用城市人均GDP增长率的波动性衡量城镇居民的劳动收入风险。地区经济发展水平决定了地区劳动参与率，进而决定了劳动收入的水平和变化。具体来说，将各个城市对数化的人均GDP对时间变量进行回归，得到的残差作为劳动收入风险的代理变量。

Cardak 等（2009）利用澳大利亚2001—2005年家庭劳动收入动态调查数据，将被调查家庭5年内经过年龄和时间线性调整的劳动收入可变性作为家庭劳动收入风险的代理变量。Betermier 等（2012）、Becker 等（2016）也使用劳动收入的波动作为家庭劳动收入风险的代理变量，这可以解释众多潜在的未被观测到的劳动收入风险来源,如家庭人口结构变化和个人对劳动力市场的了解。但是,该方法也存在很多局限,如家庭无法完全预测劳动力市场的变化及家庭劳动收入风险可能与家庭所持有的风险金融资产相关。

此外,也有学者使用户主的就业状况衡量家庭劳动收入风险,如户主是否临时就业、是否创业、工作部门、工作保障满意度、工作前景的主观评估等(Tsai et al.,2014)。

上述劳动收入风险测度方法都忽视了个体特征和职业类型差异对劳动收入风险的影响,无法准确衡量劳动收入风险。因此,基于劳动收入决定过程,学者们将劳动收入中不可被个体特征和职业特征所解释的部分定义为劳动收入风险。Mincer(1974)根据人力资本决定理论,将教育程度和工作经验引入工资决定方程,并指出方程中不被教育和工作经验解释的部分,即随机误差项,为劳动收入风险。Viceira(2001)和 Campbell(2006)均认为劳动收入是一阶自回归过程,构造劳动收入决定函数,并测算劳动收入风险。Angerer 等(2009)的劳动收入风险测度方法采用对数化的线性识别策略,认为劳动收入由性别、年龄、婚姻、职业类型、教育程度、工作经验等特征和随机劳动收入组成。进一步地,将随机劳动收入分解为暂时性劳动收入风险和永久性劳动收入风险。

5.2 数据、变量与方法

5.2.1 数据来源与样本选择

本书使用中国家庭追踪调查(CFPS)2010—2018 年的 5 次调查数据。该调查涵盖全国 25 个省份 14 000 户家庭[①],具有详细的个体信息、家庭信息,

---

① CFPS 2010 年首次全国抽样调查不包含内蒙古、海南、西藏、青海、宁夏、新疆 6 个省份,后续全国抽样调查中,逐步补充上述 6 个省份的调查数据,至 2018 年第五轮全国调查,样本家庭涵盖全国 31 个省份。但是,由于后续补充的 6 个省份样本数量较少(每省被调查家庭低于 10 户,均不足样本总数的 1%),且为了构建家庭层面的平衡面板数据模型,本书最终选取全国 25 个省份(不含内蒙古、海南、西藏、青海、宁夏和新疆)的城镇家庭作为研究对象。本书不含港澳台地区数据。

特别是家庭层面的收入和资产数据，为研究城镇家庭劳动收入风险和家庭风险金融资产投资提供了坚实的数据支持。

为测度城镇家庭劳动收入风险水平，本书选取2010—2018年5次调查中都被调查的城镇家庭作为研究对象。具体来说，基于中国家庭追踪调查（CFPS）原始调查数据，按照国家统计局城乡分类方法，保留城镇家庭样本，并删除省份变量缺失、户主变量缺失及户主年龄小于18岁的样本。此外，由于学生并未进入劳动力市场并获取劳动收入，因此，本书删除学生样本。为构建平衡面板数据模型，本书保留5次调查均存在的城镇家庭，并删除两次调查中家庭样本代码不一致的家庭样本，即不考虑原始家庭分裂为两个或更多家庭的情形。最终选取3026个城镇家庭样本进行分析。

由于中国家庭追踪调查（CFPS）中并未直接标示家庭户主，本书参照周广肃等（2018）的方法，选取"最熟悉家庭财务的人"作为户主的代理变量。

5.2.2　变量说明与描述性统计

（1）被解释变量

选取城镇家庭个体工资性收入作为劳动收入的代理变量。按照中国家庭追踪调查（CFPS）的变量定义，工资性收入不仅包括个体的基本工资，也包括工作的奖金、补贴及分配到个人名下的红利。因此，工资性收入可以比较全面地反映家庭劳动收入。因此，工资性收入可以比较全面地反映劳动收入的真实水平。

（2）解释变量

参照Angerer等（2009）的劳动收入风险测度方法，本书选取个体的性别、年龄、婚姻状况、受教育年限、职业类型、工作经验和工作经验的平方作为个体劳动收入的决定变量。同时，考虑个体年龄因素对劳动收入的非线性影响，本书在劳动收入决定方程中引入年龄平方变量。此外，考虑到中国区域经济发展不平衡对工资水平的影响，本书进一步将区域人均GDP引入并修正Angerer等（2009）的劳动收入风险测度方法，测度并分解城镇家庭个体劳动收入风险，在此基础上，进一步测算城镇家庭整体劳动收入风险。

具体来说，性别以虚拟变量形式表示，男性为1，女性为0。年龄按照实际年龄计算。婚姻状况，参照周钦等（2015）的分类标准，以合法稳定的夫妻关系为基础，将已婚记为1，将未婚/离婚/丧偶/同居记为0。教育程度以受教育年限表示。职业类型，按照工作单位性质分为体制内单位工作和体制外单位工作两种类型，体制内单位工作记为1，体制外单位工作记为0。体制内单位工作包括政府部门工作人员、教育医疗及科研单位工作人员、国有企业工作人员和军人；体制外单位工作包括工程技术人员、企业管理人员、自由职业者、家务劳动者、个体户和私营企业主、离退休人员和失业人员。其中，失业人员包括下岗失业人员和丧失劳动能力人员。受到数据限制，在体制内单位工作的样本中，军人样本量过少（例如，2012年CFPS成人样本中有4名军人，仅占样本总数的0.01%），难以进行细分。因此，在实际操作中，将军人纳入政府部门工作人员进行分析。区域经济发展水平用家庭所在省份的人均GDP表示，并以2010年为基期，利用物价指数进行平减。

由于中国家庭追踪调查（CFPS）数据并未直接提供工作年限的相关指标，本书参照李任玉等（2014）的方法，假定个体从满6周岁开始上学，毕业后即参加工作，则工作经验=实际年龄-受教育年限-6。

表5-1结果表明，在被调查的城镇样本中，个体平均年龄为39.21岁，78%的个体已婚；平均受教育年限达到11.27年；平均工作经验为22.53年；个体平均年工资性收入为46 735.90元，最低0元，最高1 200 000元，标准差达到46 452.17，这表明城镇内部个体劳动收入差距较大，也从侧面表明不同个体所面临的劳动收入风险差别也较大。

表5-1 主要变量描述性统计

变量	最小值	最大值	均值	标准差
年工资性收入/元	0	1 200 000	46 735.90	46 452.17
性别	0	1	0.56	0.50
年龄/岁	18	96	39.21	12.05
婚姻状况	0	1	0.78	0.41
受教育年限/年	0	23	11.27	4.13

续表

变量	最小值	最大值	均值	标准差
工作经验/年	0	77	22.53	14.43
职业类型（体制内单位=1）	0	1	0.05	0.16
人均GDP/万元	1.31	11.32	5.19	2.70

注：各省份人均GDP原始数据来源于历年《中国统计年鉴》，为剔除物价因素对人均GDP的影响，本书以2010年为基期，分别利用各省份物价指数进行平减。

5.2.3 劳动收入风险测度方法

借鉴Angerer等（2009）的劳动收入风险测度方法，将个体的性别、年龄、婚姻状况、受教育年限、职业类型、工作经验及工作经验的平方引入劳动收入决定方程。此外，区域经济发展水平对个体的就业机会和劳动收入都会产生重要影响（Guiso et al.，2008；何兴强等，2009）。因此，考虑到中国区域经济发展不平衡的实际，本书将在Angerer等（2009）的劳动收入决定方程中引入区域经济发展水平变量，进而测度并分解劳动收入风险。

劳动收入决定方程为：

$$\text{Ln } Y_{i,t} = X_{i,t} \times \beta + Region_{i,t} \times \gamma + V_{i,t}, \quad (5-1)$$

其中，$Y_{i,t}$表示个体i第t期的劳动收入；$X_{i,t}$表示个体的性别、年龄、婚姻状况、受教育年限、职业类型、工作经验、工作经验的平方等，考虑到年龄可能对劳动收入存在非线性影响，本书在解释变量中引入年龄平方；$Region_{i,t}$表示区域经济发展水平，用城镇家庭所在省份的人均GDP表示；β和γ为相应的系数矩阵；$V_{i,t}$表示随机劳动收入，由暂时性劳动收入冲击$\varphi_{i,t}$和永久性劳动收入冲击$\mu_{i,t}$构成。永久性劳动收入风险持续对整个生命周期的劳动收入产生冲击，而暂时性劳动收入风险仅对一期的劳动收入产生冲击。

$$V_{i,t} = \mu_{i,t} + \varphi_{i,t}, \quad (5-2)$$

$$\mu_{i,t} = \mu_{i,t-1} + \varepsilon_{i,t}, \quad (5-3)$$

其中，永久性劳动收入冲击 $\mu_{i,t}$ 是一个随机游走过程，$\varepsilon_{i,t}$ 表示随机游走过程的冲击。由于本书重点关注个体劳动者在时间序列上的劳动收入风险，因此，假定 $\varphi_{i,t}$ 和 $\varepsilon_{i,t}$ 在横向上并不相关，且均服从零均值同方差的标准正态分布。暂时性收入冲击 $\varphi_{i,t}$ 和永久性收入随机游走冲击 $\varepsilon_{i,t}$ 的标准差 $\sigma_{i,\varphi}$ 和 $\sigma_{i,\varepsilon}$ 分别表示个体的暂时性劳动收入风险和永久性劳动收入风险。

进一步地，本书将样本按照职业类型划分为不同群体，并假定同一群体的劳动收入风险中的暂时风险和永久风险并不完全相同，而是存在一种比例关系。为测量不同群体的永久性和暂时性劳动收入风险比，令 $\sigma_{i,\varepsilon}/\sigma_{i,\varphi} = \sigma_i$。根据式（5-2）和式（5-3），得出：

$$\frac{Var(V_{i,t} - V_{i,t-k})}{Var(V_{i,t} - V_{i,t-1})} = \frac{2k + \sigma_i^2 k^2}{2 + \sigma_i^2} = \frac{2k}{2 + \sigma_i^2} + \frac{\sigma_i^2 k^2}{2 + \sigma_i^2}。 \quad (5-4)$$

令永久性和暂时性劳动收入风险比的初始水平 k 的方差 $VR(k)_i$ 为

$$VR(k)_i = \frac{Var(V_{i,t} - V_{i,t-k})}{k \times Var(V_{i,t} - V_{i,t-1})}, \quad (5-5)$$

则

$$kVR(k)_i = \frac{Var(V_{i,t} - V_{i,t-k})}{Var(V_{i,t} - V_{i,t-1})}。 \quad (5-6)$$

令 $\alpha_i = \dfrac{2}{2 + \sigma_i^2}$，$\theta_i = \dfrac{\sigma_i^2}{2 + \sigma_i^2}$，则

$$kVR(k)_i = \alpha_i + \theta_i k。 \quad (5-7)$$

根据 $kVR(k)_i$，可以得到特定群体的永久性/暂时性劳动收入风险比 σ_i。进一步地，

$$Var(V_{i,t} - V_{i,t-k}) = \sigma_{i,\varphi}^2 (2 + k\sigma_i)。 \quad (5-8)$$

因此，根据 $Var(V_{i,t} - V_{i,t-k})$ 和 $(2 + k\sigma_i)$，推断出暂时性劳动收入风险的 $\sigma_{i,\varphi}$。

最后，根据 $\dfrac{\sigma_{i,\varepsilon}}{\sigma_{i,\varphi}} = \sigma_i$，推断出永久性劳动收入风险 $\sigma_{i,\varepsilon}$。

5.3 城镇家庭个体劳动收入风险测度结果

基于修正的 Angerer 等（2009）的劳动收入风险测度和分解方法，首先，基于工资决定方程，控制个体特征、工作年限、职业类型和区域经济发展水平差异对劳动收入风险的影响。具体来说，根据式（5-1）将对数化的劳动收入分别对性别、年龄、年龄平方、婚姻状况、受教育年限、工作经验、工作经验的平方、职业类型和所在省份人均 GDP 对数进行普通最小二乘回归（OLS），得到各变量对于劳动收入的估计系数。

表 5-2 结果表明，随着个体劳动者年龄的增加，劳动收入呈现先增加后降低的倒"U"形变化趋势。个体受教育年限越长，劳动收入也越高，这表明教育仍是个体人力资本的重要组成部分。已婚男性拥有更高的劳动收入，这表明中国城镇家庭具有明显的婚姻溢价特征，这与王智波等（2016）的研究结论一致。王智波等（2016）进一步发现，男性的某些不可观测能力（如人格特质）使他们在婚姻市场更具优势，而且结婚后家庭分工提高了男性的生产力，帮助他们获取更高的收入。在城镇体制内单位工作的劳动收入略低于体制外单位工作，且在 99.9% 的显著性水平上显著。地区经济发展水平越高，劳动者的劳动参与率越高，劳动收入也越高。

表 5-2 劳动收入决定方程回归结果

变量	系数	稳健标准误	t 值	伴随概率
性别	0.434	0.036	12.201	0.000
年龄	0.129	0.030	4.235	0.000
年龄平方	-0.001	0.000	-2.361	0.012
婚姻状况	0.086	0.054	1.607	0.111
受教育年限	0.758	0.234	3.242	0.000
工作经验	0.030	0.012	2.471	0.013
工作经验的平方	-0.000	0.000	-0.321	0.748

续表

变量	系数	稳健标准误	t 值	伴随概率
职业类型（体制内单位=1）	-0.306	0.112	-2.735	0.000
人均 GDP 对数	1.277	0.387	3.291	0.000
常数项	7.888	0.487	16.182	0.000

注：为方便计算劳动收入对数，当劳动收入为 0 时，劳动收入的对数记为 0；本表中的标准误为县级层面的聚类稳健标准误；模型估计的整体显著性 F 值为 1146.83，伴随概率为 0.0000，拟合优度 R^2 为 0.2582。

然后，将各变量的估计系数代入式（5-1），得到的残差即个体面临的总的劳动收入风险。

进一步地，参照钱羽（2010）的方法，利用回归法计算出 $Var(V_{i,t}-V_{i,t-k})$，并结合式（5-2）、式（5-3），最终计算出个体面临的暂时性劳动收入风险 $\sigma_{i,\varphi}$ 和永久性劳动收入风险 $\sigma_{i,\varepsilon}$。区分个体特征的城镇家庭个体劳动收入风险测度结果如表 5-3 所示。

表 5-3 城镇家庭个体劳动收入风险：区分个体特征

变量	劳动收入波动 $\sqrt{Var(\Delta \ln Y_{it})}$	个体劳动收入风险 $\sqrt{Var(\Delta V_{it})}$	暂时性劳动收入风险 $\sigma_{i,\varphi}$	永久性劳动收入风险 $\sigma_{i,\varepsilon}$
性别				
男性	0.847	0.783	0.975	0.204
女性	0.714	0.697	0.747	0.191
年龄				
18~29 岁	1.035	0.988	1.124	0.257
30~39 岁	0.924	0.876	0.937	0.239
40~49 岁	0.708	0.689	0.742	0.157

续表

变量	劳动收入波动 $\sqrt{Var(\Delta \ln Y_{it})}$	个体劳动收入风险 $\sqrt{Var(\Delta V_{it})}$	暂时性劳动收入风险 $\sigma_{i,\varphi}$	永久性劳动收入风险 $\sigma_{i,\varepsilon}$
50~59岁	0.821	0.814	0.875	0.195
60岁以上	0.894	0.857	0.903	0.206
教育程度				
小学及以下	1.275	1.045	1.347	0.341
初中	0.904	0.876	1.126	0.272
高中及中专	0.741	0.657	0.854	0.194
大专及以上	0.604	0.534	0.639	0.165
婚姻状况				
已婚	0.687	0.645	0.715	0.183
未婚/离婚/丧偶/同居	0.934	0.827	0.869	0.217
全部样本	0.783	0.734	0.785	0.197

表5-3结果表明，2010—2018年被调查的城镇个体样本中，整体劳动收入波动达到0.783、个体劳动收入风险达到0.734，暂时性劳动收入风险高于永久性劳动收入风险。区分户主个体特征后，男性的劳动收入波动和个体劳动收入风险高于女性，男性暂时性劳动收入风险也高于女性。个体劳动收入风险随着年龄变化呈现先降低后增加的"U"形变化，刚进入劳动力市场和即将退出劳动力市场时的劳动收入风险最高，40~49岁时，工作相对稳定，劳动收入风险也最低。受教育程度越高，劳动收入风险水平也相对越低，这表明，拥有较高的教育程度不仅增加劳动收入，也具有更高的认知能力、信息获取能力，有助于增加个体的判断能力，降低盲目决策的概率和损失，因而劳动收入风险也就越低。相对于未婚/离婚/丧偶/同居的个体，具有合法稳定婚姻关系的已婚个体，可以通过夫妻共同决策的方式降低职业选择时的失误，进而降低劳动收入风险。

Cocco等（2005）指出，相近职业类型的劳动收入风险是相似的。因此，本书按照职业类型将城镇个体样本划分为体制内单位工作和体制外单位工作两大类。体制内单位工作包括在政府部门、事业单位和国有企业工作;体制外单位工作包括工程技术人员、企业管理人员、个体户及私营业主、企业普通员工、自由职业者和其他人员。区分职业类型的城镇家庭个体劳动收入风险测度结果如表 5-4 所示。

表 5-4 城镇家庭个体劳动收入风险:区分职业类型

变量	劳动收入波动 $\sqrt{Var(\Delta \ln Y_{it})}$	个体劳动收入风险 $\sqrt{Var(\Delta V_{it})}$	暂时性劳动收入风险 $\sigma_{i,\varphi}$	永久性劳动收入风险 $\sigma_{i,\varepsilon}$
体制内单位工作	0.562	0.533	0.569	0.105
政府部门	0.541	0.524	0.537	0.059
事业单位	0.574	0.552	0.575	0.072
国有企业	0.633	0.613	0.663	0.184
体制外单位工作	1.032	0.903	1.125	0.313
工程技术人员	0.667	0.596	0.634	0.117
企业管理人员	0.693	0.642	0.687	0.126
个体户及私营业主	0.936	0.837	0.914	0.463
企业普通员工	0.847	0.716	0.835	0.274
自由职业者	1.217	1.045	1.376	0.534
其他人员	1.016	0.887	0.916	0.376
全部样本	0.783	0.734	0.785	0.197

表 5-4 结果表明,区分体制内和体制外单位工作后,体制内单位工作的劳动收入波动和个体劳动收入风险均低于体制外单位工作。无论是在体制内单位工作还是在体制外单位工作,个体的暂时性劳动收入风险均高于永久性劳动收入风险。具体来说,在体制内单位中,在政府部门工作的个体劳动收入风险最低,在事业单位工作的个体劳动收入风险次之,在国有企业工作的个体劳动收入风险最高。这主要是由于体制内职工工资来源不同所致:政府部门的工资多由中央和地方财政全额支付;事业单位按照工资来源分为自收自支、财政差额拨款和财政全额拨款 3 种形式,职工工资来源的整体稳定性

较政府部门低，因而劳动收入风险高于政府部门；而国有企业作为自主经营单位，工资大多由上缴国库后的企业利润所决定，工资来源稳定性较差。

在体制外单位中，自由职业者的劳动收入风险最高，个体户及私营业主的劳动收入风险位列第三，这主要是由于自由职业者、个体户和私营业主自主经营、自负盈亏，劳动收入波动和市场变化高度相关，劳动收入风险相对较高。而工程技术人员和企业管理人员的劳动收入相对比较稳定，劳动收入风险略高于在体制内单位工作的个体，这主要是因为相对于体制外单位工作的其他群体，工程技术人员和企业管理人员的受教育程度相对较高，这可以为其带来持续稳定的劳动收入。

5.4 城镇家庭整体劳动收入风险测度结果

城镇家庭个体劳动收入风险的测度是城镇家庭整体劳动收入风险测度的前提和基础。虽然有研究者使用家庭获取劳动收入的人数（Gomes et al., 2003）和人均工资性收入的波动（Betermier et al., 2012；Becker et al., 2016）等指标来衡量家庭劳动收入风险，但单一指标的衡量无法控制家庭内部个体人口特征差异对家庭劳动收入及劳动收入风险的影响。因此，本节在上一节测度城镇家庭个体劳动收入风险的基础上，构建城镇家庭层面的整体的劳动收入风险指标。在此基础上，对比分析城镇体制内单位和体制外单位工作家庭劳动收入风险的差异。

本书将至少有一名家庭成员在体制内单位工作的家庭定义为体制内单位工作家庭，家庭成员均不在体制内单位工作的家庭定义为体制外单位工作家庭。

基于不同的家庭决策模式，本书构建相应的城镇家庭整体劳动收入风险的测量指标。具体来说，基于户主个体决策模式，以户主的劳动收入风险作为城镇家庭整体劳动收入风险的代理变量；基于夫妻双方共同决策模式，以夫妻双方劳动收入风险的均值作为城镇家庭整体劳动收入风险的代理变量；基于家庭成员共同决策模式，以家庭成员的劳动收入份额为权重加权平均的劳动收入风险作为城镇家庭整体劳动收入风险的代理变量。

5.4.1 户主个体决策

参照周广肃等（2018）的方法，选取"最熟悉家庭财务的人"作为城镇家庭的户主。户主不仅最熟悉家庭财务，而且一般来说是家庭消费和投资等重大事项的决策人。户主会根据个人的风险偏好，并考虑自身劳动收入及劳动收入风险进行投资决策。因此，选取户主的劳动收入风险水平可以衡量城镇家庭整体劳动收入风险水平。

由于本书将至少有一名家庭成员在体制内单位工作定义为体制内单位工作家庭，此时户主可能在体制内单位工作，也可能在体制外单位工作（家庭其他成员在体制内单位工作）。当户主在体制内单位工作时，将户主所在单位进一步细分为在政府部门工作、在事业单位工作和在国有企业工作。以户主个体劳动收入风险作为城镇家庭整体劳动收入风险代理变量时，城镇家庭整体劳动收入风险测度结果如表5-5所示。

表5-5 城镇家庭整体劳动收入风险：户主个体决策的视角

	劳动收入波动	整体劳动收入风险	暂时性劳动收入风险	永久性劳动收入风险
体制内单位工作家庭	0.713	0.684	0.743	0.149
户主在体制内单位工作	0.637	0.583	0.604	0.101
户主在政府部门工作	0.523	0.515	0.589	0.067
户主在事业单位工作	0.694	0.569	0.611	0.098
户主在国有企业工作	0.755	0.674	0.739	0.156
其他成员在体制内单位工作	1.128	0.977	1.257	0.482
体制外单位工作家庭	1.117	0.984	1.274	0.455
全部样本	0.865	0.817	0.974	0.249

表5-5结果表明，户主个体决策家庭消费和投资等重大事项时，以户主的劳动收入风险作为城镇家庭整体劳动收入风险代理变量，在体制内单位工作的城镇家庭劳动收入风险低于在体制外单位工作的城镇家庭。在体制内单位工作的城镇家庭中，户主在体制内单位工作时的劳动收入风险低于家庭其

他成员在体制内单位工作（户主在体制外单位工作）时的劳动收入风险。户主在政府部门工作时劳动收入风险最低，在事业单位次之，在国有企业工作的劳动收入风险最高。体制内单位工作家庭中，户主在体制外单位工作与体制外单位工作家庭劳动收入风险水平基本一致。

5.4.2 夫妻双方共同决策

博弈路径理论（bargaining approach）指出，夫妻双方中掌握更多个人资源的一方，包括个人收入、教育和经历，拥有相对较高的议价能力，进而拥有更多的家庭重大事项决策权。近年来，随着夫妻双方教育程度、收入和就业率差距逐步缩小，女性在家庭重大事项中的决策权不断提升（Bertocchi et al.，2014）。

因此，考虑到夫妻双方共同决策对城镇家庭劳动收入风险的影响，本节分别求出户主及其配偶的劳动收入风险，户主及其配偶劳动收入风险的算术平均值即城镇家庭整体劳动收入风险。

基于户主的婚姻状况，本节将样本分为仅户主在体制内单位工作、仅配偶在体制内单位工作、夫妻双方均在体制内单位工作和夫妻双方均不在体制内单位工作（城镇家庭其他成员在体制内单位工作）4种情形。

本书将合法稳定的夫妻关系定义为已婚，当户主未婚/离婚/丧偶/同居时，选取户主个体的劳动收入风险作为夫妻双方共同决策模式下的城镇家庭整体劳动收入风险。

基于夫妻双方共同决策的城镇家庭整体劳动收入风险测度结果如表5-6所示。

表5-6 城镇家庭整体劳动收入风险：夫妻双方共同决策的视角

	劳动收入波动	整体劳动收入风险	暂时性劳动收入风险	永久性劳动收入风险
体制内单位工作家庭	0.695	0.648	0.716	0.138
户主已婚	0.635	0.618	0.657	0.106

续表

	劳动收入波动	整体劳动收入风险	暂时性劳动收入风险	永久性劳动收入风险
仅户主在体制内单位工作	0.614	0.554	0.583	0.075
仅配偶在体制内单位工作	0.620	0.569	0.597	0.112
夫妻双方均在体制内单位工作	0.539	0.517	0.558	0.062
夫妻双方均不在体制内单位工作	0.839	0.821	0.915	0.331
户主未婚/离婚/丧偶/同居	0.724	0.694	0.756	0.215
体制外单位工作家庭	0.942	0.854	1.034	0.396
全部样本	0.805	0.783	0.837	0.221

表 5-6 结果表明，户主夫妻双方共同决策家庭重大事项时，以夫妻双方劳动收入风险的算术平均值表示的劳动收入风险低于以户主个体劳动收入风险所表示的城镇家庭整体劳动收入风险。这主要是体制内单位工作的个体劳动收入风险低于体制外单位工作，夫妻双方共同决策时，夫妻双方在体制内单位工作的人数越多，二者平均劳动收入风险也就越低。具体来说，已婚家庭劳动收入风险低于户主未婚/离婚/丧偶/同居情形下的劳动收入风险；户主已婚时，夫妻双方均在体制内单位工作时城镇家庭整体劳动收入风险最低，夫妻一方在体制内单位工作时劳动收入风险次之，夫妻双方均不在体制内单位工作时，即家庭其他成员在体制内单位工作时，城镇家庭整体劳动收入风险最高。此外，夫妻双方共同决策也在一定程度上降低了因一方认知局限和个体偏好等造成的家庭决策失误（Bertocchi et al.，2014）。

5.4.3 家庭成员共同决策

由于个体独自决策需要决策者承担对决策后果所负的责任，因而群体决策时会比个体决策时更保守，这也可以更好地降低决策失误并规避风险（汪祚军 等，2015）。当城镇家庭成员共同决策是否进行风险金融资产投资时，会综合考虑每名家庭成员的劳动收入风险，进而做出投资决策。

使用算术平均法计算家庭成员的平均劳动收入风险隐含了一个重要假设，即每名家庭成员的劳动收入是同质的，或者说每个家庭成员的劳动收入占家庭总收入的比重相同。但是，现实并非如此，不同家庭成员的劳动收入占家庭总收入的比重并非完全相等。因此，使用家庭成员劳动收入占家庭整体劳动收入的份额作为权重，加权平均得出家庭劳动收入风险可以更全面地反映家庭劳动收入风险。

本书以家庭成员劳动收入份额为权重得到的家庭成员加权平均劳动收入风险作为城镇家庭整体劳动收入风险的代理变量。具体来说，计算家庭成员的加权平均劳动收入风险，即以家庭成员的工资性收入占家庭整体工资性收入的比重作为权重，进而计算出家庭成员劳动收入风险的加权平均值。即

$$HLR_{i,t} = \frac{\sum_{i=1}^{n}(\alpha_i \times Laborrisk_{i,t})}{N}, \quad (5-9)$$

其中，α_i 表示个体 i 的劳动收入占家庭整体劳动收入的份额，$\sum_{i=1}^{n} \alpha_i = 1$。

家庭成员共同决策时城镇家庭整体劳动收入风险测度结果如表 5-7 所示。

表 5-7　城镇家庭整体劳动收入风险：家庭成员共同决策的视角

	劳动收入波动	整体劳动收入风险	暂时性劳动收入风险	永久性劳动收入风险
体制内单位工作家庭	0.686	0.645	0.711	0.117
体制外单位工作家庭	0.857	0.836	0.886	0.239
全部样本	0.812	0.788	0.835	0.197

表 5-7 结果表明，当家庭成员共同决策家庭重大事项时，以家庭成员劳动收入份额为权重得到的家庭成员加权平均劳动收入风险低于户主个体决策时的城镇家庭整体劳动收入风险，并与夫妻双方共同决策时的城镇家庭劳动收入风险水平基本持平。同样，体制内单位工作家庭劳动收入风险低于体制外单位工作家庭，暂时性劳动收入风险高于永久性劳动收入风险。

进一步地，本书将城镇体制内单位工作家庭样本按照体制内单位工作人数和体制内单位工作比例进行细分，对比分析在体制内单位工作的不同人数和不同比例下，城镇家庭整体劳动收入风险的变化。

表 5-8 结果表明，在城镇家庭中，最多有 5 个家庭成员同时在体制内单位工作。这表明，除户主夫妻双方外，至少有一名户主的上一代或者下一代家庭成员也在体制内单位工作，城镇体制内单位工作家庭中存在一定程度的"铁饭碗"代际传递现象。随着城镇家庭中在体制内单位工作人数的增加，家庭整体劳动收入风险不断降低。

表 5-8　城镇体制内单位工作家庭整体劳动收入风险：区分体制内单位工作人数

	劳动收入波动	整体劳动收入风险	暂时性劳动收入风险	永久性劳动收入风险
体制内单位工作人数	0.686	0.645	0.711	0.117
1 人	0.721	0.704	0.749	0.189
2 人	0.701	0.689	0.727	0.170
3 人	0.674	0.657	0.689	0.142
4 人	0.635	0.612	0.651	0.126
5 人	0.594	0.579	0.611	0.059

同时，为了进一步控制家庭规模的影响，本书将城镇家庭中体制内单位工作人数占家庭总人数的比例进行五等分，对比分析不同体制内单位工作比例下，城镇家庭整体劳动收入风险差异。具体测度结果如表 5-9 所示。

表 5-9　城镇体制内单位工作家庭整体劳动收入风险：区分体制内单位工作比例

	劳动收入波动	整体劳动收入风险	暂时性劳动收入风险	永久性劳动收入风险
体制内单位工作比例	0.713	0.684	0.743	0.149
$0<\theta\leqslant 20\%$	0.735	0.714	0.747	0.169
$20\%<\theta\leqslant 40\%$	0.711	0.683	0.730	0.141

续表

	劳动收入波动	整体劳动收入风险	暂时性劳动收入风险	永久性劳动收入风险
40%<θ≤60%	0.664	0.641	0.689	0.130
60%<θ≤80%	0.625	0.617	0.643	0.114
80%<θ≤100%	0.560	0.532	0.591	0.095

表 5-9 结果表明，随着体制内单位工作比例的增加，城镇家庭整体劳动收入风险不断降低。当多于 80% 的城镇家庭成员均在体制内单位工作时，城镇家庭整体劳动收入风险比仅有 20% 的家庭成员在体制内单位工作时降低 34.21%［(0.714-0.532)/0.532×100%］，暂时性劳动收入风险降低 26.40%［(0.747-0.591)/0.591×100%］，永久性劳动收入风险降低 77.89%［(0.169-0.095)/0.095×100%］。这表明，随着城镇家庭体制内单位工作比例的增加，城镇家庭暂时性劳动收入风险和永久性劳动收入风险均明显下降，且永久性劳动收入风险降幅远高于暂时性劳动收入风险的降幅。

5.5 本章小结

本章在梳理劳动收入风险影响因素及测度方法相关研究的基础上，结合中国区域经济发展不平衡的实际，在劳动收入决定方程中引入区域人均 GDP 变量，修正 Angerer 等（2009）的劳动收入风险测度方法。在此基础上，使用中国家庭追踪调查（CFPS）2010—2018 年的 5 次调查数据，将全部城镇家庭样本按照就业单位性质分为体制内单位工作和体制外单位工作两种类型，测度城镇家庭个体的劳动收入风险，并将其分解为暂时性劳动收入风险和永久性劳动收入风险。本书也将体制内单位工作进一步分为在政府部门工作、在事业单位工作和在国有企业工作 3 种类型。此外，本书也基于不同家庭决策模式，包括户主个体决策、夫妻双方共同决策和城镇家庭成员共同决策，分别构建测量城镇家庭整体劳动收入风险的指标。

结果表明，2010—2018 年，在中国城镇家庭中，体制内单位工作的个体劳动收入风险低于体制外单位工作的个体。在体制内单位中，在政府部门工作的劳动收入风险最低，在事业单位工作的次之，在国有企业工作的劳动收入风险最高。无论是体制内单位工作还是体制外单位工作，暂时性劳动收入风险均高于永久性劳动收入风险。

3 种不同家庭决策模式下城镇家庭整体劳动收入风险测度结果表明，无论是哪一种家庭决策模式，体制内单位工作的劳动收入风险均低于体制外单位工作，暂时性劳动收入风险也高于永久性劳动收入风险。具体来说，在户主个体决策模式下，城镇家庭整体劳动收入风险最高；夫妻双方共同决策和城镇家庭成员共同决策时，城镇家庭成员整体劳动收入风险相对较低；随着家庭成员中体制内单位工作人数和工作比例的不断增加，城镇体制内单位工作家庭的整体劳动收入风险不断降低，且永久性劳动收入风险的降低幅度远高于暂时性劳动收入风险。

第 6 章

劳动收入风险与城镇家庭风险金融资产投资

在测度城镇家庭整体劳动收入风险的基础上，本章使用中国家庭追踪调查（CFPS）2010—2018 年 5 次调查中的城镇家庭数据，运用面板数据模型检验劳动收入风险对城镇家庭风险金融资产投资的影响。在此基础上，结合中国由计划经济向市场经济转型过程中，体制内单位和体制外单位工作劳动收入风险差异较大的实际，将至少有一名家庭成员在体制内单位工作的家庭定义为体制内单位工作家庭。在此基础上，将城镇家庭样本按照就业单位性质分为体制内单位工作和体制外单位工作两种类型，分别验证劳动收入风险对两类城镇家庭风险金融资产投资的影响。此外，本章也使用中国家庭金融调查（CHFS）2011—2017 年 4 次调查中的城镇家庭样本数据进行稳健性检验，并进一步将城镇体制内单位工作按照有无正式编制分为有正式工作编制和无正式工作编制两种类型，分析编制对城镇家庭风险金融资产投资的影响，进而解释为什么在体制内单位工作的城镇家庭更偏好股票等风险金融资产投资。

Merton（1971）将劳动收入引入动态消费-投资选择模型，指出理性投资者将人力资本看作一种无风险的特殊资本，将劳动收入以人力资本的形式纳入家庭风险金融资产组合，发现人力资本风险或者说劳动收入风险与家庭其他金融资产投资风险之间存在替代效应。此后，众多学者利用家庭微观调查数据实证检验劳动收入风险和家庭金融资产投资风险之间的关系。学者普遍认为，劳动收入风险对家庭风险金融资产持有存在显著的负向影响（Angerer et al.，2009；Cardak et al.，2009；宋炜 等，2016；吴卫星 等，2019），且该负向影响随着年龄的增加呈现驼峰状分布（朱涛 等，2016）。Arrondel 等（2002）研究表明，劳动收入风险和家庭风险金融资产投资存在正向影响，并从劳动力市场与风险金融市场相关性角度进行解释，当劳动力市场收益与风险金融资产收益呈正相关时，劳动收入风险越高，家庭风险金融资产投资也越多。然而，Alessie 等（2003）使用荷兰家庭调查数据研究表明，劳动收入风险对家庭金融资产投资风险不存在替代效应，并从劳动力市场化程度的角度进行解释，劳动力市场化程度越高，劳动收入与风险金融资产的正向相关程度也就越高，劳动收入风险对金融资产投资风险的替代效应也就越小。此外，Angerer 等（2009）将劳动收入风险进一步分解为暂时性劳动收入风险和永久性劳动收入风险，认为暂时性劳动收入风险对家庭金融资产投资风险的替代效应并不明显，而永久性劳动收入风险的替代效应十分明显。

现有研究关于劳动收入风险对家庭风险金融资产投资的影响尚未得到一致的结论，而且现有研究也并未结合中国城镇家庭体制内单位和体制外单位工作之间劳动收入风险差异较大的特殊国情，分别考察体制内单位和体制外单位工作劳动收入风险差异对城镇家庭风险金融资产投资的影响。

本章的贡献在于：①利用中国家庭追踪调查（CFPS）数据，验证了劳动收入风险对城镇家庭风险金融资产投资存在显著的负向影响；②将城镇家庭样本分为体制内单位工作和体制外单位工作两种类型，从劳动收入风险的视角解释了城镇体制内单位工作家庭更偏好股票等风险金融资产的现象；③区分体制内单位类型、领导/普通员工、有无正式编制、进入/退出体制内单位工作及地区差异对城镇体制内单位工作家庭风险金融资产投资影响的异质性；④在控制了城镇家庭体制内单位工作的"精英效应"基础上，发现劳动收入风险仍对城镇体制内单位工作家庭风险金融资产投资存在显著的负向影响。

6.1 数据、变量与模型

6.1.1 数据来源与样本选取

本书采用中国家庭追踪调查（CFPS）2010—2018 年 5 次调查的城镇家庭数据。该调查是由北京大学中国社会科学调查中心每两年组织一次的全国性家庭追踪调查，从个体、家庭和社区 3 个层面反映中国经济社会发展现状。由于仅有极少数中国农村家庭参与股票等风险金融市场[1]，因此本书仅选取城镇家庭样本进行分析。参照现有文献通常做法，删除省份变量和城乡变量缺失、户主年龄小于 18 岁的样本，并剔除收入、消费和资产数据异常及缺失的样本。此外，由于 CFPS 2010 年第一次全国基线调查仅涵盖全国 25 个省份（不含内蒙古、海南、西藏、青海、宁夏和新疆）的样本，后续 4 次调查虽陆续补充未被调查的 6 个省份样本，但样本量过少（不足调查样本总数的 1%），为构造平衡面板数据模型，保留 5 次调查均存在的城镇家庭样本，本书最终选取 3026 个城镇家庭和 15 130 个样本进行分析。

改革开放以来，中国在由计划经济向市场经济转型过程中，城镇家庭体制内单位和体制外单位工作在劳动收入风险上存在较大差异。一般来说，体制内单位工作劳动收入低，但是收入稳定，因而劳动收入风险低；体制外单位工作劳动收入高，但收入波动较大，因而劳动收入风险相对较高。因此，本书将城镇家庭按照就业单位性质划分为体制内单位工作家庭和体制外单位工作家庭，分别考察体制内单位和体制外单位工作对城镇家庭风险金融资产投资的影响。

---

[1] 根据 CFPS 历年调查数据，2010—2018 年，仅有极少数的农村家庭参与股票等风险金融市场，参与比例仅为 1% 左右。其中，农村家庭持有股票等风险金融资产的比例 2010 年为 1.01%、2012 年为 1.43%、2014 年为 0.75%、2016 年为 0.88%、2018 年为 1.16%。

体制内单位工作家庭是指至少有一名家庭成员在政府部门、科教文卫等事业单位及国有企业工作。按照中国家庭追踪调查（CFPS）数据的分类标准，政府部门不仅包括党政机关和政府单位，也包括人民团体。

在中国家庭追踪调查（CFPS）2010—2018年的5次调查数据中，仅有2010年、2012年和2014年3次调查可以将城镇家庭风险金融资产投资细分为狭义风险金融资产（股票）投资和广义风险金融资产（股票、基金、债券和其他金融衍生品等）投资[①]。因此，在分析劳动收入风险对城镇家庭是否投资狭义风险金融资产（股票）及投资狭义风险金融资产的强度（股票资产占家庭总金融资产）时，仅用2010年、2012年和2014年3次调查均存在的城镇家庭样本，其他回归使用5次调查均存在的城镇家庭样本进行分析。

6.1.2　变量说明及描述性统计

（1）被解释变量

选取城镇家庭风险金融资产投资作为被解释变量。参照周广肃等（2018）的方法，将城镇家庭风险金融资产投资分为股票和广义风险金融资产。[①] 将其作为城镇家庭是否投资风险金融资产的代理变量。同时，将狭义风险金融资产和广义风险金融资产占家庭总金融资产的比重分别作为城镇家庭风险金融资产投资强度的代理变量。其中，按照中国家庭追踪调查（CFPS）中的变量定义，家庭总金融资产包括家庭现金及存款、股票、基金、债券、民间借贷、期货等金融衍生品和其他金融资产。

表6-1结果表明，2014年调查数据仅报告了城镇家庭是否参与股票市场，而未报告股票资产总额；2016年和2018年调查数据仅报告了城镇家庭风险金融产品的整体持有情况，无法细分股票和其他风险金融资产的具体持有情况。

---

① 为方便表述，后述狭义风险金融资产（股票）简述为"股票"，广义风险金融资产（股票、基金、债券和其他金融衍生品等）简述为"广义风险金融资产"。

表 6-1　2010—2018 年城镇家庭风险金融资产投资情况

类型	2010 年	2012 年	2014 年	2016 年	2018 年
股票市场参与	9.04%	8.03%	6.50%	未报告	未报告
股票资产比例	3.52%	2.85%	未报告	未报告	未报告
广义风险金融市场参与	12.22%	11.87%	9.37%	9.85%	9.93%
广义风险金融资产比例	4.86%	4.43%	3.94%	4.21%	4.56%

来源：根据中国家庭追踪调查（CFPS）历次调查数据整理获得。

具体来说，2010 年有 9.04% 的城镇家庭参与了股票市场，2012 年股票市场参与比例为 8.03%，2014 年的参与比例仅为 6.50%。2010 年和 2012 年，股票资产占城镇家庭总金融资产的比例仅为 3% 左右。在城镇家庭广义风险金融市场参与方面，2010 年，12.22% 的城镇家庭参与了广义风险金融市场，2012 年参与比例为 11.87%，2018 年参与比例为 9.93%。2014 年城镇家庭广义风险金融市场的参与比例最低，仅为 9.37%。2010—2018 年，广义风险金融资产占城镇家庭总金融资产的比例为 4.5% 左右。这表明，中国城镇家庭风险金融市场参与比例和参与强度都很低，风险金融市场"有限参与"特征十分明显，城镇家庭未有效利用金融市场工具合理配置家庭资产，以增加家庭财产性收入。

表 6-2 结果表明，2018 年，约 9.93% 的城镇家庭参与了广义风险金融市场，城镇体制内单位工作的家庭广义风险金融市场参与比例明显高于城镇家庭的平均水平，且是城镇体制外单位工作家庭的 2.41 倍。进一步控制教育程度的影响，当户主的教育程度均为本科时，城镇体制内单位工作家庭风险金融资产投资比例是体制外单位工作城镇家庭的 2.03 倍。这表明，在控制了体制内单位工作的"精英效应"后，城镇体制内单位工作家庭仍然比体制外单位工作家庭更偏好股票等风险金融资产投资，即"精英效应"并不能全部解释为什么在体制内单位工作的城镇家庭更愿意持有股票等风险金融资产。

表 6-2　2018 年城镇家庭广义风险金融市场参与情况

城镇家庭类型	广义风险金融市场参与		合计	比例
	是	否		
体制内单位工作	323	1530	1853	17.43%
体制外单位工作	370	4754	5124	7.22%
合计	693	6284	6977	9.93%

来源：根据 CFPS 2018 年城镇家庭数据整理获得。

(2) 核心解释变量

选取城镇家庭整体劳动收入风险作为模型的核心解释变量，基于修正的 Angerer 等（2009）的个体劳动收入测度与分解的方法，以第 4 章所得到的以户主个体劳动收入风险作为城镇家庭整体劳动收入风险的代理变量，并将城镇家庭整体劳动收入风险进一步分解为暂时性劳动收入风险和永久性劳动收入风险。进一步地，本书也将城镇家庭按照就业单位性质分为体制内单位工作和体制外单位工作两种类型，并将城镇体制内单位家庭按照户主所在单位分为事业单位、政府部门和国有企业 3 种类型，分别验证劳动收入风险对不同类型城镇家庭风险金融资产投资的影响。此外，本书也分析了不同家庭决策模式下，即户主个体决策、夫妻双方共同决策和家庭成员共同决策情况下的劳动收入风险，将其作为稳健性指标，以验证估计结果的稳健性。具体来说，在夫妻双方共同决策模式下，以夫妻双方劳动收入风险的均值作为城镇家庭整体劳动收入风险的代理变量；在家庭成员共同决策模式下，以家庭成员劳动收入份额为权重的家庭成员加权平均的劳动收入风险作为家庭劳动收入风险的代理变量。

(3) 控制变量

参照周广肃等（2018）的方法，选取中国家庭追踪调查（CFPS）数据中"最熟悉家庭财务的人"作为户主，并选取户主个体特征、城镇家庭特征和省份特征作为影响城镇家庭风险金融资产投资的控制变量。

在中国传统家庭决策模式中，户主处于主导地位，具有家庭重大事项的决策权。因此，本书假定家庭重大消费和投资决策主要由户主完成，户主个体个体特征会对家庭消费和投资决策产生重要影响。为了控制个体因素对城镇家庭风险金融资产投资的影响，本书选取户主的年龄、性别、婚姻状况、教育程度及是否拥有经管教育背景表征户主特征。具体来说，户主的年龄用实际年龄表示，并引入户主年龄平方以验证年龄对城镇家庭风险金融资产投资的非线性影响；户主教育程度分为是否接受中学教育（高中及中专）和是否接受大学教育（大专及以上）；户主婚姻状况将合法稳定的夫妻关系定义为已婚，记为1，将未婚/离婚/丧偶/同居记为0。

此外，考虑到家庭消费和投资决策会受到家庭特征影响，本书选取家庭规模、少儿比例（16岁以下少儿）和老年比例（60岁以上老人）、家庭成员是否住院①（是＝1，否＝0）和家庭人均收入作为家庭层面的控制变量。此外，住房资产也会通过挤出家庭其他投资和房产财富效应两个渠道分别影响城镇家庭风险金融资产投资（马征程 等，2019）。因此，本书选取城镇家庭是否拥有自有产权住房，拥有自有产权住房记为1，其他记为0，以控制城镇家庭房产持有情况对城镇家庭风险金融资产投资的影响。

同时，考虑到中国区域经济发展不平衡的实际，为了进一步控制区域经济发展水平差异对家庭风险金融资产投资的影响，本书使用家庭所在省份的人均GDP、平均受教育年限、非农户口比重等宏观经济变量以控制区域经济发展水平的影响。

表6-3结果表明，2010—2018年，仅有7.1%的城镇家庭参与了股票市场，9.5%的城镇家庭参与了股票、基金、债券和其他金融衍生品等广义风险金融市场。股票资产占城镇家庭总资产比重平均为3.1%，广义风险金融资产占城镇家庭总资产比重平均为4.3%。城镇家庭参与股票等风险金融资产投资的比例小，平均参与强度也很低，城镇家庭风险金融市场"有限参与"特征明显。

---

① 家庭成员是否住院，后文表格中统一简述为"成员住院"。

表6-3 主要变量描述性统计

	变量	最小值	最大值	均值	标准差
风险金融资产投资	参与股票市场（是=1）	0	1	0.071	0.251
	参与广义风险金融市场（是=1）	0	1	0.095	0.307
	股票资产占比	0	0.207	0.031	0.184
	广义风险金融资产占比	0	0.224	0.043	0.216
劳动收入风险（户主决策）	劳动收入波动	0.107	2.691	0.865	0.307
	整体劳动收入风险	0.087	1.327	0.817	0.228
	暂时性劳动收入风险	0.176	1.397	0.974	0.239
	永久性劳动收入风险	0.023	0.568	0.249	0.107
户主个体特征	性别（男性=1）	0	1	0.662	0.454
	年龄/年	18	85	45.171	17.851
	婚姻状况（已婚=1）	0	1	0.872	0.458
	中学教育（是=1）	0	1	0.536	0.158
	大学教育（是=1）	0	1	0.119	0.181
	经管教育背景（是=1）	0	1	0.021	0.201
家庭特征	家庭规模/人	1	17	3.752	2.042
	人均收入（对数）	2.341	12.082	9.231	1.475
	少儿比例（16岁以下）	0	0.667	0.233	0.284
	老年比例（60岁以上）	0	1	0.161	0.356
	成员住院（是=1）	0	1	0.247	0.438
	自有产权住房（是=1）	0	1	0.824	0.319

注：城镇家庭整体劳动收入风险以户主个体的劳动收入风险表示。

2010—2018年，中国城镇家庭整体劳动收入风险的均值为0.817，最高为1.327，最低仅为0.087，城镇家庭整体劳动收入风险差异较大；暂时性劳动收入风险高于永久性劳动收入风险，暂时性劳动收入风险平均达到0.974，永久性劳动收入风险平均为0.249。66.2%的城镇家庭户主为男性，平均年龄45.171岁，87.2%的户主已婚，53.6%的户主具有高中及中专学历，11.9%的户主具有大专以上学历，约2.1%的户主具有经管教育背景。城镇家庭平均规模约 3.752 人，人均收入为 10 208.75 元（$e^{9.231}$），老年比例平均为 0.161、少儿比例平均为 0.233，24.7% 的城镇家庭中存在家庭成员住院的情形，82.4% 的城镇家庭拥有完全自有产权的住房。

6.1.3 模型设定

由于被解释变量"城镇家庭是否投资风险金融资产"是一个二元离散变量，本书采用双向固定效应面板离散选择模型，考察劳动收入风险对城镇家庭风险金融资产投资的影响。由于面板数据的随机误差项分布未知，面板 Probit 模型要求随机误差项必须服从正态分布，而面板 Logit 模型则未要求误差项服从正态分布，因此具有更强的适用性。因此，本书选用面板 Logit 模型进行估计。影响城镇家庭风险金融资产投资的因素很多，既包括可观测的家庭特征和户主个体特征因素，也包括家庭风险态度、投资意愿等不可观测因素。忽视这些不可观测因素，将会产生内生性问题，导致模型估计存在偏误。因此，本书选取面板固定效应模型进行估计，控制家庭层面不可观测因素的异质性，降低模型估计偏误。

为了考察劳动收入风险对城镇家庭风险金融资产投资的影响，本书构建如下模型：

$$RISKY_{it} = \alpha_0 + \alpha_1 LIR_{it} + \alpha_2 X_{it} + province_i + year_t + \mu_{ijt}, \quad (6-1)$$

$$\begin{aligned} Logit(RISKY_{it} = 1) &= Logit(RISKY_{it} > 0) \\ &= \Phi(\alpha_0 + \alpha_1 LIR_{it} + \alpha_2 X_{it} + province_i + year_t), \end{aligned}$$
$$(6-2)$$

其中，$RISKY_{it}$ 表示城镇家庭 i 第 t 期的风险金融资产投资情况，包括股票投资和广义风险金融资产投资两种情形；LIR_{it} 表示城镇家庭 i 第 t 期的整体劳动收入风险；X_{it} 表示城镇家庭 i 第 t 期户主个体特征、家庭特征和家庭所在省份经济状况等控制变量，户主个体特征包括户主的性别、年龄、年龄平方、婚姻状况、教育程度、经管教育背景，家庭特征包括家庭规模、家庭人均收入、少儿比例、老年比例、家庭成员是否住院和家庭是否拥有自有产权住房，省份层面控制变量包括所在省份的人均 GDP、非农人口比重和平均受教育年限，用以表征省份间投资环境和市场化水平的差异水平；$year_t$ 表示年份虚拟变量，用以控制随时间变化的城镇家庭参与风险金融市场的时间趋势；μ_{ijt} 表示误差项。

此外，本书也使用 Tobit 左侧断尾模型估计劳动收入风险对城镇家庭风险金融资产投资强度的影响。

$$RISKY_{it}^* = \alpha_0 + \alpha_1 LIR_{it} + \alpha_2 X_{it} + year_t + \mu_{it}, \quad (6-3)$$

$$RISKY_{it} = \max(0, RISKY_{it}^*)。 \quad (6-4)$$

式（6-4）中，被解释变量替换为城镇家庭股票资产和广义风险金融资产占家庭总金融资产的比重，模型中的核心解释变量和控制变量保持不变。对于没有进行风险金融资产投资的城镇家庭，股票资产和广义风险金融资产投资比重均取值0。

面板数据平稳性检验是利用面板模型进行估计的前提和基础。为了避免在使用面板数据模型进行估计时，由于面板数据自身可能存在趋势项而产生的"伪回归"问题，本书参照现有研究通常做法，分别使用同质面板单位根的 LLC 检验（Levin-Lin-Chu test）和异质面板单位根的 IPS 检验（Im-Pesaran-Skin test）对面板数据平稳性问题进行检验。检验结果表明，面板模型所选取的解释变量和被解释变量均不存在单位根，因而不存在协整问题。所以，面板数据是平稳的，可以直接进行估计。

在进行回归分析前，考虑到城镇家庭的劳动收入风险、个体特征、家庭特征和省份特征等控制变量之间可能存在内部相关性，因此需要对模型中的解释变量进行多重共线性检验。本书使用方差膨胀系数（VIF）法检验变量间的多重共线性。一般来说，当 VIF 大于 3 时，变量之间存在一定程度上的多重共线性；当 VIF 大于 10 时，自变量之间存在高度的多重共线性。依次以其中一个变量为被解释变量，其他变量为解释变量，估算方差膨胀系数。结果表明，各变量之间的多重共线性问题并不明显，可以直接进行估计。限于篇幅，仅以户主年龄作为被解释变量、其他变量为解释变量进行多重共线性检验，检验结果如表6-4所示。

表6-4 变量多重共线性检验：以户主年龄为例

变量	共线性统计量	
	容差	方差膨胀系数（VIF）
劳动收入风险	0.921	1.271
性别	0.554	1.004
年龄	0.981	1.397
婚姻状况	0.857	1.151
中学教育	0.864	1.254
大学教育	0.741	1.086
经管教育背景	0.845	1.124
家庭规模	0.997	1.845
人均收入（对数）	0.976	1.328
少儿比例	0.986	1.417
老年比例	0.712	1.078
成员住院	0.734	1.081
自有产权住房	0.644	1.032

表6-4结果表明，各变量多重共线性检验的方差膨胀系数（VIF）远小于3，变量之间不存在多重共线性，可以使用面板数据模型直接进行估计。

基于式（6-2），暂时删除年份虚拟变量（$year_t$），利用Hausman检验，判断使用固定效应面板数据模型还是随机效应面板数据模型得到的估计量更有效。Hausman检验的卡方值为142.54，伴随概率为0.0000，因此，拒绝u_i与X_i、Z_i不相关的原假设，应该使用固定效应面板数据模型进行估计，这与本书先验的设定固定效应面板数据模型具有一致性，且引入时间效应和个体效应，可以更有效地降低估计偏误。

6.2 实证结果分析

本节首先检验劳动收入风险对城镇家庭风险金融资产投资的影响及其影响的异质性，在使用工具变量解决模型估计的内生性问题后，区分城镇家庭的暂时性劳动收入风险和永久性劳动收入风险，分别估计二者对城镇家庭风险金融资产投资的影响。其次，考虑不同家庭决策模式下，分别选取夫妻双方劳动收入风险均值和家庭成员劳动收入风险加权平均值替换模型的核心解释变量——户主个体的劳动收入风险，以进一步验证模型估计结果的稳健性。最后，本书也使用中国家庭金融调查（CHFS）数据重新进行估计，进一步验证估计结果的稳健性。

6.2.1 基准回归结果

本节首先检验劳动收入风险对城镇家庭风险金融资产投资概率和投资强度的影响。表6-5报告了劳动收入风险对城镇家庭风险金融资产投资影响的基准回归估计结果。其中，（1）至（4）列采用面板Logit模型估计了劳动收入风险对城镇家庭风险金融资产投资概率的影响，（5）至（8）列采用Tobit左侧断尾模型估计了劳动收入风险对城镇家庭风险金融资产投资强度的影响，表中各变量的系数为各变量对家庭风险金融资产投资的边际效应值。（1）、（3）、（5）、（7）列为未控制户主个体特征、家庭特征时劳动收入风险对城镇家庭风险金融资产投资的影响。（2）、（4）、（6）、（8）列表示控制了户主个体特征、家庭特征和省份特征后的估计结果。

表6-5 劳动收入风险与城镇家庭风险金融资产投资：基准回归

变量	投资概率（Logit）				投资强度（Tobit）			
	股票市场		广义风险金融市场		股票市场		广义风险金融市场	
	(1)	(2)	(3)	(4)	(5)	(6)	(7)	(8)
劳动收入风险	-0.136* (0.071)	-0.124** (0.053)	-0.172* (0.089)	-0.157* (0.069)	-0.072* (0.040)	-0.059*** (0.019)	-0.094* (0.042)	-0.075** (0.032)
性别		-0.025*** (0.007)		-0.031** (0.013)		-0.874** (0.365)		-1.124** (0.458)
年龄		0.002** (0.001)		0.003 (0.002)		0.446** (0.182)		0.518** (0.203)

续表

变量	投资概率（Logit）				投资强度（Tobit）			
	股票市场		广义风险金融市场		股票市场		广义风险金融市场	
	（1）	（2）	（3）	（4）	（5）	（6）	（7）	（8）
年龄平方		-0.003 (0.002)		-0.001 (0.000)		-0.004** (0.002)		-0.001 (0.001)
婚姻状况		0.014** (0.007)		0.019*** (0.006)		0.135** (0.059)		0.226* (0.122)
中学教育		0.021*** (0.005)		0.032*** (0.008)		0.824*** (0.264)		1.031*** (0.216)
大学教育		0.049*** (0.015)		0.071*** (0.026)		1.175*** (0.324)		1.457*** (0.386)
经管教育背景		0.046** (0.015)		0.057** (0.018)		0.541** (0.182)		0.420*** (0.126)
家庭规模		0.006 (0.009)		0.010 (0.011)		0.021 (0.017)		0.032 (0.027)
少儿比例		-0.035* (0.016)		-0.029* (0.012)		-0.479** (0.161)		-0.604** (0.198)
老年比例		-0.030** (0.014)		-0.041* (0.024)		-0.104** (0.047)		-0.127* (0.071)
成员住院		-0.007** (0.003)		-0.003 (0.002)		-0.031** (0.015)		-0.054* (0.032)
人均收入		0.027*** (0.006)		0.032*** (0.008)		0.301*** (0.063)		0.572*** (0.132)
自有产权住房		0.019** (0.007)		0.025** (0.008)		0.207** (0.068)		0.311*** (0.091)
省份特征	控制	控制	控制	控制	控制	控制	控制	控制
年份效应	控制	控制	控制	控制	控制	控制	控制	控制
样本量/个	9078	9078	15130	15130	6052	6052	15130	15130

注：*、**、***分别表示在10%、5%和1%的水平上显著，变量系数为标准化后的估计系数，括号内为区县层面的聚类标准误。

表6-5结果表明，相较于引入控制变量后的估计结果，未引入控制变量将会高估劳动收入风险对城镇家庭风险金融资产投资概率的影响，高估程度分别为参与股票市场时的9.68%［(0.136-0.124)/0.124×100%］和参与广义风险金融市场时的9.55%［(0.172-0.157)/0.157×100%］。同样，未引入控制变量也将会高估劳动收入风险对城镇家庭风险金融市场投资强度的影响，高估程度分别为参与股票市场时的22.03%［(0.072-0.059)/0.059×100%］和参与广义风险金融市场时的25.33%［(0.094-0.075)/0.075×100%］。

通过对比表6-5中（1）至（4）列发现，劳动收入风险对城镇家庭股票和广义风险金融资产投资概率均有着显著的负向影响，在控制了户主个体特征、家庭特征、省份特征和年份效应等变量后，城镇家庭劳动收入风险每增加1单位，其参与股票市场的概率将平均降低0.124单位，参与广义风险金融市场的概率将平均降低0.157单位，即劳动收入风险的增加显著降低了城镇家庭风险金融资产投资的概率。

同时，通过对比表6-5中（5）至（8）列发现，劳动收入风险也对城镇家庭风险金融资产投资强度存在显著的负向影响。（6）列和（8）列的估计结果表明，控制了户主个体特征、家庭特征、省份特征和年份效应后，劳动收入风险每增加1单位，城镇家庭参与股票市场的强度，即家庭股票资产占城镇家庭总金融资产的比重将平均降低0.059单位，城镇家庭广义风险金融资产的投资强度将平均降低0.075单位。

户主个体特征和家庭特征等控制变量对城镇家庭风险金融资产投资影响的回归估计结果与现有研究结论基本一致。

户主个体特征方面：①户主为男性将显著降低城镇家庭风险金融资产投资概率和投资强度。这主要是因为男性的风险偏好低于女性，即男性更保守，不愿意承担更多的风险（张岳 等，2019）。②城镇家庭风险金融资产投资存在明显的生命周期效应，具体来说，城镇家庭风险金融市场投资概率和投资强度随着户主年龄的增加呈现先升后降的倒"U"形影响，这与户主的生命周期劳动收入风险"U"形变化趋势相对应。③已婚家庭参与风险金融市场的概率和强度更高。这不仅是因为已婚者的家庭总收入高于单身者，而且其劳动收入风险也明显低于单身者（Schmidt et al., 2006）。④教育程度和经管教育背景均对城镇家庭风险市场参与有着显著的正向影响，户主受教育程度越高，特别是有经济和管理的教育背景，家庭参与风险金融市场的概率和强度也就越高。金融知识和经济金融相关专业背景不仅可以降低交易成本，也会增加风险认知，进而提高投资收益（张腾文 等，2016）。

家庭特征方面：①家庭人均收入的增加会显著提升家庭参与风险金融市场的概率和强度，即家庭资产配置中存在显著的财富效应。这主要是因为股票等风险金融市场具有相对较高的投资门槛和交易成本，制约了中低收入家庭的市场参与，因此财富较高的家庭更倾向于选择风险金融资产（吴卫星 等，2016）。而具有持续且稳定的现金流是家庭参与风险金融市场的基础。收入越高，家庭风险承受能力越强，可以选择持有更多的风险金融资产以提升家庭总体投资收益（Cocco et al.，2005）。②拥有自有产权住房显著降低了家庭风险市场参与度，即城镇家庭房地产投资对风险金融市场投资存在显著的替代效应。这表明房产的财富效应低于替代效应。房产风险无法有效分散，是家庭背景风险的重要组成部分。目前通过按揭贷款方式购房的家庭越来越多，特别是对于刚步入职场的年轻家庭来说，按揭贷款方式可以帮助年轻家庭更早地得到住房。同时，住房贷款的存在也对城镇家庭风险金融资产投资产生明显的挤出效应。③家庭赡养和抚养负担越重，即家庭中60岁以上老年人口和16岁以下少儿人口占家庭总人口的比重越高，城镇家庭参与风险金融市场的概率和强度也就越低。家庭负担越重，用于老年养老和少儿抚养的支出也就越高，在一定程度上挤出家庭储蓄和投资。特别是老年比例对家庭风险金融资产投资的挤出效应低于少儿比例。这不仅是因为城镇家庭老年人一般拥有养老保险和医疗保险，可以缓解城镇家庭赡养老人的压力，而且近年来社会上举办的各种类型的课外辅导班、兴趣班和研学游活动，增加了家庭少儿教育支出，挤出了家庭风险金融资产投资。④家庭成员住院对城镇家庭风险金融资产投资也存在显著的负向影响，即成员身体健康的家庭更愿意持有股票等风险金融资产。这主要是因为一旦家庭成员出现健康恶化状况，家庭成员的劳动参与率将降低，不仅导致劳动收入降低，也增加了家庭的劳动收入风险（雷晓燕 等，2015；何杨平 等，2018）。此外，医疗支出的增加也会挤出城镇家庭对风险金融市场的投资。⑤家庭规模对城镇家庭风险市场参与有着正向影响，但影响程度相对较弱。

上述研究表明，在控制了城镇家庭户主个体特征、家庭特征和省份特征后，劳动收入风险对城镇家庭金融资产投资概率和投资强度均存在显著的负向影响，即劳动收入风险对城镇家庭金融资产投资风险存在显著的替代效应。

6.2.2 内生性讨论

劳动收入风险对城镇家庭风险金融资产投资有着显著的负向影响，但是使用户主个体劳动收入风险作为家庭劳动收入风险的代理变量可能存在内生性问题。首先，可能存在一些难以测度的遗漏变量（如户主投资偏好），这些变量将会同时影响劳动收入风险和城镇家庭风险金融资产投资。其次，参与风险金融市场程度高的家庭，其风险偏好也就越高，因而可能更愿意将人力资本投资到高风险职业中去，即城镇家庭风险金融资产投资和劳动收入风险之间可能存在反向因果关系。最后，利用户主的劳动收入风险作为城镇家庭劳动收入风险的代理变量，可能存在测量误差。此时，由于扰动项和内生解释变量相关，使用面板模型进行估计将无法得到一致估计量。因此，需要寻找工具变量，并使用Ⅳ-Probit模型和Ⅳ-Tobit模型进行重新估计。

本书分别选取城镇家庭所在区县的就业率、城镇家庭所在区县的平均劳动收入风险、基于易行健等（2018）方法构建的工具变量作为城镇家庭劳动收入风险的工具变量，分别估计其对城镇家庭风险金融资产投资概率和投资强度的影响。

首先，本书选取城镇家庭所在区县的就业率作为城镇家庭劳动收入风险的工具变量。一方面，区域就业率水平越高，城镇家庭获得正规就业的机会也就越大，劳动参与率也就越高，相应的家庭劳动收入风险也就越低，满足工具变量和内生变量相关性要求；另一方面，区域就业率并不直接影响家庭风险金融资产投资选择，满足工具变量外生性要求。因此，本书选取城镇家庭所在区县的就业率作为工具变量，并利用两阶段最小二乘法（2SLS）进行估计。由于中国家庭追踪调查（CFPS）数据仅提供了2010年区县宏观经济变量，因此，本书仅对2010年城镇家庭样本进行重新估计。具体回归估计结果如表6-6所示。

表6-6 工具变量估计：家庭所在区县就业率（2010年）

变量	投资概率（Ⅳ-Probit）		投资强度（Ⅳ-Tobit）	
	股票市场	广义风险金融市场	股票市场	广义风险金融市场
	（1）	（2）	（3）	（4）
劳动收入风险	-0.117*** (0.042)	-0.144*** (0.053)	-0.056** (0.026)	-0.071** (0.030)
个体特征	控制	控制	控制	控制
家庭特征	控制	控制	控制	控制
省份特征	控制	控制	控制	控制
年份效应	控制	控制	控制	控制
Wald χ^2	6.74	7.58	11.25	9.78
伴随概率	0.0215	0.0104	0.0000	0.0004
样本量/个	3026	3026	3026	3026

注：**、***分别表示在5%和1%的水平上显著，变量系数为各变量的边际效应值，括号内为城镇家庭所在区县层面的聚类标准误，个体特征和家庭特征变量与表6-5一致。

表6-6汇报了以家族所在区县就业率为工具变量时，劳动收入风险对城镇家庭风险金融资产投资概率（Ⅳ-Probit）和投资强度（Ⅳ-Tobit）的影响。区域就业率每提升1单位，城镇家庭劳动收入风险将平均降低3.541单位，区域就业率的提升会显著降低城镇家庭的劳动收入风险，这表明区域就业率并非弱工具变量。工具变量外生性假设的Wald χ^2检验结果表明，伴随概率均低于0.05，故可在5%的显著性水平上认为城镇家庭劳动收入风险是内生变量。

根据模型估计结果，μ_i与v_i相关系数分别为0.55、0.57、0.46和0.51，未度量的遗漏变量在降低家庭劳动收入风险的同时，也会减少风险金融市场投资。直接使用固定效应面板Logit模型进行估计，由于忽略城镇家庭劳动收入风险的内生性问题，将高估劳动收入风险对城镇家庭风险金融资产投资的负向影响，高估程度分别为城镇家庭参与股票市场强度时的5.98%［(0.124-0.117)/0.117×100%］和参与广义风险金融市场概率时的9.03%［(0.157-0.144)/0.144×100%］（相较于Ⅳ-Probit模型），参与股票市场强度时的5.36%［(0.059-0.056)/0.056×100%］和参与广义风险金融市场概率时的5.63%［(0.075-0.071)/0.071×100%］（相较于Ⅳ-Tobit模型）。

其次，本书选取城镇家庭所在区县的平均劳动收入风险作为工具变量进行估计。选取城镇家庭所在区县的平均劳动收入风险作为工具变量可以满足工具变量的外生性和相关性要求。第一，一个地区整体劳动收入风险水平较低表明该地区的整体就业比较稳定，从而与城镇家庭的劳动收入风险性呈正相关；第二，地区整体劳动收入风险水平并不直接影响城镇家庭的风险金融资产投资决策，满足工具变量的外生性要求。表6-7报告了以城镇家庭所在区县的平均劳动收入风险为工具变量，利用两步法进行估计的结果。

表6-7 工具变量估计：家庭所在区县平均劳动收入风险（2010年）

变量	投资概率（Ⅳ-Probit）		投资强度（Ⅳ-Tobit）	
	股票市场	广义风险金融市场	股票市场	广义风险金融市场
	（1）	（2）	（3）	（4）
劳动收入风险	-0.109** (0.046)	-0.148** (0.068)	-0.051** (0.026)	-0.068** (0.030)
个体特征	控制	控制	控制	控制
家庭特征	控制	控制	控制	控制
省份特征	控制	控制	控制	控制
年份效应	控制	控制	控制	控制
样本量	9078	15 130	6052	15 130
Wald χ^2	11.75	16.74	21.25	30.57
伴随概率	0.0003	0.0000	0.0011	0.0006
样本量/个	9078	15 130	6052	15 130

注：** 分别表示在5%的水平上显著，变量系数为各变量的边际效应值，括号内为城镇家庭所在区县层面的聚类标准误，个体特征和家庭特征变量与表6-5一致。

表6-7汇报了以城镇家庭所在区县的平均劳动收入风险为工具变量时，劳动收入风险对城镇家庭风险金融资产投资概率（Ⅳ-Probit）和投资强度（Ⅳ-Tobit）的影响。区县城镇家庭的平均劳动收入风险的增加显著提升了城镇家庭的劳动收入风险，相关统计量表明城镇家庭所在区县的平均劳动收入风险并不是弱工具变量。表6-7底部工具变量外生性假设的 Wald χ^2 检验结

果表明，Wald χ² 伴随概率均小于 0.01，故可在 1% 的显著性水平上认为劳动收入风险为内生变量。

根据模型估计结果，μ_i 与 v_i 相关系数分别为 0.59、0.63、0.49 和 0.54，未度量的遗漏变量在降低家庭劳动收入风险的同时，也会降低风险金融资产投资。直接使用固定效应面板 Logit 模型进行估计，由于忽略城镇家庭劳动收入风险的内生性问题，将高估劳动收入风险对城镇家庭风险金融资产投资的负向影响，高估程度分别为城镇家庭参与股票市场概率时的 13.76%〔(0.124-0.109)/0.109×100%〕和参与广义风险金融市场概率时的 6.08%〔(0.157-0.148)/0.148×100%〕，参与股票市场强度的 15.69%〔(0.059-0.051)/0.051×100%〕和参与广义风险金融市场强度的 10.29%〔(0.075-0.068)/0.068×100%〕。

最后，为了进一步解决模型估计的内生性问题，本书借鉴易行健等（2018）的方法，通过构建滞后一阶的所在区县城镇家庭平均劳动收入风险 LIR_{t-1} 和所在区县城镇家庭平均劳动收入风险在时间上的一阶差分 ΔLIR_{t-1} 的乘积作为城镇家庭劳动收入风险的工具变量。具体来说，基于易行健等（2018）的方法构建的城镇家庭劳动收入风险的工具变量为：

$$IV_{i,\,LIR} = LIR_{i,\,t-1} \times \Delta LIR_{i,\,t-1} \quad (6-5)$$

参照易行健等（2018）的方法构建工具变量进行估计，主要基于以下两点考虑：首先，由于城镇家庭所在区县平均劳动收入风险的数据基于区县城镇家庭样本量数据获得，不会显著地受到某一城镇家庭个体样本的影响，因此，所在区县城镇家庭劳动收入风险的变化相对于单一城镇家庭的劳动收入风险来说是相对外生的。其次，在城镇家庭层面，除了家庭劳动收入风险外，其他不可观测因素也将对城镇家庭风险金融资产投资产生显著影响，但是只要单一城镇家庭的劳动收入风险没有重要到其他不可观测因素的冲击同全区县的劳动收入风险显著相关，基于易行健等（2018）的方法构造的工具变量就是有效的。

表 6-8 结果表明，基于易行健等（2018）的方法构造的工具变量进行回归，第一阶段以劳动收入风险为被解释变量的工具变量估计系数的伴随概率均小于 0.01，表明所选取的工具变量为弱工具变量的可能性较小。工具变量估计结果

表明，使用易行健等（2018）的方法构造的工具变量可以有效解决因遗漏变量和反向因果等原因造成模型估计的内生性问题，在控制了模型估计的内生性问题后，劳动收入风险依然稳健且显著地对城镇家庭风险金融资产投资产生显著的负向影响，即劳动收入风险越高，城镇家庭参与股票等风险金融市场的概率和强度也就越低。直接使用固定效应面板 Logit 模型进行估计，由于忽略城镇家庭劳动收入风险的内生性问题，将高估劳动收入风险对城镇家庭风险金融资产投资的负向影响，高估程度分别为城镇家庭参与股票市场概率时的 8.77%［（0.124-0.114）/0.114×100%］和参与广义风险金融市场概率时的 12.95%［（0.157-0.139）/0.139×100%］，参与股票市场强度的 11.32%［（0.059-0.053）/0.053×100%］和参与广义风险金融市场强度的 17.19%［（0.075-0.064）/0.064×100%］。

表 6-8　工具变量估计：基于易行健等（2018）的方法

变量	投资概率（Ⅳ-Probit）		投资强度（Ⅳ-Tobit）	
	股票市场	广义风险金融市场	股票市场	广义风险金融市场
	（1）	（2）	（3）	（4）
劳动收入风险	-0.114***	-0.139***	-0.053**	-0.064**
	（0.032）	（0.047）	（0.026）	（0.030）
个体特征	控制	控制	控制	控制
家庭特征	控制	控制	控制	控制
省份特征	控制	控制	控制	控制
年份效应	控制	控制	控制	控制
Wald χ^2	8.43	17.56	25.78	33.46
伴随概率	0.0001	0.0000	0.0021	0.0015
样本量/个	6052	12 104	3026	12 104

注：**、***分别表示在 5% 和 1% 的水平上显著，变量系数为各变量的边际效应值，括号内为城镇家庭所在区县层面的聚类标准误，个体特征和家庭特征变量与表 6-5 一致。

综上所述，分别使用城镇家庭所在区县的就业率、城镇家庭所在区县的平均劳动收入风险、基于易行健等（2018）方法构建的工具变量作为工具变量后,无论是对城镇家庭参与股票市场还是参与广义风险金融市场,风险金融资产投资的概率还是强度,劳动收入风险对城镇家庭风险金融资产投资的边际效应虽然有所降低,但是仍显著为负,这也说明了在使用工具变量解决了模型估计的潜在内生性问题后,劳动收入风险仍显著降低了城镇家庭风险金融资产的投资概率和投资强度。

6.2.3 稳健性检验

(1) 区分暂时性和永久性劳动收入风险

基于修正的 Angerer 等(2009)的劳动收入风险测度和分解方法,本书将城镇家庭劳动收入风险分解为暂时性劳动收入风险和永久性劳动收入风险。其中,暂时性劳动收入风险仅对一期的劳动收入产生冲击,而永久性劳动收入风险会对整个生命周期的劳动收入产生冲击。

表6-9中(1)、(2)列和(5)、(6)列分别汇报了暂时性劳动收入风险对城镇家庭股票及广义风险金融资产投资概率和投资强度的影响,(3)、(4)列和(7)、(8)列分别汇报了永久性劳动收入风险对城镇家庭股票及广义风险金融资产投资概率和投资强度的影响。

表6-9 稳健性检验:区分暂时性和永久性劳动收入风险

变量	投资概率(Logit)				投资强度(Tobit)			
	股票市场	广义风险金融市场	股票市场	广义风险金融市场	股票市场	广义风险金融市场	股票市场	广义风险金融市场
	(1)	(2)	(3)	(4)	(5)	(6)	(7)	(8)
暂时性劳动收入风险	-0.204** (0.083)	-0.243** (0.097)			-0.069*** (0.021)	-0.079*** (0.028)		
永久性劳动收入风险			-0.115** (0.056)	-0.137** (0.064)			-0.039*** (0.012)	-0.048*** (0.015)
性别	-0.011** (0.005)	-0.019** (0.008)	-0.015 (0.006)	-0.023 (0.011)	-0.357* (0.195)	-0.406** (0.176)	-0.423** (0.183)	-0.509** (0.206)
年龄	0.002** (0.001)	0.003* (0.004)	0.003 (0.002)	0.002* (0.001)	0.009 (0.007)	0.018* (0.010)	0.012 (0.009)	0.024** (0.012)

续表

变量	投资概率（Logit）				投资强度（Tobit）			
	股票市场	广义风险金融市场	股票市场	广义风险金融市场	股票市场	广义风险金融市场	股票市场	广义风险金融市场
	（1）	（2）	（3）	（4）	（5）	（6）	（7）	（8）
年龄平方	-0.001 (0.000)	-0.002** (0.001)	-0.004** (0.002)	-0.001 (0.000)	-0.000 (0.001)	-0.000 (0.001)	-0.000 (0.001)	-0.003 (0.002)
婚姻状况	0.015** (0.006)	0.019*** (0.007)	0.021* (0.011)	0.025* (0.013)	0.127* (0.071)	0.203 (0.134)	0.149** (0.067)	0.254* (0.131)
中学教育	0.024*** (0.008)	0.037*** (0.013)	0.035*** (0.012)	0.046*** (0.021)	0.729*** (0.206)	1.147*** (0.354)	0.857*** (0.232)	1.215*** (0.324)
大学教育	0.051** (0.020)	0.084*** (0.029)	0.046*** (0.012)	0.075*** (0.031)	1.067*** (0.287)	1.635*** (0.416)	1.238*** (0.403)	1.842*** (0.517)
经管教育背景	0.037** (0.018)	0.046** (0.022)	0.031*** (0.011)	0.049*** (0.016)	0.507*** (0.191)	0.742*** (0.213)	0.439** (0.202)	0.806*** (0.315)
家庭规模	0.003 (0.006)	0.007 (0.009)	0.002 (0.004)	0.006 (0.005)	0.011 (0.013)	0.024 (0.019)	0.008 (0.010)	0.029 (0.023)
少儿比例	-0.043* (0.024)	-0.074** (0.036)	-0.051** (0.026)	-0.067** (0.034)	-0.536*** (0.207)	-0.719** (0.323)	-0.498** (0.197)	-0.685** (0.311)
老年比例	-0.036* (0.019)	-0.057* (0.032)	-0.033* (0.018)	-0.049 (0.031)	-0.254** (0.114)	-0.387* (0.201)	-0.312* (0.189)	-0.437 (0.295)
成员住院	-0.010** (0.005)	-0.014** (0.006)	-0.008** (0.004)	-0.011* (0.006)	-0.059** (0.023)	-0.078** (0.037)	-0.086** (0.041)	-0.103* (0.061)
人均收入	0.047*** (0.015)	0.072*** (0.026)	0.052*** (0.011)	0.076*** (0.022)	0.479*** (0.159)	0.632** (0.253)	0.504*** (0.185)	0.618** (0.274)
自有产权住房	0.034* (0.020)	0.053* (0.032)	0.022** (0.009)	0.031*** (0.011)	0.314** (0.124)	0.507*** (0.168)	0.283*** (0.097)	0.397* (0.212)
省份特征	控制	控制	控制	控制	控制	控制	控制	控制
年份效应	控制	控制	控制	控制	控制	控制	控制	控制
样本量/个	9078	15 130	9078	15 130	6052	15 130	6052	15 130

注：*、**、***分别表示在10%、5%和1%的水平上显著，变量系数为各变量的边际效应值，括号内为城镇家庭所在区县层面的聚类标准误。

表6-9汇报了区分城镇家庭暂时性劳动收入风险和永久性劳动收入风险后，劳动收入风险对城镇家庭风险金融资产投资概率和投资强度的影响。结果表明，城镇家庭暂时性劳动收入风险和持久性劳动收入风险均对城镇家庭风险金融资产投资存在明显的负向影响。具体来说，暂时性劳动收入风险每增加1单位，城镇家庭参与股票市场的概率将平均降低0.204单位，参与广义风险金融市场的概率将平均降低0.243单位，参与股票市场的强度平均降低0.069单位，参与广义风险金融市场的强度平均降低0.079单位。永久性劳动收入风险每增加1单位，城镇家庭参与股票市场的概率将平均降低0.115单位，参与广义风险金融市场的概率将平均降低0.137单位，参与股票市场的强度平均降低0.039单位，参与广义风险金融市场的强度平均降低0.048单位。

Angerer等（2009）的研究表明，暂时性劳动收入风险对家庭风险金融资产投资的负向影响小于永久性劳动收入风险。但是，本书发现，暂时性劳动收入风险对城镇家庭风险金融资产投资的负向影响高于永久性劳动收入风险，这与现有研究结论不一致。本书认为，产生该现象主要存在以下两点原因：一是流动性约束。现有研究表明，房产占中国城镇家庭总资产的70%以上，远高于欧美等发达国家的平均水平①，资产流动性比较差，且中国城镇家庭普遍面临严峻的住房贷款压力。因此，当家庭面临重大冲击时，其无法有效通过金融市场获得资金对冲风险，暂时性劳动收入风险也会对城镇家庭风险金融资产投资产生较大的负向影响。二是中国居民的风险态度。多数居民在投资时风险厌恶系数比较高，不愿意承担高风险（李涛等，2009；周弘，2015），即使存在一期的劳动收入风险也会对家庭风险金融资产投资产生重大负向影响。控制变量估计结果与基准回归估计结果方向和显著性基本一致。

上述研究表明，区分城镇家庭的暂时性劳动收入风险和永久性劳动收入风险后，暂时性劳动收入风险和永久性劳动收入风险均对城镇家庭风险金融

---

① 根据西南财经大学发布的《中国家庭金融调查报告2014》，中国城镇家庭房产资产比重平均达到70%，欧美同期家庭房产比重平均约为40%。

资产投资概率和投资强度产生显著的负向影响,且由于中国城镇家庭的流动性约束及高风险厌恶程度,暂时性劳动收入风险对城镇家庭风险金融资产投资的负向影响高于永久性劳动收入风险。

(2) 区分不同家庭决策模式下城镇家庭劳动收入风险

本节基于第 4 章城镇家庭整体劳动收入风险测度结果,考虑不同家庭决策模式下劳动收入风险对城镇家庭风险金融资产投资的影响。

首先,当夫妻共同决策家庭重大事项时,以夫妻共同风险作为城镇家庭劳动收入风险的代理变量。特别是当户主无配偶时,即未婚/离婚/丧偶/同居时,仍采用户主个体劳动收入风险作为城镇家庭劳动收入风险的代理变量。具体回归估计结果如表 6-10 所示。

表 6-10 稳健性检验:夫妻共同决策时家庭劳动收入风险

变量	投资概率(Logit)		投资强度(Tobit)	
	股票市场	广义风险金融市场	股票市场	广义风险金融市场
	(1)	(2)	(3)	(4)
夫妻双方平均劳动收入风险	-0.120** (0.058)	-0.148** (0.067)	-0.054*** (0.016)	-0.067** (0.024)
户主性别	-0.009* (0.005)	-0.012** (0.006)	-0.215** (0.094)	-0.298** (0.137)
户主年龄	0.007** (0.003)	0.011* (0.006)	0.021* (0.012)	0.035 (0.022)
年龄平方	-0.001 (0.002)	-0.002** (0.001)	-0.000 (0.001)	-0.001 (0.002)
户主婚姻状况	0.011** (0.005)	0.015* (0.008)	0.106** (0.052)	0.184* (0.106)
中学教育	0.027*** (0.009)	0.031*** (0.011)	0.615*** (0.193)	0.834*** (0.287)
大学教育	0.048** (0.019)	0.056** (0.022)	0.857*** (0.312)	1.126** (0.501)
经管教育背景	0.029* (0.015)	0.037* (0.020)	0.436** (0.217)	0.612** (0.254)

续表

变量	投资概率（Logit）		投资强度（Tobit）	
	股票市场	广义风险金融市场	股票市场	广义风险金融市场
	（1）	（2）	（3）	（4）
家庭规模	0.004 (0.003)	0.006 (0.005)	0.006 (0.004)	0.011 (0.008)
少儿比例	-0.057* (0.032)	-0.083** (0.041)	-0.428*** (0.185)	-0.645** (0.297)
老年比例	-0.045* (0.024)	-0.063* (0.038)	-0.274** (0.124)	-0.405** (0.197)
成员住院	-0.012** (0.006)	-0.023** (0.011)	-0.069** (0.027)	-0.097** (0.046)
人均收入	0.084*** (0.024)	0.103*** (0.032)	0.536*** (0.182)	0.689** (0.195)
自有产权住房	0.057** (0.028)	0.095*** (0.031)	0.258** (0.108)	0.479** (0.218)
省份特征	控制	控制	控制	控制
年份效应	控制	控制	控制	控制
样本量/个	9078	15 130	6052	15 130

注：*、**、***分别表示在10%、5%和1%的水平上显著，变量系数为各变量的边际效应值，括号内为城镇家庭所在区县层面的聚类标准误。

表6-10结果表明，夫妻共同决策时，劳动收入风险仍对城镇家庭风险金融资产投资产生显著的负向影响，劳动收入风险越高，城镇家庭风险金融资产投资概率和投资强度也就越低。与夫妻双方共同决策相比，户主个体决策模式下将会高估劳动收入风险对城镇家庭风险金融资产投资概率和投资强度的负向影响。以参与股票市场为例，对城镇家庭股票市场投资概率和投资强度的高估程度分别达到3.33%［(0.124-0.120)/0.120×100%］和9.26%［(0.059-0.054)/0.054×100%］。使用户主的劳动收入风险作为城镇家庭劳动收入风险的代理变量虽然考虑到了户主对家庭重大事项的决策权，却忽视了其他家庭成员对家庭劳动收入风险的影响，相较于夫妻共同决策，户主个体劳动收入风险的不确定性更大，因此，将会高估劳动收入风险对城镇家庭风险金融资产投资的负向影响。

其次，当家庭成员共同决策家庭重大事项时，将以城镇家庭成员劳动收入份额为权重加权平均得到城镇家庭劳动收入风险，替换核心解释变量，以验证估计结果的稳健性。具体估计结果如表6-11所示。

表6-11 稳健性检验：家庭成员共同决策时家庭劳动收入风险

变量	投资概率（Logit）		投资强度（Tobit）	
	股票市场	广义风险金融市场	股票市场	广义风险金融市场
	(1)	(2)	(3)	(4)
家庭成员加权平均劳动收入风险	-0.104** (0.045)	-0.128** (0.056)	-0.051*** (0.017)	-0.062*** (0.022)
户主性别	-0.014* (0.008)	-0.019 (0.013)	-0.245 (0.167)	-0.324* (0.186)
户主年龄	0.004 (0.003)	0.013* (0.007)	0.024 (0.016)	0.032** (0.015)
年龄平方	-0.003 (0.002)	-0.004 (0.003)	-0.001* (0.000)	-0.002** (0.001)
户主婚姻状况	0.019** (0.009)	0.031** (0.015)	0.172** (0.085)	0.211* (0.117)
中学教育	0.034** (0.015)	0.059** (0.026)	0.739*** (0.254)	1.236*** (0.415)
大学教育	0.045*** (0.014)	0.089*** (0.027)	0.958*** (0.375)	1.534** (0.621)
经管教育背景	0.041** (0.016)	0.076** (0.023)	0.509*** (0.187)	0.847*** (0.275)
家庭规模	-0.002 (0.003)	0.003 (0.007)	-0.005* (0.03)	0.018 (0.012)
少儿比例	-0.064** (0.029)	-0.095** (0.043)	-0.387* (0.214)	-0.516* (0.267)
老年比例	-0.029*** (0.011)	-0.046** (0.019)	-0.117** (0.047)	-0.258* (0.135)
成员住院	-0.014* (0.008)	-0.032* (0.017)	-0.084** (0.036)	-0.124** (0.051)

续表

变量	投资概率（Logit）		投资强度（Tobit）	
	股票市场	广义风险金融市场	股票市场	广义风险金融市场
	(1)	(2)	(3)	(4)
人均收入	0.093***	0.126***	0.602***	0.736***
	(0.028)	(0.041)	(0.216)	(0.284)
自有产权住房	0.069*	0.126**	0.359***	0.605**
	(0.038)	(0.049)	(0.118)	(0.290)
省份特征	控制	控制	控制	控制
年份效应	控制	控制	控制	控制
样本量/个	9078	15 130	6052	15 130

注：*、**、***分别表示在10%、5%和1%的水平上显著，变量系数为各变量的边际效应值，括号内为城镇家庭所在区县层面的聚类标准误。

表6-11汇报了家庭成员共同决策模式下，以家庭成员加权平均劳动收入风险作为家庭劳动收入风险的代理变量时，劳动收入风险对城镇家庭风险金融资产投资的影响。表6-11结果表明，当家庭成员共同决策家庭重大事项时，劳动收入风险仍对城镇家庭风险金融资产投资存在明显的负向影响，与户主个体决策模式和夫妻双方共同决策模式下的估计结果是一致且稳健的。当家庭成员共同决策时，考虑家庭全体成员的劳动收入风险及每名成员的劳动收入份额，不仅可以更加准确地衡量城镇家庭整体劳动收入风险，而且集体决策也会最大限度地降低个体决策和少数人决策时的盲目性（汪祚军 等，2015），因而，可以更加准确地考察劳动收入风险对城镇家庭风险金融资产投资的影响。

（3）使用家庭人均收入波动替换核心解释变量

参照Cardak等（2009）的研究，本节选取城镇家庭成员人均工资性收入波动作为城镇家庭劳动收入风险的代理变量，重新估计劳动收入风险对城镇家庭风险金融资产投资的影响。具体估计结果如表6-12所示。

表 6-12　稳健性检验：替换核心解释变量

变量	投资概率（Logit）		投资强度（Tobit）	
	股票市场	广义风险金融市场	股票市场	广义风险金融市场
	(1)	(2)	(3)	(4)
人均工资性收入波动	-0.214** (0.097)	-0.295** (0.139)	-0.046* (0.025)	-0.069** (0.031)
性别	-0.021* (0.012)	-0.029* (0.015)	-0.152** (0.069)	-0.212** (0.085)
年龄	0.006** (0.003)	0.015** (0.007)	0.005* (0.003)	0.012** (0.006)
年龄平方	-0.000 (0.001)	-0.001* (0.000)	-0.002 (0.002)	-0.003 (0.002)
婚姻状况	0.017** (0.008)	0.026* (0.015)	0.129* (0.069)	0.215*** (0.083)
中学教育	0.021* (0.012)	0.034** (0.016)	0.427* (0.214)	0.653** (0.264)
大学教育	0.039*** (0.015)	0.057*** (0.019)	0.595* (0.324)	0.846*** (0.249)
经管教育背景	0.028** (0.012)	0.066*** (0.025)	0.376** (0.191)	0.508** (0.217)
家庭规模	0.003 (0.003)	0.005 (0.007)	0.002 (0.002)	0.005 (0.004)
少儿比例	-0.059*** (0.021)	-0.083** (0.036)	-0.398* (0.204)	-0.587** (0.264)
老年比例	-0.047* (0.028)	-0.061* (0.037)	-0.217** (0.089)	-0.358** (0.157)
成员住院	-0.016* (0.009)	-0.043* (0.023)	-0.085** (0.032)	-0.154** (0.067)
人均收入	0.085*** (0.031)	0.101*** (0.038)	0.475*** (0.119)	0.599** (0.221)
自有产权住房	0.043* (0.024)	0.076** (0.035)	0.108** (0.043)	0.225*** (0.068)
省份特征	控制	控制	控制	控制
年份效应	控制	控制	控制	控制
样本量/个	9078	15 130	6052	15 130

注：*、**、***分别表示在10%、5%和1%的水平上显著，变量系数为各变量的边际效应值，括号内为城镇家庭所在区县层面的聚类标准误。

表 6-12 结果表明，用家庭人均工资性收入的波动作为城镇家庭劳动收入风险的代理变量，在控制了户主个体特征和家庭特征后，城镇家庭人均工资性收入波动仍然对家庭风险金融资产投资概率和投资强度产生显著的负向影响。具体来说，家庭人均工资性收入波动增加 1 单位，城镇家庭参与股票市场的平均概率将降低 0.214 单位，城镇家庭参与广义风险金融市场的概率平均降低 0.295 单位；城镇家庭股票资产占比平均降低 0.046 单位，广义风险金融资产占比平均降低 0.069 单位。使用家庭成员人均工资性收入波动得到的劳动收入风险对城镇家庭风险金融资产投资影响系数值高于以户主个体劳动收入风险和夫妻双方劳动收入风险均值时的情形，这主要是因为使用人均工资性收入波动仅关注到了劳动收入波动，而未控制性别、年龄、教育程度、工作经验和职业类型等因素的影响，导致劳动收入风险被高估。

（4）区分地区经济发展水平差异

考虑到中国区域经济发展不平衡的实际，本书将全国 31 个省份划分为东部、中部、西部和东北地区①，进一步分析不同经济发展水平背景下劳动收入风险对城镇家庭风险金融资产投资影响的区域异质性。

表 6-13 和表 6-14 结果表明，区分地区差异后，劳动收入风险对城镇家庭风险金融资产投资概率和投资强度的影响存在明显的区域异质性。整体上看，劳动收入风险对东部地区城镇家庭风险金融资产投资的约束效应最强，东北地区次之，中部地区稍弱，而对西部地区影响并不明显。这主要是因为东部地区和东北地区市场化水平高，市场因素对劳动收入风险的影响相对较大，导致工资性收入波动也较大；而中西部地区市场化水平低于东部地区和东北地区，工资性收入水平虽然低，但是劳动收入风险受到市场因素影响小，因此，工资性收入波动也较低。因而中西部地区劳动收入风险对城镇家庭风险金融资产投资概率的负向影响相对也较低。

---

① 按照国家统计局的标准，将全国 31 个省份划分为东部地区、中部地区、西部地区和东北地区四大经济区。其中，东北地区包括辽宁、吉林和黑龙江 3 个省份，东部地区包括北京、天津、河北、上海、江苏、浙江、福建、山东、广东和海南 10 个省份，中部地区包括山西、江西、安徽、河南、湖北和湖南 6 个省份，西部地区包括陕西、甘肃、青海、宁夏、新疆、重庆、四川、贵州、云南、西藏、内蒙古和广西 12 个省份。

表 6-13 劳动收入风险与城镇家庭风险金融资产投资概率：区分四大经济区

变量	东部地区		中部地区		西部地区		东北地区	
	股票市场	广义风险金融市场	股票市场	广义风险金融市场	股票市场	广义风险金融市场	股票市场	广义风险金融市场
	(1)	(2)	(3)	(4)	(5)	(6)	(7)	(8)
劳动收入风险	-0.214** (0.095)	-0.283** (0.124)	-0.194*** (0.071)	-0.207** (0.102)	-0.141* (0.084)	-0.175* (0.093)	-0.225** (0.094)	-0.276** (0.129)
个体特征	控制	控制	控制	控制	控制	控制	控制	控制
家庭特征	控制	控制	控制	控制	控制	控制	控制	控制
省份特征	控制	控制	控制	控制	控制	控制	控制	控制
年份效应	控制	控制	控制	控制	控制	控制	控制	控制
样本量/个	3072	5120	2676	4460	1914	3190	1416	2360

注：*、**、*** 分别表示在10%、5%和1%的水平上显著，变量系数为各变量的边际效应值，括号内为城镇家庭所在区县层面的聚类标准误。

表 6-14 劳动收入风险与城镇家庭风险金融资产投资强度：区分四大经济区

变量	东部地区		中部地区		西部地区		东北地区	
	股票市场	广义风险金融市场	股票市场	广义风险金融市场	股票市场	广义风险金融市场	股票市场	广义风险金融市场
	(1)	(2)	(3)	(4)	(5)	(6)	(7)	(8)
劳动收入风险	-0.092*** (0.031)	-0.114** (0.045)	-0.063** (0.026)	-0.075** (0.034)	-0.067 (0.041)	-0.075 (0.049)	-0.082** (0.039)	-0.095** (0.042)
个体特征	控制	控制	控制	控制	控制	控制	控制	控制
家庭特征	控制	控制	控制	控制	控制	控制	控制	控制
省份特征	控制	控制	控制	控制	控制	控制	控制	控制
年份效应	控制	控制	控制	控制	控制	控制	控制	控制
样本量/个	3072	5120	2676	4460	1914	3190	1416	2360

注：**、*** 分别表示在5%和1%的水平上显著，变量系数为各变量的边际效应值，括号内为城镇家庭所在区县层面的聚类标准误。

6.2.4 基于中国家庭金融调查（CHFS）数据的重新估计

本书主要使用中国家庭追踪调查（CFPS）2010—2018年5次调查中的城镇样本数据分析劳动收入风险对城镇家庭风险金融资产投资的负向影响，城镇体制内单位工作的家庭劳动收入风险低于体制外单位工作的家庭，因而更愿意持有股票等风险金融资产。为了进一步验证估计结果的稳健性，本节使用中国家庭金融调查（CHFS）2011—2017年4次调查中的城镇样本数据，进一步分析劳动收入风险对城镇家庭风险金融资产投资的影响。

相较于中国家庭追踪调查（CFPS）数据，中国家庭金融调查（CHFS）数据拥有更加翔实的家庭资产数据，但是在样本选取时更偏重经济发达地区的城镇样本。CHFS 2011、CHFS 2013、CHFS 2015 和 CHFS 2017 数据中城镇样本占样本总数的比例分别为 57.14%、68.26%、68.75% 和 64.52%，东部经济发达地区①样本占样本总数的比例分别为 44.30%、46.58%、49.99% 和 48.02%。若直接使用 CHFS 数据进行估计，样本选择的有偏性将导致无法得出无偏的全国性结论。因此，本书主要选取中国家庭追踪调查（CFPS）数据进行估计，并使用中国家庭金融调查数据（CHFS）进行稳健性检验。

利用中国家庭金融调查（CHFS）数据分析劳动收入风险对城镇家庭风险金融资产投资的影响，与基准估计模型即式（6-2）的设定基本一致，本节选取修正后的 Angerer 等（2009）劳动收入风险测度方法测度的户主个体劳动收入风险作为城镇家庭劳动收入风险的代理变量。选取城镇家庭风险金融资产投资情况作为被解释变量，具体来说，选取城镇家庭风险金融资产投资情况细分为投资概率和投资强度两个维度，并将风险金融市场细分为股票市场和广义风险金融市场。同时，为了控制户主个体特征和家庭特征对城镇家庭风险金融资产投资的影响，具体来说，户主的个体特征包括户主的性别（男性=1）、年龄、年龄平方、婚姻状况（已婚=1）和教育程度（小学及以

---

① 本书将11个沿海省份定义为东部经济发达地区（不含港澳台），具体包括辽宁、河北、天津、山东、江苏、上海、浙江、福建、广东、海南、广西。

下=1、初中=2、高中及中专=3、大学及以上=4）。家庭特征包括家庭规模、人均收入、少儿比例（16岁以下少儿）、老年比例（60岁以上老人）和家庭成员是否住院（是=1）。此外，为控制区域经济发展水平差异对城镇家庭风险金融资产投资的影响，本节也选取家庭所在省的人均GDP作为省际层面的控制变量。

表6-15结果显示，基于中国家庭金融调查（CHFS）数据，2011—2017年，中国城镇家庭股票市场平均参与率为11.5%，股票、基金、债券和其他金融衍生品等广义风险金融市场平均参与率为15.8%；股票资产平均占家庭总金融资产的比重为2.5%，广义风险金融资产平均占家庭总金融资产的比重为4.8%。上述指标均高于同期中国家庭追踪调查（CFPS）中的城镇家庭指标，这主要是因为CHFS调查数据更偏重经济发达地区的城镇家庭样本。2011—2017年，城镇家庭的劳动收入风险平均为0.863。其中，城镇体制内单位工作家庭的平均劳动收入风险为0.427，显著低于城镇体制外单位工作家庭（0.949）。

表6-15 主要变量描述性统计：CHFS数据

	变量	最小值	最大值	均值	标准差
风险金融资产投资	参与股票市场	0	1	0.115	0.256
	参与广义风险金融市场	0	1	0.158	0.347
	股票资产比重	0	1	0.025	0.114
	广义风险金融资产比重	0	1	0.048	0.183
劳动收入风险	劳动收入风险	0.102	0.995	0.863	0.174
	体制内劳动收入风险	0.102	0.639	0.427	0.141
	体制外劳动收入风险	0.159	0.995	0.949	0.203
户主个体特征	性别（男性=1）	0	1	0.758	0.436
	年龄/岁	18	98	48.372	15.721
	婚姻状况（已婚=1）	0	1	0.836	0.357
	教育程度	1	4	2.752	3.821

续表

	变量	最小值	最大值	均值	标准差
家庭特征	家庭规模/人	1	9	3.417	1.245
	少儿比例	0	0.717	0.259	0.346
	老年比例	0	1	0.341	0.143
	人均收入/元	0	23 756	10 467	114.325
	自有产权住房	0	1	0.658	0.297
	成员住院	0	1	0.271	0.106

本部分使用面板 Logit 模型分析劳动收入风险对城镇家庭风险金融资产投资概率的影响，此外，也使用 Tobit 左侧断尾模型分析劳动收入风险对城镇家庭风险金融资产投资强度也即风险金融资产占家庭总金融资产比重的影响。估计结果如表 6-16 所示。

表 6-16 劳动收入风险与城镇家庭风险金融资产投资：基于 CHFS 的估计

变量	投资概率（Logit）				投资强度（Tobit）			
	股票市场		广义风险金融市场		股票市场		广义风险金融市场	
	(1)	(2)	(3)	(4)	(5)	(6)	(7)	(8)
劳动收入风险	-0.164*** (0.056)	-0.147*** (0.045)	-0.196** (0.085)	-0.183** (0.072)	-0.074** (0.036)	-0.063** (0.029)	-0.091** (0.046)	-0.085** (0.037)
性别		-0.028** (0.011)		-0.034** (0.015)		-0.397** (0.184)		-0.426* (0.237)
年龄		0.002 (0.002)		0.003 (0.004)		0.017* (0.009)		0.024* (0.013)
年龄平方		-0.000 (0.000)		-0.000 (0.000)		-0.000 (0.000)		-0.000 (0.000)
婚姻状况		0.023** (0.011)		0.029* (0.016)		0.174** (0.068)		0.235** (0.116)
教育程度		0.053*** (0.018)		0.068*** (0.024)		0.836*** (0.275)		1.214*** (0.354)

续表

变量	投资概率（Logit）				投资强度（Tobit）			
	股票市场		广义风险金融市场		股票市场		广义风险金融市场	
	(1)	(2)	(3)	(4)	(5)	(6)	(7)	(8)
家庭规模		0.007 (0.010)		0.013 (0.014)		0.025 (0.019)		0.037 (0.023)
少儿比例		-0.028** (0.013)		-0.035** (0.018)		-0.394** (0.174)		-0.508** (0.219)
老年比例		-0.037** (0.017)		-0.051** (0.026)		-0.475** (0.211)		-0.631* (0.352)
成员住院		-0.011** (0.005)		-0.025** (0.011)		-0.037** (0.016)		-0.052** (0.025)
人均收入		0.039*** (0.011)		0.053*** (0.016)		0.425*** (0.125)		0.583*** (0.176)
自有产权住房		0.025* (0.013)		0.036** (0.017)		0.318** (0.129)		0.420** (0.187)
省份特征	控制	控制	控制	控制	控制	控制	控制	控制
年份效应	控制	控制	控制	控制	控制	控制	控制	控制
样本量/个	8140	8140	8140	8140	8140	8140	8140	8140

注：*、**、*** 分别表示在10%、5%和1%的水平上显著，变量系数为标准化后的估计系数，括号内为区县层面的聚类标准误。

表6-16估计结果表明，在使用中国家庭金融调查（CHFS）2011—2017年4次数据进行估计后，劳动收入风险仍对城镇家庭风险金融资产投资产生显著的负向影响。这与使用中国家庭追踪调查（CFPS）所得的估计结果也基本一致。具体来说，控制了户主个体特征、家庭特征和省区经济发展水平差异后，劳动收入风险每增加1单位，城镇家庭参与股票市场概率平均降低0.147单位，参与广义风险金融市场概率平均降低0.183单位；城镇家庭股票资产占比平均降低0.063单位，广义风险金融资产占比平均降低0.085单位。户主个体特征和家庭特征等控制变量对城镇家庭风险金融资产投资的影响与CFPS估计结果基本一致，城镇家庭中，已婚、女性、受过高等教育的户主会

显著增加其家庭风险金融资产投资，且存在比较明显的生命周期效应，即风险金融资产投资随着年龄的增长呈现先增加后降低的倒"U"形变化关系；人均收入越高且拥有完全产权住房的城镇家庭更愿意进行股票等风险金融资产投资；家庭成员住院和较重的赡养及抚养负担都会明显挤出城镇家庭风险金融资产投资；特别是家庭老人赡养负担对城镇家庭风险金融资产投资的挤出效应低于少儿抚养负担的影响，这主要是因为老年人一般具有一定的退休收入和保险，可以对冲养老支出的增加对家庭风险金融资产投资的负向影响，加之近年来儿童课外教育支出的增加，挤出家庭风险金融资产投资；家庭规模对城镇家庭风险金融资产投资的影响并不显著。

6.3 体制内单位和体制外单位工作与城镇家庭风险金融资产投资

本部分在 6.2 节验证劳动收入风险对城镇家庭风险金融资产投资的负向影响的基础上，进一步结合计划经济向市场经济转型过程中的中国体制内单位和体制外单位工作劳动收入风险之间较大差异的实际，将城镇家庭分为体制内单位工作和体制外单位工作两种类型，分析劳动收入风险对体制内外家庭风险金融资产投资的影响及影响的异质性。其中，体制内单位工作家庭是指家庭成员中至少有一人在政府部门、科教文卫等事业单位及国有企业工作。

首先，本部分基于中国家庭追踪调查（CFPS）数据，对比分析城镇体制内单位和体制外单位工作家庭风险金融资产投资的基本情况。其次，从劳动收入风险差异的视角解释城镇体制内单位和体制外单位工作家庭风险金融资产投资水平差异的原因。进一步地，本部分也将在采用不同方法控制体制内单位工作"精英效应"的基础上，进一步验证劳动收入风险是否仍对城镇体制内单位工作家庭的风险金融资产风险产生替代效应。此外，本部分也将区分体制内单职工与双职工家庭、体制内单位类型、职务等级、进入/退出体制内单位的情形。最后，本部分也将使用中国家庭金融调查（CHFS）数据，进一步检验有无正式编制对城镇体制内单位工作家庭风险金融资产投资的影响。

6.3.1 城镇体制内单位工作家庭风险金融市场参与情况

本部分以 2018 年中国家庭追踪调查（CFPS）全部城镇家庭样本为例，对比分析城镇体制内单位和体制外单位工作家庭风险金融资产的投资情况，并进一步区分体制内单位类型、单职工与双职工家庭、职务等级，具体分析城镇体制内单位工作家庭风险金融资产投资的异质性。

首先，对比分析城镇体制内单位和体制外单位工作家庭风险金融资产投资差异（表 6-17）。

表 6-17 2018 年城镇家庭风险金融资产投资：区分体制内单位和体制外单位工作家庭

单位：个

体制内单位工作	是否参与风险金融市场		合计	参与比例
	是	否		
是	323	1530	1853	17.43%
否	370	4754	5124	7.22%
合计	693	6284	6977	9.93%

表 6-17 结果表明，2018 年，中国城镇家庭风险金融市场参与比例仅为 9.93%，其中，在体制外单位工作的家庭，风险金融市场参与比例仅为 7.22%；在体制内单位工作的家庭，风险金融市场参与比例达 17.43%，为体制外单位工作家庭的 2.41 倍。也即相较于体制外单位工作的家庭，在体制内单位工作的家庭更偏好风险金融资产投资。

其次，按照户主工作单位类型，将体制内单位分为政府部门、事业单位和国有企业。本书将城镇家庭中至少有一名成员在体制内单位工作定义为体制内单位工作家庭，此时户主可能在体制内单位工作，也可能不在体制内单位工作（其他家庭成员在体制内单位工作）。区分体制内单位类型后，城镇体制内单位工作家庭风险金融投资情况如表 6-18 所示。

表 6-18　城镇体制内单位工作家庭风险金融资产投资：区分单位类型

单位：个

单位类型	是否参与风险金融市场		合计	参与比例
	是	否		
户主在政府部门	79	299	378	20.90%
户主在事业单位	40	208	248	16.13%
户主在国有企业	172	908	1080	15.49%
其他家庭成员在体制内单位	32	115	147	21.77%
合计	323	1530	1853	17.43%

表 6-18 结果表明，在进一步区分体制内单位类型后，户主在政府部门工作的家庭，风险金融市场参与比例最高，达到 20.90%；户主在事业单位工作的家庭，风险金融市场参与比例次之，达到 16.13%；户主在国有企业工作的家庭，风险金融市场参与比例达到 15.49%。其他成员在体制内单位工作的家庭，风险金融市场参与比例达到 21.77%。

再次，区分夫妻双方是否都在体制内，考察城镇体制内单职工与双职工家庭风险金融资产投资情况。其中，仅户主在体制内单位工作包含户主未婚/离婚/丧偶/同居时的情形。

表 6-19 结果表明，当城镇家庭为体制内单职工家庭时，仅户主在体制内单位工作的家庭，风险金融市场参与比例为 17.37%；仅配偶在体制内单位工作的家庭，风险金融市场参与比例为 14.70%；夫妻双方均在体制内单位工作，即体制内双职工家庭风险金融市场参与比例最高，达到 19.01%。这表明，相对于体制内单职工家庭，体制内双职工家庭更愿意参与风险金融市场。

表 6-19　城镇体制内单位工作家庭风险金融资产投资：区分体制内单职工与双职工家庭

单位：个

单位类型	是否参与风险金融市场		合计	参与比例
	是	否		
仅户主在体制内	132	628	760	17.37%

续表

单位类型	是否参与风险金融市场		合计	参与比例
	是	否		
仅配偶在体制内	71	412	483	14.70%
夫妻双方均在体制内	88	375	463	19.01%
其他成员在体制内单位	32	115	147	21.77%
合计	323	1530	1853	17.43%

最后，区分体制内单位工作的职务等级，将城镇体制内单位工作家庭分为户主在体制内单位任领导者/管理者和普通员工两种情形。户主不在体制内单位工作，即城镇家庭其他成员在体制内单位工作，记为普通员工家庭。

表6-20结果表明，城镇家庭户主在体制内是管理者/领导者的，其参与风险金融市场的比例为30.54%，是普通员工家庭参与风险金融市场比例的1.89倍。由此可见，城镇体制内单位工作的家庭中，位于体制内单位管理/领导岗位的家庭更愿意持有风险金融资产。

表6-20 城镇体制内单位工作家庭风险金融资产投资：区分职务等级

单位：个

职务等级	是否参与风险金融市场		合计	参与比例
	是	否		
管理者/领导者	51	116	167	30.54%
普通员工	272	1414	1686	16.13%
合计	323	1530	1853	17.43%

6.3.2 基准回归分析

本部分将城镇家庭样本按照就业单位性质划分为体制内单位工作和体制外单位工作两种类型，分别估计劳动收入风险对城镇体制内单位和体制外单位工作家庭风险金融资产投资的影响。具体估计结果如表6-21所示。

表 6-21　体制内和体制外单位工作对城镇家庭风险金融资产投资的影响

变量	体制内单位工作家庭 投资概率 股票市场	体制内单位工作家庭 投资概率 广义风险金融市场	体制内单位工作家庭 投资强度 股票市场	体制内单位工作家庭 投资强度 广义风险金融市场	体制外单位工作家庭 投资概率 股票市场	体制外单位工作家庭 投资概率 广义风险金融市场	体制外单位工作家庭 投资强度 股票市场	体制外单位工作家庭 投资强度 广义风险金融市场
劳动收入风险	-0.104*** (0.037)	-0.136** (0.058)	-0.032*** (0.007)	-0.037*** (0.012)	-0.147** (0.074)	-0.166* (0.093)	-0.078** (0.035)	-0.090** (0.044)
性别	-0.035* (0.019)	-0.042* (0.023)	-0.374** (0.158)	-0.436 (0.275)	-0.030* (0.017)	-0.045* (0.025)	-0.487** (0.247)	-0.571** (0.284)
年龄	0.013* (0.007)	0.019* (0.011)	0.011 (0.008)	0.015* (0.009)	0.008 (0.005)	0.013* (0.007)	0.015* (0.008)	0.022* (0.013)
年龄平方	-0.000 (0.000)	-0.001 (0.002)	-0.000 (0.000)	-0.000 (0.001)	-0.001 (0.002)	-0.001 (0.000)	-0.001 (0.002)	-0.000 (0.000)
婚姻状况	0.026* (0.015)	0.033* (0.019)	0.126* (0.067)	0.157* (0.085)	0.017** (0.008)	0.020** (0.011)	0.178** (0.083)	0.216** (0.095)
中学教育	0.035** (0.016)	0.042** (0.018)	0.416* (0.251)	0.489 (0.307)	0.036** (0.015)	0.043** (0.019)	0.504** (0.207)	0.587** (0.235)
大学教育	0.041*** (0.015)	0.053** (0.026)	0.527* (0.296)	0.614* (0.334)	0.043** (0.021)	0.051** (0.028)	0.534** (0.224)	0.625** (0.318)
经管教育背景	0.031** (0.016)	0.040** (0.018)	0.385* (0.164)	0.427* (0.224)	0.035* (0.017)	0.046 (0.028)	0.375* (0.201)	0.434* (0.251)
家庭规模	0.015 (0.012)	0.018 (0.015)	0.008 (0.006)	0.011 (0.009)	0.010 (0.011)	0.015 (0.016)	0.004 (0.005)	0.007 (0.009)
少儿比例	-0.079** (0.037)	-0.085** (0.043)	-0.358** (0.174)	-0.386* (0.216)	-0.056** (0.024)	-0.071** (0.032)	-0.405* (0.241)	-0.454* (0.273)
老年比例	-0.057** (0.029)	-0.063* (0.037)	-0.175* (0.079)	-0.214* (0.129)	-0.047* (0.025)	-0.053* (0.031)	-0.224* (0.115)	-0.371** (0.174)
成员住院	-0.036** (0.017)	-0.047* (0.021)	-0.275* (0.136)	-0.294* (0.147)	-0.052* (0.029)	-0.074* (0.036)	-0.219* (0.079)	-0.261** (0.115)
人均收入	0.138** (0.056)	0.175** (0.073)	0.318** (0.127)	0.436*** (0.159)	0.157** (0.064)	0.189** (0.083)	0.358*** (0.142)	0.402** (0.171)
自有产权住房	0.065* (0.036)	0.072* (0.041)	0.186** (0.084)	0.215** (0.097)	0.049*** (0.016)	0.055*** (0.021)	0.193*** (0.067)	0.218*** (0.083)
省份特征	控制	控制	控制	控制	控制	控制	控制	控制
年份效应	控制	控制	控制	控制	控制	控制	控制	控制
样本量/个	9265	9265	9265	9265	15 372	15 372	15 372	15 372

注：*、**、***分别表示在10%、5%和1%的水平上显著，变量系数为标准化后的估计系数，括号内为区县层面的聚类标准误，控制变量和固定效应估计结果未报告。

表 6-21 结果表明，整体上讲，城镇体制内单位工作家庭劳动收入风险对家庭风险金融资产投资的负向影响低于城镇体制外单位工作的家庭。具体来说，在城镇体制内单位工作的家庭中，劳动收入风险每提升 1 单位，家庭参与股票市场的概率平均降低 0.104 单位，参与广义风险金融市场的概率平均降低 0.136 单位，参与股票市场的强度平均降低 0.032 单位，参与广义风险金融市场的强度平均降低 0.037 单位；在城镇体制外单位工作的家庭中，劳动收入风险每提升 1 单位，家庭参与股票市场的概率平均降低 0.147 单位，参与广义风险金融市场的概率平均降低 0.166 单位，同时参与股票市场的强度平均降低 0.078 单位，参与广义风险金融市场的强度平均降低 0.090 单位。这表明，劳动收入风险对城镇体制内单位工作的家庭参与风险金融市场的约束效应小于对城镇体制外单位工作的家庭的约束效应。由于体制内单位工作的劳动收入风险低，因此，城镇体制内单位工作家庭更愿意参与股票等风险金融市场。

6.3.3 替代效应还是"精英效应"？

一般来说，相对于体制外单位工作，个体劳动者进入政府部门、事业单位和国有企业时面临严格的招聘和筛选机制，体制内单位工作具有较高的准入门槛。特别是现有的公务员和事业编招录考试具有严格的学历和专业要求，普遍要求大专及以上学历。现有研究也表明，其他条件不变时，个体受教育程度越高，其参与股票等风险金融市场的概率也就越高，即股票市场参与中存在较明显的"精英效应"（萧端 等，2018）。

基准回归估计结果表明，在体制内单位工作的城镇家庭劳动收入风险相对较低，因而更愿意参与股票等风险金融市场，即劳动收入风险与城镇家庭风险金融资产投资风险之间存在显著的替代效应。但是，需要进一步考虑的是，体制内单位工作家庭的"精英效应"能否完全或者部分解释体制内单位工作家庭更愿意参与股票等风险金融市场的现象。

为此，本书通过引入测度人力资本的不同指标，考察在控制了体制内单位工作家庭的"精英效应"后，劳动收入风险是否仍会对金融资产投资风险存在替代效应。结合中国家庭追踪调查（CFPS）数据中的现有指标，本书将户主的教育程度替换为户主的受教育年限,并将户主的认知能力等指标引入城镇风险金融市场参与影响因素回归方程,以控制"精英效应"对城镇体制内单位工作的家庭风险金融资产投资的影响。

借鉴李涛等(2017)的研究,本书选取户主的字词能力、数学能力、记忆力及三者的均值作为户主认知能力的代理变量。在中国家庭追踪调查(CFPS)中,仅有2010年调查报告了个体的认知能力。因此本节仅使用CFPS 2010年调查数据分析控制了体制内单位工作的"精英效应"后,劳动收入风险对城镇体制内单位工作家庭风险金融资产投资的影响。

认知能力作为衡量个体人力资本水平高低的重要指标,对家庭风险金融资产投资概率和股票等风险金融资产的配置比例均有着显著的正向影响(孟亦佳,2014)。其中,字词能力原始得分为[0,10],数学能力原始得分为[0,24],得分越高,该项能力也就越强,记忆力原始得分为[1,5],数值越高,该项能力越强。同时,为了增强认知能力不同指标之间的可比性,本书使用最大最小值法①将户主的字词能力、数学能力和记忆力标准化为[0,5],数值越大,表示该项能力越强。

表6-22结果表明,体制内单位工作的个体的字词能力、数学能力、记忆力及三者均值均显著高于体制外单位工作的个体,即体制内单位工作的个体的认知能力高于体制外单位工作的个体,体制内单位工作存在显著的"精英效应"。

表6-22 认知能力描述性统计

变量	全部样本			体制外单位工作个体			体制内单位工作个体		
	均值	标准差	样本量/个	均值	标准差	样本量/个	均值	标准差	样本量/个
字词能力	2.97	1.486	15 558	2.85	1.503	13 691	3.85	0.969	1867
数学能力	2.54	1.364	15 558	2.41	1.364	13 691	3.52	0.888	1867
记忆力	3.52	1.548	15 504	3.46	1.571	13 640	3.97	1.279	1864
三者均值	3.01	1.186	15 485	2.91	1.195	13 622	3.78	0.784	1863

来源:根据CFPS 2010年调查数据整理获得。

---

① 使用最大最小值法对数据进行标准化处理[0,5]:$x' = (x-\min)/(\max-\min) \times 5$。

表6-23结果表明，在将户主的受教育程度替换为户主的受教育年限，并使用户主的字词能力、数学能力、记忆力和三者均值等指标衡量个体人力资本水平以控制体制内单位工作家庭个体的"精英效应"后，劳动收入风险对城镇体制内单位工作家庭风险金融市场的负向影响的系数和显著性均有所降低，但仍在5%水平上显著。具体来说，将户主的受教育程度替换为受教育年限后，教育仍对城镇家庭风险金融市场存在显著的正向影响；在认知能力的各个指标中，数学能力对城镇家庭风险金融资产投资的提升效应最显著，字词能力的影响次之，记忆力的影响最低。一般来说，数学能力越强，表明个体的逻辑推理能力越强（唐举等，2019），字词能力越强，可以更有效地处理股票等风险金融市场的复杂信息，进而提升城镇家庭风险金融资产投资的概率和强度。

表6-23 控制城镇体制内单位工作的"精英效应"

变量	投资概率		投资强度	
	股票市场	广义风险金融市场	股票市场	广义风险金融市场
劳动收入风险	-0.097** (0.038)	-0.126** (0.051)	-0.029* (0.016)	-0.033* (0.018)
受教育年限	0.004** (0.002)	0.005* (0.003)	0.010*** (0.003)	0.013** (0.006)
字词能力	0.007* (0.004)	0.009* (0.005)	0.014** (0.008)	0.016** (0.007)
数学能力	0.045*** (0.014)	0.062*** (0.021)	0.013** (0.006)	0.017*** (0.006)
记忆力	0.003* (0.001)	0.002** (0.001)	0.005** (0.002)	0.006** (0.003)
认知能力均值	0.107*** (0.032)	0.121*** (0.042)	0.085*** (0.026)	0.098*** (0.025)
性别	-0.057* (0.031)	-0.068* (0.037)	-0.375** (0.181)	-0.506* (0.267)
年龄	0.008 (0.005)	0.014* (0.008)	0.012* (0.007)	0.019* (0.011)

续表

	投资概率		投资强度	
	股票市场	广义风险金融市场	股票市场	广义风险金融市场
年龄平方	-0.001 (0.000)	-0.000 (0.000)	-0.000 (0.000)	-0.000 (0.001)
婚姻状况	0.036** (0.019)	0.057** (0.027)	0.182** (0.083)	0.213* (0.121)
中学教育	0.041* (0.022)	0.053** (0.027)	0.575** (0.241)	0.647** (0.302)
大学教育	0.052** (0.021)	0.078*** (0.027)	0.635** (0.275)	0.887*** (0.314)
经管教育背景	0.037** (0.015)	0.045** (0.021)	0.445** (0.224)	0.576** (0.267)
家庭规模	0.002 (0.002)	0.004 (0.006)	0.002 (0.003)	0.003 (0.002)
少儿比例	-0.068** (0.030)	-0.084** (0.037)	-0.426* (0.225)	-0.587** (0.276)
老年比例	-0.051** (0.024)	-0.068** (0.031)	-0.276** (0.128)	-0.329* (0.183)
成员住院	-0.034** (0.015)	-0.047** (0.023)	-0.254** (0.102)	-0.376** (0.184)
人均收入	0.098*** (0.036)	0.121*** (0.045)	0.297*** (0.112)	0.374** (0.178)
自有产权住房	0.084** (0.037)	0.097** (0.042)	0.114** (0.055)	0.195** (0.084)
省份特征	控制	控制	控制	控制
年份效应	控制	控制	控制	控制
样本量/个	1853	1853	1853	1853

注：*、**、***分别表示在10%、5%和1%的水平上显著，变量系数为标准化后的估计系数，括号内为区县层面的聚类标准误。

上述研究表明，体制内单位工作存在显著的"精英效应"，且"精英效应"也可以部分解释体制内单位工作家庭更偏好股票等风险金融资产投资现象。但是在控制了体制内单位工作家庭个体的"精英效应"后,劳动收入风险仍对城镇体制内单位工作家庭风险金融资产投资风险存在显著的替代效应。

6.3.4 区分体制内单职工和双职工家庭

本节将城镇体制内单位工作家庭按照夫妻双方是否均在体制内单位工作,将样本分为体制内单职工和双职工家庭,对比分析体制内单职工和双职工家庭劳动收入风险差异对城镇家庭风险金融资产投资的影响。特别指出,本节将户主无配偶的情形,包括户主未婚/离婚/丧偶/同居纳入体制内单职工家庭的情形进行分析。具体估计结果如表6-24、表6-25所示。

表6-24 体制内单职工与双职工家庭风险金融资产选择:投资概率

变量	仅户主		仅配偶		夫妻双方	
	股票市场	广义风险金融市场	股票市场	广义风险金融市场	股票市场	广义风险金融市场
劳动收入风险	-0.131** (0.056)	-0.159** (0.079)	-0.128** (0.061)	-0.162** (0.074)	-0.098*** (0.031)	-0.124** (0.043)
性别	-0.064** (0.031)	-0.075** (0.038)	-0.046** (0.023)	-0.053* (0.032)	-0.052 (0.034)	-0.065* (0.037)
年龄	0.022 (0.015)	0.027 (0.017)	0.018* (0.010)	0.023 (0.014)	0.025* (0.015)	0.031 (0.019)
年龄平方	-0.001 (0.001)	-0.000 (0.001)	-0.001 (0.000)	-0.002 (0.002)	-0.000 (0.000)	-0.000 (0.001)
婚姻状况	0.024 (0.015)	0.029* (0.017)	0.021* (0.011)	0.026* (0.014)	0.032** (0.014)	0.038* (0.022)
中学教育	0.049** (0.021)	0.054** (0.024)	0.041** (0.017)	0.046** (0.021)	0.057*** (0.018)	0.064*** (0.022)
大学教育	0.063*** (0.024)	0.069** (0.029)	0.053*** (0.017)	0.057** (0.024)	0.049*** (0.016)	0.055** (0.023)
经管教育背景	0.045*** (0.013)	0.053** (0.019)	0.042* (0.022)	0.046* (0.027)	0.046** (0.021)	0.051** (0.024)
家庭规模	0.014 (0.010)	0.018 (0.015)	0.009 (0.009)	0.014 (0.012)	0.012 (0.008)	0.018 (0.013)

续表

变量	仅户主		仅配偶		夫妻双方	
	股票市场	广义风险金融市场	股票市场	广义风险金融市场	股票市场	广义风险金融市场
少儿比例	-0.054* (0.029)	-0.061* (0.034)	-0.059** (0.024)	-0.065** (0.032)	-0.047** (0.019)	-0.058** (0.025)
老年比例	-0.036* (0.019)	-0.043* (0.022)	-0.041** (0.017)	-0.046* (0.025)	-0.034** (0.015)	-0.042** (0.018)
成员住院	-0.037** (0.017)	-0.042** (0.021)	-0.053** (0.023)	-0.067** (0.027)	-0.045** (0.019)	-0.056** (0.025)
人均收入	0.137*** (0.049)	0.164*** (0.058)	0.114*** (0.031)	0.127*** (0.043)	0.157*** (0.047)	0.178*** (0.061)
自有产权住房	0.038** (0.017)	0.045** (0.021)	0.031** (0.014)	0.039** (0.016)	0.045*** (0.013)	0.057*** (0.021)
省份特征	控制	控制	控制	控制	控制	控制
年份效应	控制	控制	控制	控制	控制	控制
样本量/个	639	1065	846	1410	525	875

注：*、**、*** 分别表示在10%、5%和1%的水平上显著，变量系数为标准化后的估计系数，括号内为区县层面的聚类标准误，控制变量和固定效应估计结果未报告。

表6-24报告了区分城镇体制内单职工和双职工家庭后，劳动收入风险对城镇家庭风险金融资产投资概率的影响。结果表明，在区分了体制内单职工和双职工家庭后，劳动收入风险对城镇家庭风险金融资产投资概率仍存在显著的负向影响。在城镇体制内单职工家庭，户主在体制内单位工作和配偶在体制内单位工作，劳动收入风险对风险金融资产投资概率的约束效应相差不大；相较于体制内单职工家庭，双职工家庭劳动收入风险相对较低，对家庭风险金融资产投资概率的约束效应相对较小。

表6-25报告了区分城镇体制内单职工和双职工家庭后，劳动收入风险对城镇家庭风险金融资产投资强度的影响。结果表明，劳动收入风险对城镇体制内单职工和双职工家庭风险金融资产投资强度均产生显著的负向影响。由于双职工家庭劳动收入风险相对较低，因此，城镇体制内双职工家庭的劳动收入风险对家庭风险金融资产投资强度约束效应低于单职工家庭。

表 6-25 体制内单职工与双职工家庭风险金融资产选择：投资强度

变量	仅户主		仅配偶		夫妻双方	
	股票市场	广义风险金融市场	股票市场	广义风险金融市场	股票市场	广义风险金融市场
劳动收入风险	-0.032***	-0.043***	-0.037**	-0.045**	-0.025**	-0.031*
	(0.011)	(0.016)	(0.016)	(0.021)	(0.011)	(0.016)
性别	-0.114**	-0.142**	-0.127**	-0.155**	-0.136**	-0.161*
	(0.056)	(0.062)	(0.061)	(0.073)	(0.067)	(0.084)
年龄	0.021*	0.026*	0.017	0.023	0.025*	0.032*
	(0.012)	(0.015)	(0.011)	(0.014)	(0.015)	(0.019)
年龄平方	-0.001	-0.002	-0.000	-0.001	-0.000	-0.000
	(0.001)	(0.003)	(0.001)	(0.000)	(0.001)	(0.000)
婚姻状况	0.154**	0.172**	0.143**	0.161**	0.157*	0.183**
	(0.075)	(0.085)	(0.068)	(0.074)	(0.085)	(0.092)
中学教育	0.327*	0.386**	0.384**	0.425**	0.329*	0.391*
	(0.172)	(0189)	(0.191)	(0.215)	(0.182)	(0.207)
大学教育	0.438***	0.495**	0.467**	0.504**	0.437*	0.490*
	(0.164)	(0.190)	(0.217)	(0.243)	(0.226)	(0.258)
经管教育背景	0.279**	0.311**	0.331**	0.364**	0.295**	0.320**
	(0.114)	(0.141)	(0.138)	(0.159)	(0.127)	(0.151)
家庭规模	0.013	0.017	0.012	0.021	0.009	0.012
	(0.009)	(0.012)	(0.010)	(0.015)	(0.008)	(0.011)
少儿比例	-0.376**	-0.428*	-0.415**	-0.476**	-0.453**	-0.495**
	(0.168)	(0.231)	(0.184)	(0.217)	(0.194)	(0.223)
老年比例	-0.311**	-0.346**	-0.268**	-0.304**	-0.381**	-0.420**
	(0.149)	(0.174)	(0.125)	(0.164)	(0.157)	(0.191)
成员住院	-0.072***	-0.081**	-0.085**	-0.102**	-0.095***	-0.114**
	(0.027)	(0.035)	(0.038)	(0.046)	(0.034)	(0.047)
人均收入	0.341**	0.379**	0.386**	0.413**	0.395**	0.436**
	(0.136)	(0.154)	(0.171)	(0.196)	(0.127)	(0.165)
自有产权住房	0.279**	0.347**	0.354**	0.405**	0.276***	0.323**
	(0.141)	(0.168)	(0.129)	(0.175)	(0.104)	(0.139)
省份特征	控制	控制	控制	控制	控制	控制
年份效应	控制	控制	控制	控制	控制	控制
样本量/个	426	1065	546	1410	350	875

注：*、**、***分别表示在10%、5%和1%的水平上显著，变量系数为标准化后的估计系数，括号内为区县层面的聚类标准误，控制变量和固定效应估计结果未报告。

上述研究表明，由于城镇体制内双职工家庭劳动收入风险比单职工家庭低，劳动收入风险对城镇家庭风险金融资产投资风险的替代效应也较小，进而解释了为什么城镇体制内双职工家庭比单职工家庭更愿意进行股票等风险金融资产投资。

6.3.5 区分体制内单位类型和职务等级

（1）区分体制内单位类型

进一步地，为考察体制内不同单位类型下劳动收入风险对城镇家庭风险金融资产投资的影响，本书按照户主所在体制内具体工作单位划分为政府部门、事业单位和国有企业。表6-26和表6-27分别报告了不同单位类型下劳动收入风险对城镇体制内单位工作家庭风险金融资产投资概率和投资强度的影响。

表6-26 劳动收入风险与城镇家庭风险金融资产投资概率：区分体制内单位类型

变量	政府部门		事业单位		国有企业	
	股票市场	广义风险金融市场	股票市场	广义风险金融市场	股票市场	广义风险金融市场
劳动收入风险	-0.086*** (0.027)	-0.102*** (0.035)	-0.097** (0.038)	-0.125** (0.052)	-0.137* (0.071)	-0.168* (0.092)
性别	-0.056** (0.028)	-0.071* (0.039)	-0.041* (0.024)	-0.047* (0.026)	-0.031* (0.016)	-0.043** (0.022)
年龄	0.017** (0.008)	0.023** (0.011)	0.014 (0.009)	0.019* (0.010)	0.009* (0.005)	0.013 (0.008)
年龄平方	-0.000 (0.001)	-0.002 (0.002)	-0.000 (0.001)	-0.001 (0.000)	-0.000 (0.000)	-0.000 (0.001)
婚姻状况	0.021* (0.011)	0.026** (0.013)	0.018* (0.010)	0.023 (0.015)	0.029** (0.013)	0.037* (0.021)
中学教育	0.053*** (0.019)	0.061** (0.024)	0.045** (0.021)	0.056** (0.025)	0.036** (0.014)	0.042** (0.019)
大学教育	0.066** (0.027)	0.054** (0.023)	0.051** (0.022)	0.062** (0.029)	0.041** (0.018)	0.049** (0.024)

续表

变量	政府部门		事业单位		国有企业	
	股票市场	广义风险金融市场	股票市场	广义风险金融市场	股票市场	广义风险金融市场
经管教育背景	0.042** (0.019)	0.051** (0.022)	0.047** (0.023)	0.053* (0.031)	0.039* (0.020)	0.045* (0.026)
家庭规模	0.010 (0.008)	0.012 (0.011)	0.003 (0.002)	0.007 (0.005)	0.011 (0.007)	0.017 (0.012)
少儿比例	-0.057** (0.027)	-0.064** (0.032)	-0.052** (0.023)	-0.059* (0.031)	-0.044*** (0.017)	-0.051** (0.021)
老年比例	-0.031* (0.018)	-0.045* (0.023)	-0.035* (0.019)	-0.048* (0.026)	-0.029* (0.016)	-0.034 (0.021)
成员住院	-0.021* (0.011)	-0.029* (0.015)	-0.014* (0.008)	-0.023** (0.011)	-0.011* (0.006)	-0.017* (0.009)
人均收入	0.104*** (0.031)	0.125*** (0.037)	0.079*** (0.027)	0.095*** (0.034)	0.064*** (0.022)	0.078*** (0.029)
自有产权住房	0.042** (0.019)	0.051** (0.026)	0.037** (0.015)	0.045** (0.019)	0.043*** (0.014)	0.053*** (0.018)
省份特征	控制	控制	控制	控制	控制	控制
年份效应	控制	控制	控制	控制	控制	控制
样本量/个	567	945	672	1120	771	1285

注：*、**、***分别表示在10%、5%和1%的水平上显著，变量系数为标准化后的估计系数，括号内为区县层面的聚类标准误，控制变量和固定效应估计结果未报告。

表6-27 劳动收入风险与城镇家庭风险金融资产投资强度：区分体制内单位类型

变量	政府部门		事业单位		国有企业	
	股票市场	广义风险金融市场	股票市场	广义风险金融市场	股票市场	广义风险金融市场
劳动收入风险	-0.022*** (0.007)	-0.025** (0.011)	-0.033** (0.016)	-0.037** (0.018)	-0.046** (0.024)	-0.051** (0.026)
性别	-0.526* (0.275)	-0.575* (0.323)	-0.473* (0.230)	-0.521** (0.284)	-0.316* (0.179)	-0.395* (0.221)

续表

变量	政府部门		事业单位		国有企业	
	股票市场	广义风险金融市场	股票市场	广义风险金融市场	股票市场	广义风险金融市场
年龄	0.017**	0.028*	0.011	0.017*	0.007*	0.012
	(0.008)	(0.017)	(0.007)	(0.010)	(0.004)	(0.009)
年龄平方	-0.002**	-0.001*	-0.000	-0.001	-0.000	-0.000
	(0.001)	(0.000)	(0.001)	(0.000)	(0.000)	(0.000)
婚姻状况	0.139**	0.157**	0.146**	0.183**	0.159*	0.196**
	(0.072)	(0.079)	(0.071)	(0.091)	(0.083)	(0.098)
中学教育	0.634***	0.695**	0.584**	0.621**	0.604***	0.651**
	(0.211)	(0.285)	(0.232)	(0.285)	(0.232)	(0.268)
大学教育	0.712***	0.754*	0.638***	0.685*	0.634***	0.705**
	(0.254)	(0.358)	(0.236)	(0.358)	(0.236)	(0.358)
经管教育背景	0.406**	0.467*	0.531**	0.579**	0.536**	0.581**
	(0.197)	(0.281)	(0.254)	(0.281)	(0.254)	(0.281)
家庭规模	0.009	0.013	0.006	0.013	0.007	0.013
	(0.007)	(0.011)	(0.004)	(0.010)	(0.008)	(0.015)
少儿比例	-0.479**	-0.547**	-0.436**	-0.493*	-0.506**	-0.563**
	(0.232)	(0.268)	(0.214)	(0.265)	(0.231)	(0.283)
老年比例	-0.314**	-0.357**	-0.241**	-0.278**	-0.321**	-0.349*
	(0.139)	(0.154)	(0.116)	(0.149)	(0.162)	(0.184)
成员住院	-0.068**	-0.075**	-0.093**	-0.114**	-0.115**	-0.157**
	(0.031)	(0.039)	(0.043)	(0.056)	(0.058)	(0.071)
人均收入	0.412**	0.452**	0.484**	0.529**	0.511***	0.576**
	(0.175)	(0.199)	(0.214)	(0.253)	(0.237)	(0.268)
自有产权住房	0.334**	0.406**	0.357***	0.426**	0.297***	0.341**
	(0.154)	(0.175)	(0.138)	(0.209)	(0.087)	(0.129)
省份特征	控制	控制	控制	控制	控制	控制
年份效应	控制	控制	控制	控制	控制	控制
样本量/个	378	945	448	1120	514	1285

注：*、**、*** 分别表示在10%、5%和1%的水平上显著，变量系数为标准化后的估计系数，括号内为区县层面的聚类标准误，控制变量和固定效应估计结果未报告。

表 6-26 和表 6-27 结果表明，劳动收入风险对在政府部门工作的城镇家庭风险金融资产投资概率的负向影响最小，对在事业单位工作的城镇家庭影响次之，对在国有企业工作的城镇家庭影响最大。根据第 4 章城镇体制内单位工作家庭劳动收入风险的测度结果，在政府部门工作的劳动收入风险最低，事业单位次之，在国有企业工作的劳动收入风险最高。这主要是因为在政府部门工作的工资大多由政府财政全额支付，工资给付的不确定性小，事业单位工资区别于政府等国家机关工资制度，按照单位性质事业单位分为公益性、准公益性、经营性三类，工资给付分为财政全额拨款、差额拨款和自收自支 3 种类型，工资给付的不确定性较政府部门高；而国有企业虽属于体制内，但是其以经营性为主的性质决定了工资主要由企业收益决定，工资给付的不确定性高于政府部门和事业单位。因此，体制内单位工作的不同单位类型的劳动收入风险的差异部分解释了劳动收入风险对在不同单位工作的家庭风险金融资产投资风险的替代效应的差异。具体来说，劳动收入风险对政府部门工作的家庭风险金融资产投资风险的替代效应最小，对在事业单位工作的家庭替代效应次之，对在国有企业工作的家庭替代效应最大。

（2）区分体制内单位职务等级

进一步地，本部分将按照体制内单位工作的职务等级分为管理者/领导者和普通员工，分别考察不同职务等级下，城镇体制内单位工作的家庭劳动收入风险对家庭风险金融资产投资的影响。具体估计结果如表 6-28 所示。

表 6-28　劳动收入风险与城镇家庭风险金融资产投资：区分体制内单位职务等级

变量	管理者/领导者				普通员工			
	投资概率		投资强度		投资概率		投资强度	
	股票市场	广义风险金融市场	股票市场	广义风险金融市场	股票市场	广义风险金融市场	股票市场	广义风险金融市场
劳动收入风险	-0.095*** (0.032)	-0.124** (0.049)	-0.025** (0.012)	-0.028** (0.014)	-0.128*** (0.045)	-0.157** (0.068)	-0.040** (0.018)	-0.044** (0.021)
性别	-0.036* (0.020)	-0.047* (0.026)	-0.412* (0.187)	-0.485* (0.259)	-0.029* (0.016)	-0.034* (0.018)	-0.306* (0.132)	-0.413** (0.204)

续表

变量	管理者/领导者				普通员工			
	投资概率		投资强度		投资概率		投资强度	
	股票市场	广义风险金融市场	股票市场	广义风险金融市场	股票市场	广义风险金融市场	股票市场	广义风险金融市场
年龄	0.010* (0.006)	0.016** (0.008)	0.015 (0.011)	0.022 (0.015)	0.007 (0.005)	0.011 (0.008)	0.013* (0.007)	0.017* (0.009)
年龄平方	−0.001 (0.000)	−0.000 (0.000)	−0.000 (0.000)	−0.000 (0.001)	−0.000 (0.001)	−0.000 (0.000)	−0.000 (0.000)	−0.001 (0.002)
婚姻状况	0.032* (0.018)	0.037* (0.022)	0.134* (0.071)	0.152* (0.083)	0.024* (0.014)	0.031* (0.017)	0.115** (0.058)	0.139* (0.078)
中学教育	0.036** (0.017)	0.042** (0.019)	0.621*** (0.232)	0.679** (0.285)	0.043* (0.024)	0.057 (0.036)	0.726** (0.294)	0.839** (0.385)
大学教育	0.043** (0.020)	0.057** (0.023)	0.657*** (0.236)	0.736** (0.358)	0.052* (0.027)	0.064** (0.031)	0.668** (0.324)	0.749*** (0.356)
经管教育背景	0.038** (0.018)	0.044** (0.023)	0.527** (0.254)	0.596** (0.281)	0.048** (0.017)	0.053* (0.031)	0.584** (0.257)	0.647** (0.304)
家庭规模	0.001 (0.001)	0.002 (0.003)	−0.002 (0.002)	0.001 (0.002)	0.002 (0.002)	0.003 (0.004)	0.001 (0.001)	0.002 (0.003)
少儿比例	−0.076* (0.041)	−0.085* (0.046)	−0.327* (0.195)	−0.454** (0.231)	−0.068** (0.032)	−0.073** (0.035)	−0.415** (0.204)	−0.525* (0.296)
老年比例	−0.041* (0.024)	−0.054* (0.031)	−0.251** (0.124)	−0.294* (0.157)	−0.045 (0.028)	−0.056* (0.034)	−0.279** (0.142)	−0.315* (0.171)
成员住院	−0.043** (0.017)	−0.051** (0.024)	−0.314** (0.143)	−0.396** (0.194)	−0.039** (0.019)	−0.046** (0.019)	−0.289** (0.136)	−0.342* (0.184)
人均收入	0.104*** (0.041)	0.147** (0.075)	0.457*** (0.215)	0.536** (0.241)	0.095** (0.043)	0.137** (0.073)	0.389*** (0.146)	0.427** (0.194)
自有产权住房	0.079** (0.039)	0.086** (0.043)	0.145* (0.082)	0.205** (0.101)	0.074** (0.036)	0.083* (0.045)	0.158** (0.076)	0.217** (0.098)
省份特征	控制	控制	控制	控制	控制	控制	控制	控制
年份效应	控制	控制	控制	控制	控制	控制	控制	控制
样本量/个	375	625	250	625	1635	2725	1090	2725

注：*、**、***分别表示在10%、5%和1%的水平上显著，变量系数为标准化后的估计系数，括号内为区县层面的聚类标准误，控制变量和固定效应估计结果未报告。

表 6-28 结果表明，在体制内单位工作的城镇家庭中，位于体制内单位中管理者/领导者岗位的劳动收入风险对家庭风险金融资产投资的负向影响低于普通员工家庭。这主要是因为体制内管理者/领导者岗位的劳动收入风险相较于普通员工更低。具体来说，在管理者/领导者家庭中，劳动收入风险每提升 1 单位，家庭参与股票市场概率平均降低 0.095 单位，参与广义风险金融市场概率平均降低 0.124 单位，参与股票市场强度平均降低 0.025 单位，参与广义风险金融市场强度平均降低 0.028 单位。在普通员工家庭中，劳动收入风险每提升 1 单位，家庭参与股票市场概率平均降低 0.128 单位，参与广义风险金融市场概率平均降低 0.157 单位，参与股票市场强度平均降低 0.040 单位，参与广义金融风险市场强度平均降低 0.044 单位。因此，在体制内单位工作的城镇家庭中，劳动收入风险对体制内管理者/领导者参与风险金融市场的负向影响低于普通员工家庭，即城镇体制内管理者/领导者家庭更愿意参与风险金融市场。

6.3.6　进入/退出体制内单位的影响

本节使用中国家庭追踪调查（CFPS）2012 年、2014 年、2016 年、2018 年 4 次调查数据，配对整理出新进入/退出体制内单位工作的城镇家庭。表 6-29 中（1）、（2）列使用面板 Logit 模型估计了家庭成员进入体制内单位工作对城镇家庭参与股票市场和广义风险金融市场概率的影响。（3）、（4）列使用 Tobit 左侧断尾模型分析了家庭成员进入体制内单位工作对城镇家庭参与股票市场和广义风险金融市场概率的影响。进入/退出体制内单位是指有家庭成员进入/退出体制内单位，是=1，否=0。

表 6-29　进入体制内单位工作对城镇家庭风险金融资产投资的影响

变量	投资概率		投资强度	
	股票市场	广义风险金融市场	股票市场	广义风险金融市场
	(1)	(2)	(3)	(4)
进入体制内单位工作（是=1）	0.139** (0.069)	0.167** (0.081)	0.045*** (0.017)	0.057** (0.023)

续表

变量	投资概率		投资强度	
	股票市场	广义风险金融市场	股票市场	广义风险金融市场
	（1）	（2）	（3）	（4）
性别	-0.032***	-0.039***	-0.494**	-0.536**
	(0.009)	(0.014)	(0.201)	(0.237)
年龄	0.001	0.004	0.011	0.017
	(0.002)	(0.003)	(0.018)	(0.013)
年龄平方	-0.000*	-0.000	-0.000*	-0.000
	(0.000)	(0.000)	(0.000)	(0.000)
婚姻状况	0.021***	0.032***	0.157**	0.241**
	(0.008)	(0.009)	(0.063)	(0.117)
中学教育	0.024***	0.035***	1.317***	1.439***
	(0.007)	(0.010)	(0.358)	(0.424)
大学教育	0.057***	0.089***	1.564***	1.736***
	(0.014)	(0.031)	(0.457)	(0.614)
经管教育背景	0.032**	0.041**	0.368**	0.395**
	(0.015)	(0.021)	(0.179)	(0.188)
家庭规模	0.004	0.005	0.011	0.017
	(0.003)	(0.007)	(0.013)	(0.020)
人均收入	0.027***	0.032***	0.301***	0.572***
	(0.006)	(0.008)	(0.063)	(0.132)
成员住院	-0.007**	-0.003	-0.031**	-0.054*
	(0.003)	(0.002)	(0.015)	(0.032)
少儿比例	-0.035*	-0.049*	-0.479**	-0.604**
	(0.016)	(0.028)	(0.161)	(0.198)
老年比例	-0.031*	-0.037*	-0.352**	-0.470**
	(0.018)	(0.020)	(0.164)	(0.227)
自有产权住房	0.019**	0.025**	0.207**	0.311***
	(0.007)	(0.008)	(0.068)	(0.091)
省份特征	控制	控制	控制	控制
年份效应	控制	控制	控制	控制
Pseudo-R^2	0.2664	0.3347	0.1984	0.2125
样本量/个	405	675	270	675

注：*、**、***分别表示在10%、5%和1%的水平上显著，变量系数为标准化后的估计系数，括号内为区县层面的聚类标准误。

表 6-29 结果表明,当有家庭成员进入体制内单位工作时,城镇家庭风险金融资产投资的概率和强度均显著提高。具体来说,当有家庭成员进入体制内单位工作时,城镇家庭参与股票市场的概率增加 0.139 单位,参与广义风险金融市场的概率增加 0.167 单位;参与股票市场的强度增加 0.045 单位,参与广义风险金融市场的强度增加 0.057 单位。这主要是因为当有家庭成员进入体制内单位工作时,家庭整体劳动收入风险降低。此外,这也会在一定程度上降低家庭对未来劳动收入高风险的预期。

表 6-30 结果表明,当有家庭成员退出体制内单位工作时,城镇家庭风险金融资产投资概率和强度均显著降低。具体来说,当有家庭成员退出体制内单位工作时,城镇家庭参与股票市场的概率降低 0.153 单位,参与广义风险金融市场的概率降低 0.189 单位;参与股票市场的强度降低 0.072 单位,参与广义风险金融市场的强度降低 0.085 单位。

表 6-30　退出体制内单位工作对城镇家庭风险金融资产投资的影响

变量	投资概率		投资强度	
	股票市场	广义风险金融市场	股票市场	广义风险金融市场
退出体制内单位工作	-0.153* (0.084)	-0.189* (0.113)	-0.072* (0.038)	-0.085* (0.046)
性别	-0.036*** (0.011)	-0.041*** (0.012)	-0.475** (0.214)	-0.514** (0.206)
年龄	0.001 (0.002)	0.003 (0.002)	0.012 (0.013)	0.016 (0.012)
年龄平方	-0.000* (0.000)	-0.000 (0.000)	-0.000* (0.000)	-0.000 (0.000)
婚姻状况	0.026*** (0.007)	0.035*** (0.010)	0.163** (0.082)	0.215*** (0.074)
中学教育	0.032*** (0.009)	0.043*** (0.012)	1.067*** (0.287)	1.239** (0.507)
大学教育	0.041*** (0.013)	0.069** (0.034)	1.506*** (0.464)	1.635*** (0.416)

续表

变量	投资概率		投资强度	
	股票市场	广义风险金融市场	股票市场	广义风险金融市场
经管教育背景	0.034*** (0.010)	0.045*** (0.014)	0.531*** (0.165)	0.714*** (0.226)
家庭规模	0.004 (0.005)	0.003 (0.004)	0.011 (0.016)	0.018 (0.021)
人均收入	0.054*** (0.012)	0.068*** (0.019)	0.287*** (0.084)	0.439*** (0.157)
成员住院	-0.005** (0.002)	-0.003*** (0.001)	-0.027** (0.012)	-0.041** (0.019)
少儿比例	-0.042* (0.025)	-0.057** (0.029)	-0.365** (0.182)	-0.427** (0.211)
老年比例	-0.025* (0.014)	-0.034* (0.019)	-0.210** (0.084)	-0.325** (0.129)
自有产权住房	0.016** (0.008)	0.021** (0.009)	0.215*** (0.074)	0.289*** (0.085)
省份特征	控制	控制	控制	控制
年份效应	控制	控制	控制	控制
Pseudo-R^2	0.2317	0.2785	0.1864	0.2027
样本量/个	213	355	142	355

注：*、**、***分别表示在10%、5%和1%的水平上显著，变量系数为标准化后的估计系数，括号内为区县层面的聚类标准误。

上述分析结果表明，当家庭成员进入/退出体制内单位时，将对城镇家庭风险金融资产投资产生显著影响。具体来说，家庭成员进入体制内单位时，城镇家庭参与风险金融市场的概率和强度都显著提升。反之，当家庭成员退出体制内单位工作时，城镇家庭参与风险金融市场的概率和强度都显著降低。

6.3.7 基于中国家庭金融调查（CHFS）的重新估计

本节基于中国家庭金融调查（CHFS）数据重新检验劳动收入风险对城镇体制内和体制外单位工作家庭风险金融资产投资的影响。具体来说，本节首先从整体上估计了体制内和体制外单位工作劳动收入风险差异对城镇家庭风险金融资产投资的影响，其次将体制内单位工作家庭按照户主工作单位类型分为行政编制、事业编制和国有企业 3 种类型。在此基础上，本节进一步区分了有无正式工作编制对城镇家庭风险金融资产投资的影响。

表 6-31 结果表明，城镇体制内单位工作的家庭股票市场参与比例为 23.54%，城镇体制外单位工作的家庭股票市场参与比例为 10.18%。城镇体制内单位工作家庭的股票市场参与比例高于城镇家庭平均水平，且为城镇体制外单位工作家庭的 2.31 倍。这与同期中国家庭追踪调查（CFPS）数据结果基本一致。

表 6-31 中国城镇家庭股票市场参与情况（CHFS 2017）

	股票市场		合计	参与比例
	参与	未参与		
体制内单位工作	1039	3374	4413	23.54%
体制外单位工作	2328	20 538	22 866	10.18%
合计	3367	23 912	27 279	14.08%

来源：基于中国家庭金融调查（CHFS）2017 年城镇家庭样本整理获得。

（1）区分体制内和体制外单位工作

本节将 CHFS 数据中的城镇家庭样本按照就业单位性质分为体制内单位工作和体制外单位工作两种类型，将至少有一名家庭成员在体制内单位工作的家庭定义为体制内单位工作家庭。分别使用面板 Logit 模型和面板 Tobit 左侧断尾模型分析劳动收入风险对城镇家庭风险金融资产投资概率和强度影响的异质性。估计结果如表 6-32 所示。

表 6-32 劳动收入风险与城镇家庭风险金融资产投资：基于体制内外单位工作家庭的比较

变量	体制内单位工作家庭				体制外单位工作家庭			
	投资概率		投资强度		投资概率		投资强度	
	股票市场	广义风险金融市场	股票市场	广义风险金融市场	股票市场	广义风险金融市场	股票市场	广义风险金融市场
	(1)	(2)	(3)	(4)	(5)	(6)	(7)	(8)
劳动收入风险	-0.141*	-0.175**	-0.078**	-0.090**	-0.197**	-0.225**	-0.091**	-0.114**
	(0.075)	(0.086)	(0.031)	(0.038)	(0.083)	(0.095)	(0.039)	(0.046)
性别	-0.031	-0.039*	-0.328*	-0.457*	-0.028	-0.047*	-0.507*	-0.624**
	(0.019)	(0.023)	(0.179)	(0.260)	(0.019)	(0.025)	(0.268)	(0.316)
年龄	0.009*	0.013**	0.008	0.014*	0.005	0.009*	0.011*	0.016*
	(0.005)	(0.006)	(0.005)	(0.008)	(0.003)	(0.005)	(0.006)	(0.009)
年龄平方	-0.000	-0.000	-0.000	-0.001	-0.001	-0.002	-0.001	-0.000
	(0.000)	(0.001)	(0.000)	(0.002)	(0.002)	(0.002)	(0.000)	(0.000)
婚姻状况	0.021*	0.028*	0.139**	0.186**	0.019**	0.023**	0.105**	0.176**
	(0.011)	(0.016)	(0.058)	(0.091)	(0.009)	(0.012)	(0.047)	(0.075)
中学教育	0.037**	0.046**	0.537*	0.604**	0.032*	0.041**	0.427**	0.548**
	(0.018)	(0.020)	(0.274)	(0.312)	(0.018)	(0.024)	(0.193)	(0.227)
大学教育	0.045***	0.059**	0.639**	0.726**	0.038**	0.046**	0.574**	0.612**
	(0.017)	(0.023)	(0.314)	(0.387)	(0.016)	(0.021)	(0.278)	(0.301)
家庭规模	0.002**	0.005	0.003	0.005	0.002	0.007	0.003	0.008
	(0.001)	(0.006)	(0.002)	(0.007)	(0.002)	(0.005)	(0.003)	(0.005)
少儿比例	-0.059*	-0.068*	-0.376**	-0.430**	-0.074**	-0.081*	-0.384**	-0.410*
	(0.032)	(0.039)	(0.184)	(0.227)	(0.036)	(0.044)	(0.201)	(0.239)
老年比例	-0.047	-0.059*	-0.224**	-0.385**	-0.051*	-0.067*	-0.251**	-0.362*
	(0.029)	(0.034)	(0.095)	(0.149)	(0.031)	(0.035)	(0.126)	(0.191)
成员住院	-0.054**	-0.074**	-0.203**	-0.253**	-0.037*	-0.047**	-0.275**	-0.294**
	(0.023)	(0.029)	(0.083)	(0.126)	(0.019)	(0.025)	(0.147)	(0.183)
人均收入	0.157**	0.201**	0.342***	0.389**	0.129***	0.186***	0.318**	0.436**
	(0.063)	(0.087)	(0.131)	(0.174)	(0.048)	(0.068)	(0.136)	(0.174)
自有产权住房	0.079**	0.086**	0.423**	0.512**	0.053**	0.060*	0.415**	0.486**
	(0.033)	(0.041)	(0.201)	(0.236)	(0.025)	(0.031)	(0.167)	(0.214)
省份特征	控制	控制	控制	控制	控制	控制	控制	控制
年份效应	控制	控制	控制	控制	控制	控制	控制	控制
样本量/个	2140	2140	2140	2140	2140	2140	2140	2140

注：*、**、***分别表示在10%、5%和1%的水平上显著，变量系数为标准化后的估计系数，括号内为区县层面的聚类标准误。

表 6-32 结果表明，基于中国家庭金融调查（CHFS）数据，劳动收入风险对城镇体制内单位和体制外单位工作家庭的风险金融资产投资风险都存在明显的替代效应，劳动收入风险越高，城镇家庭风险金融资产投资概率和投资强度也就越低。同时，劳动收入风险对城镇体制外单位工作家庭风险金融资产投资风险的替代效应高于体制内单位工作的家庭。城镇体制内单位工作的家庭劳动收入风险低，因而更愿意参与股票等风险金融市场。劳动收入风险对城镇体制内单位和体制外单位工作家庭风险金融资产投资的估计结果与使用中国家庭追踪调查（CFPS）数据估计得到的结果基本一致。

（2）区分体制内单位类型

中国家庭金融调查（CHFS）将体制内单位工作按照编制类型把样本分为：①没有编制；②行政编制（公务员）；③事业编制（参公管理）；④事业编制（其他）；⑤军队编制。由于军队编制下样本量较少，不足全部样本的1%，因此，本书将军队编制纳入行政编制进行分析。

本部分将城镇体制内单位工作按照单位类型划分为行政编制、事业编制和国有企业3种类型，分析体制内不同单位类型下劳动收入风险对城镇家庭风险金融资产投资的影响。由于中国家庭金融调查（CHFS）2017年数据无法区分城镇家庭体制内就业的具体类型和有无编制，本部分主要使用CHFS 2011年、2013年、2015年3次调查中均存在的城镇家庭样本进行分析。估计结果如表6-33、表6-34所示。

表 6-33　区分体制内单位类型：投资概率

变量	行政编制		事业编制		国有企业	
	股票市场	广义风险金融市场	股票市场	广义风险金融市场	股票市场	广义风险金融市场
劳动收入风险	-0.103*** (0.032)	-0.131*** (0.045)	-0.115** (0.046)	-0.143* (0.073)	-0.153*** (0.054)	-0.195** (0.077)
性别	-0.045* (0.023)	-0.057* (0.032)	-0.038* (0.022)	-0.045* (0.027)	-0.027 (0.017)	-0.032* (0.019)

续表

变量	行政编制		事业编制		国有企业	
	股票市场	广义风险金融市场	股票市场	广义风险金融市场	股票市场	广义风险金融市场
年龄	0.011* (0.006)	0.015* (0.009)	0.008* (0.006)	0.012* (0.007)	0.007* (0.004)	0.009 (0.007)
年龄平方	-0.001 (0.001)	-0.001 (0.000)	-0.000 (0.001)	-0.002 (0.002)	-0.000 (0.001)	-0.000 (0.000)
婚姻状况	0.017* (0.009)	0.022* (0.013)	0.020* (0.011)	0.025* (0.015)	0.032** (0.014)	0.040* (0.023)
中学教育	0.051** (0.020)	0.063*** (0.024)	0.042** (0.017)	0.055** (0.022)	0.034** (0.015)	0.043** (0.021)
大学教育	0.068*** (0.024)	0.083*** (0.032)	0.051*** (0.019)	0.063*** (0.026)	0.041*** (0.016)	0.050** (0.022)
家庭规模	0.011 (0.008)	0.016 (0.012)	0.018 (0.014)	0.023 (0.017)	0.009 (0.011)	0.013 (0.014)
少儿比例	-0.062** (0.028)	-0.069** (0.034)	-0.058*** (0.021)	-0.064** (0.027)	-0.042*** (0.015)	-0.049*** (0.019)
老年比例	-0.047** (0.021)	-0.053* (0.032)	-0.038** (0.018)	-0.044** (0.023)	-0.035** (0.017)	-0.041* (0.022)
成员住院	-0.032** (0.016)	-0.037* (0.019)	-0.019* (0.011)	-0.025* (0.014)	-0.025** (0.012)	-0.031** (0.015)
人均收入	0.125** (0.054)	0.156** (0.061)	0.101*** (0.038)	0.132*** (0.042)	0.076*** (0.024)	0.097*** (0.035)
自有产权住房	0.057*** (0.021)	0.064** (0.028)	0.048** (0.019)	0.056** (0.024)	0.059** (0.025)	0.075** (0.031)
省份特征	控制	控制	控制	控制	控制	控制
年份效应	控制	控制	控制	控制	控制	控制
样本量/个	441	441	528	528	636	636

注:*、**、***分别表示在10%、5%和1%的水平上显著,变量系数为标准化后的估计系数,括号内为区县层面的聚类标准误。

表 6-34　区分体制内单位类型：投资强度

变量	行政编制		事业编制		国有企业	
	股票市场	广义风险金融市场	股票市场	广义风险金融市场	股票市场	广义风险金融市场
劳动收入风险	-0.035*** (0.011)	-0.046*** (0.017)	-0.051*** (0.016)	-0.064** (0.028)	-0.075*** (0.027)	-0.091** (0.036)
性别	-0.518** (0.225)	-0.624** (0.310)	-0.406* (0.219)	-0.495* (0.284)	-0.297* (0.162)	-0.354 (0.236)
年龄	0.009** (0.004)	0.011* (0.009)	0.012 (0.008)	0.016 (0.009)	0.008 (0.005)	0.011 (0.008)
年龄平方	-0.000 (0.000)	-0.000 (0.001)	-0.000 (0.000)	-0.000 (0.000)	-0.001 (0.000)	-0.000 (0.000)
婚姻状况	0.145** (0.067)	0.181** (0.085)	0.157** (0.068)	0.201** (0.079)	0.112* (0.066)	0.153** (0.084)
中学教育	0.554** (0.238)	0.614** (0.298)	0.518** (0.254)	0.579* (0.304)	0.432* (0.221)	0.521* (0.286)
大学教育	0.714** (0.332)	0.803** (0.378)	0.664** (0.324)	0.738** (0.357)	0.598** (0.295)	0.657* (0.343)
家庭规模	0.007 (0.005)	0.011 (0.007)	0.012 (0.009)	0.017 (0.013)	0.006 (0.008)	0.010 (0.011)
少儿比例	-0.425** (0.195)	-0.476** (0.229)	-0.391** (0.183)	-0.432* (0.217)	-0.529** (0.257)	-0.580** (0.291)
老年比例	-0.276** (0.124)	-0.351** (0.163)	-0.324** (0.152)	-0.374** (0.189)	-0.412* (0.215)	-0.479* (0.254)
成员住院	-0.073** (0.029)	-0.080** (0.035)	-0.085*** (0.027)	-0.096*** (0.035)	-0.107** (0.047)	-0.134** (0.060)
人均收入	0.571*** (0.183)	0.615*** (0.214)	0.537*** (0.197)	0.594** (0.235)	0.427** (0.180)	0.495** (0.212)
自有产权住房	0.356** (0.157)	0.389** (0.194)	0.384** (0.163)	0.431** (0.182)	0.304*** (0.114)	0.351** (0.137)
省份特征	控制	控制	控制	控制	控制	控制
年份效应	控制	控制	控制	控制	控制	控制
样本量/个	588	588	704	704	848	848

注：*、**、***分别表示在10%、5%和1%的水平上显著，变量系数为标准化后的估计系数，括号内为区县层面的聚类标准误。

表 6-33 和表 6-34 分别汇报了将体制内单位工作分为行政编制、事业编制和国有企业 3 种类型后，劳动收入风险对城镇体制内单位工作家庭风险金融资产投资概率和投资强度的影响。结果表明，劳动收入风险对在国有企业单位工作的城镇家庭风险金融资产投资风险的替代效应最强，对事业编制家庭风险金融资产投资风险的替代效应影响次之，对行政编制家庭风险金融资产投资风险的影响最低。由于行政编制在工资性收入和住房公积金上优于事业编制，因而行政编制家庭的劳动收入风险对风险金融资产投资风险的替代效应最小。

（3）区分有无正式编制

公共部门内部用工的"双轨制"问题长期存在，即有编制的正式员工和无编制的临时工同时存在。相较于有编制的员工，无编制的员工收入较低且不稳定，劳动时间更长，难以享受有编制员工同等的住房公积金和退休工资（关璐，2015；钱先航 等，2015）。相较于有编制的体制内单位工作人员，无编制的工作人员收入较低，且被辞退的风险高。因此，体制内无编制员工的劳动收入风险高于体制内有编制的员工。

本节将体制内单位中在政府部门和事业单位工作的样本按照有无正式编制分为无正式编制和有正式编制两类，有正式编制包括行政编制（公务员）、事业编制（参公管理）和事业编制（其他）。分别估计有正式编制和无正式编制的城镇体制内单位工作家庭风险金融资产投资的影响。估计结果如表 6-35 所示。

表 6-35 编制效应与城镇体制内单位工作家庭风险金融资产投资

变量	投资概率（Logit）				投资强度（Tobit）			
	有正式编制		无正式编制		有正式编制		无正式编制	
	股票市场	广义风险金融市场	股票市场	广义风险金融市场	股票市场	广义风险金融市场	股票市场	广义风险金融市场
劳动收入风险	-0.127*** (0.045)	-0.164** (0.072)	-0.151** (0.063)	-0.196** (0.085)	-0.074** (0.031)	-0.082** (0.040)	-0.084** (0.037)	-0.095** (0.043)
性别	-0.042* (0.023)	-0.057* (0.032)	-0.030* (0.017)	-0.049* (0.026)	-0.417* (0.234)	-0.468* (0.251)	-0.424 (0.276)	-0.509* (0.287)

续表

	投资概率（Logit）				投资强度（Tobit）			
	有正式编制		无正式编制		有正式编制		无正式编制	
	股票市场	广义风险金融市场	股票市场	广义风险金融市场	股票市场	广义风险金融市场	股票市场	广义风险金融市场
年龄	0.012* (0.007)	0.015* (0.008)	0.007* (0.004)	0.010* (0.006)	0.016* (0.009)	0.021* (0.012)	0.011 (0.007)	0.016 (0.010)
年龄平方	−0.000 (0.001)	−0.000 (0.000)	−0.000 (0.001)	−0.000 (0.000)	−0.001 (0.001)	−0.001 (0.000)	−0.000 (0.001)	−0.001 (0.001)
婚姻状况	0.020* (0.011)	0.026* (0.015)	0.019* (0.011)	0.023** (0.011)	0.164* (0.087)	0.187** (0.095)	0.158** (0.076)	0.176** (0.083)
中学教育	0.043*** (0.015)	0.051** (0.024)	0.026*** (0.010)	0.032*** (0.012)	0.634*** (0.237)	0.751*** (0.268)	0.397*** (0.164)	0.433** (0.215)
大学教育	0.057*** (0.018)	0.065*** (0.021)	0.035*** (0.012)	0.041** (0.019)	0.741*** (0.284)	0.806*** (0.371)	0.521*** (0.186)	0.736** (0.301)
家庭规模	0.004 (0.004)	0.008 (0.010)	0.011 (0.008)	0.018 (0.013)	0.007 (0.006)	0.011 (0.008)	0.007 (0.009)	0.011 (0.013)
少儿比例	−0.083** (0.039)	−0.088* (0.045)	−0.076** (0.034)	−0.082** (0.039)	−0.374** (0.182)	−0.401** (0.204)	−0.361** (0.175)	−0.395** (0.198)
老年比例	−0.075** (0.034)	−0.081* (0.047)	−0.064** (0.031)	−0.072* (0.037)	−0.235** (0.112)	−0.324** (0.149)	−0.276* (0.157)	−0.312 (0.196)
成员住院	−0.051** (0.022)	−0.056** (0.028)	−0.042** (0.019)	−0.050** (0.024)	−0.316** (0.149)	−0.371** (0.167)	−0.257*** (0.094)	−0.299** (0.126)
人均收入	0.147** (0.064)	0.182** (0.072)	0.179** (0.071)	0.206** (0.089)	0.195** (0.084)	0.226** (0.101)	0.257** (0.104)	0.291** (0.121)
自有产权住房	0.056* (0.032)	0.063* (0.037)	0.044** (0.019)	0.050** (0.023)	0.179** (0.084)	0.203** (0.097)	0.196*** (0.067)	0.221*** (0.083)
省份特征	控制	控制	控制	控制	控制	控制	控制	控制
年份效应	控制	控制	控制	控制	控制	控制	控制	控制
样本量/个	645	645	645	645	324	324	324	324

注：*、**、***分别表示在10%、5%和1%的水平上显著，变量系数为标准化后的估计系数，括号内为区县层面的聚类标准误。

表6-35估计结果表明，劳动收入风险对城镇体制内有正式编制和无正式编制的家庭风险金融资产投资均存在显著的负向影响。但是，劳动收入风险

对有正式编制的城镇体制内单位工作家庭风险金融资产投资概率和投资强度的负向影响均明显低于无正式编制的城镇体制内单位工作家庭，也即劳动收入风险对有正式编制家庭风险金融资产投资的约束效应小于无正式编制家庭。这不仅是因为城镇体制内有正式编制的人员工资水平、住房公积金缴存水平和工作福利高于体制内无正式编制员工，而且被解雇的风险也明显低于无正式编制员工（曹芸静，2019）。因此，由于有正式编制员工的劳动收入风险低于无正式编制员工，因而更愿意参与股票等风险金融市场。

6.4 本章小结

本章在测度中国城镇家庭劳动收入风险的基础上，利用中国家庭追踪调查（CFPS）2010—2018年5次调查数据，验证劳动收入风险对城镇家庭风险金融资产投资的影响。进一步地，本书结合计划经济向市场经济转型过程中，中国城镇体制内单位工作和体制外单位工作家庭劳动收入风险较大差异的实际，将城镇家庭样本分为体制内单位工作和体制外单位工作两种类型，验证劳动收入风险对城镇家庭风险金融资产投资影响的异质性，进而从劳动收入风险的视角解释为什么城镇体制内单位工作家庭更偏好股票等风险金融资产。此外，本章也使用中国家庭金融调查（CHFS）2011—2017年4次调查中的城镇家庭样本数据进行稳健性检验，并进一步将城镇体制内单位工作的个体按照有无正式编制分为有正式编制和无正式编制两种类型，分析工作编制对城镇家庭风险金融资产投资的影响。

研究结果表明，劳动收入风险对城镇家庭风险金融资产投资概率和投资强度均产生显著的负向影响。即在其他条件不变的情况下，劳动收入风险与城镇家庭风险金融资产投资风险之间存在显著的替代效应。该结论在使用家庭人均工资收入波动替换核心解释变量和使用家庭所在区县的就业率、平均劳动收入风险等工具变量控制了模型估计的内生性后得到了稳健且一致的估计结果。进一步地，本书将劳动收入风险分解为暂时性劳动收入风险和永久性劳动收入风险，发现暂时性劳动收入风险对城镇家庭风险金融资产投资的负向影响大于永久性劳动收入风险，这与现有研究的结论恰恰相反。这主要是由于中国城镇居民保守的风险态度和以住房资产为主的家庭资产结构而导致流动性约束。此外，在不同的家庭决策模式下，无论是户主个体决策、夫妻双方共同决策，还是家庭成员共同决策，劳动收入风险均会对城镇家庭风险金融资产投资产生显著的负向影响。分地区估计结果表明，劳动收入风险对东部地区城镇家庭风险金融资产投资的约束效应最强，东北地区次之，中部地区稍弱，而对西部地区城镇家庭参与股票等风险金融市场的约束效应并不明显。

通过对比分析城镇体制内单位工作家庭和体制外单位工作家庭的风险金融市场参与情况，本书发现劳动收入风险对城镇体制内单位工作家庭参与风险金融市场的负向影响低于体制外单位工作家庭，即体制内单位工作的城镇家庭劳动收入风险低，因而更愿意参与股票等风险金融市场。为了控制"精英效应"对城镇体制内单位工作的家庭风险金融资产投资的影响，本书引入字词能力、数学能力、记忆力及三者均值作为个体认知能力的代理变量，并使用受教育年限替换受教育程度以控制城镇体制内单位工作个体的"精英效应"，研究结果表明，控制了体制内单位工作个体的"精英效应"后，劳动收入风险对城镇体制内单位工作家庭风险金融资产投资的负向影响虽有降低，但仍存在显著的负向影响。

进一步地，劳动收入风险对在政府部门工作、位于体制内管理者/领导者岗位和体制内双职工家庭风险金融资产投资的负向影响低于在事业单位和国有企业工作、体制内单职工普通员工的城镇家庭。即在政府部门和体制内领导者/管理者岗位工作的双职工城镇家庭劳动收入风险相对较低，因而更愿意参与股票等风险金融市场的投资。此外，从体制内-体制外单位工作转换的角度来看，当家庭成员进入体制内单位工作时，家庭整体劳动收入风险降低，进而增加了城镇家庭风险金融资产投资；反之，当家庭成员退出体制内单位的工作时，家庭整体劳动收入风险上升，进一步降低了城镇家庭风险金融资产投资。基于中国家庭金融调查（CHFS）数据，将体制内单位工作按照有无正式编制进行划分，发现体制内无正式编制的家庭劳动收入风险高于有正式编制的家庭，因而有正式编制的城镇家庭更愿意参与股票等风险金融市场，即城镇家庭风险金融资产投资存在显著的"编制效应"。

第 7 章

"铁饭碗"代际传递与城镇家庭风险金融资产投资

本章将城镇体制内单位工作家庭，按照户主的父母是否也在体制内单位工作分为两种类型，即户主的父母在体制内单位工作和户主的父母不在体制内单位工作，进一步分析城镇家庭体制内单位工作的职业代际传递，或者说"铁饭碗"的代际传递是否会对城镇家庭风险金融资产投资产生影响及如何产生影响。

为此，本章将从职业代际流动带来劳动收入风险的代际传递的视角分析劳动收入风险对城镇家庭风险金融资产投资的影响。首先，本书将验证城镇体制内单位工作家庭是否存在显著的职业代际传递现象，并分析"铁饭碗"代际传递对城镇家庭劳动收入风险的影响。在此基础上，运用中介效应模型验证户主父母的职业选择如何通过影响户主的职业选择和劳动收入风险进而影响城镇家庭风险金融资产投资。

学者们从社会公平的角度分析了职业代际流动现象，并发现教育是职业代际流动中最重要的机制。Benjamin（1958）通过英国调查数据，发现50%以上的户主职业和户主父母所从事的职业类似。Blalock 等（1968）发现美国子承父业现象明显，且职业代际流动呈现向上流动的趋势。郭丛斌等（2005）使用职业的代际流动性、继承性指数，以及流入、流出指数和流动距离指数等研究方法验证了中国存在明显的职业代际流动趋势。褚翠翠等（2019）运用中国社会综合调查（CGSS）数据发现中国职业代际流动随时间呈现"U"形变化，20世纪70年代职业代际流动性最强，80年代有所降低，90年代以来职业代际流动性又开始逐步增强，而且教育投资是职业代际流动中最重要的机制。

在中国的职业代际流动过程中，体制内单位工作家庭的职业代际传递现象更加明显。在计划经济时期，在政府部门、事业单位和国有企业工作的家庭在住房、养老、医疗等工作福利优于体制外单位工作家庭，且失业风险低。因此，在体制内单位工作的父母期望自己的子女工作时可以继续在体制内单位工作。加之计划经济时期的"替老换幼"政策，子女可以在父母未达到退休年龄时顶替父母的工作岗位进行工作，因此，计划经济时期体制内单位工作存在显著的代际传递现象。改革开放以后，"替老换幼"政策被逐步取消，加之国有企业改革过程中下岗失业问题突出，体制内就业的代际传递现象有所减弱（刘志国 等，2016b）。由于体制内单位工作的工资由财政全部或部分承担，或垄断经营国有资产，相对于体制外单位的工作，其工资收入更加稳定且更有保障，工资收入虽相对低于体制外单位工作，但"旱涝保收"式的稳定工资收入仍成为多数年轻毕业生初次就业的首选。"公务员热"等体制内单位工作招聘考试高招录比现象也印证了这一点。父母在体制内单位工作的，拥有比体制外单位工作更多的政治资本，促进了子女的人力资本积累，而政治资本又可以帮助子女将所拥有的人力资本优势转化为职场优势，更容易进入体制内单位工作（谭远发，2015）。陈怡安（2016）也指出，父母在体制内单位工作的，对子女的职业选择有着显著的影响。父母的政治资本和职位对子女生存型创业有着显著的负向影响。因而其子女毕业后进入体制内单位工作的概率高于父母在体制外单位工作的情形，体制内单位工作仍存在明显的职业代际传递现象（韩雷 等，2016；刘彦林 等，2018）。

现有研究从社会公平的视角分析了职业代际流动现象及其作用机制，却未考虑体制内单位工作家庭职业代际流动过程中的劳动收入风险的代际传递，以及劳动收入风险的代际传递对城镇家庭风险金融资产投资的影响。

本章的贡献在于：①利用中国家庭追踪调查（CFPS）数据验证了城镇体制内单位工作家庭存在明显的职业代际传递现象，职业代际传递也带来了劳动收入风险的代际传递；②验证了体制内单位工作劳动收入风险的代际传递强化了劳动收入风险对城镇体制内单位工作家庭风险金融资产投资风险的替代效应。

7.1 数据、变量与模型

7.1.1 数据来源与样本选取

选取中国家庭追踪调查（CFPS）2010—2018 年 5 次调查数据中的城镇家庭样本进行分析。选取"最熟悉家庭财务的人"作为家庭户主，其中，2010 年和 2012 年调查样本中直接报告了户主父母的职业类型，2014 年调查报告了户主父母的样本编码，可以通过匹配得到户主父母的职业信息，而 2016 年和 2018 年并未报告户主父母的职业信息和样本编码，无法获取户主父母的职业信息。因此，本章选用 CFPS 2010 年、2012 年和 2014 年 3 次调查数据进行分析，保留 3 次调查均存在的城镇家庭样本，并将样本按照就业单位性质划分为体制内单位工作和体制外单位工作两种类型。其中，当城镇家庭至少有一名家庭成员在体制内单位工作时，记为体制内单位工作家庭。进一步地，本书将体制内单位工作家庭按照户主的父母是否也在体制内单位工作分为两种类型，即户主父母在体制内单位工作和户主父母不在体制内单位工作。最终得到 4764 个城镇家庭样本。

7.1.2 变量说明及描述性统计

（1）被解释变量

选取城镇家庭风险金融资产投资 $RISKY_{it}$ 作为被解释变量，$RISKY_{it}$ 表示第 t 年家庭 i 的风险金融市场参与情况，包括股票投资和参与广义风险金融资产投资两种情形，投资时记为 1，未投资时记为 0。此外，本书也进一步研究了劳动收入风险的代际传递对城镇家庭风险金融市场投资强度的影响，即风险金融资产占家庭总金融资产的比重，包括股票资产占家庭总金融资产比重及广义风险金融资产占家庭总金融资产的比重。

（2）核心解释变量

核心解释变量包括户主父母的职业选择和户主的职业选择。由于户主父母的个体信息并不完全包含在中国家庭追踪调查（CFPS）个人样本数据库中，且劳动收入风险测度结果表明，体制内单位工作的劳动收入风险低于体制外单位工作，因此，本书用户主父母是否在体制内单位工作作为户主父母劳动收入风险的代理变量。当户主的父亲或母亲至少有一方是在体制内单位工作时，记为1，否则记为0。户主的劳动收入风险用两个变量来衡量：第一，户主的工作单位类型，户主在体制内单位工作记为1，在体制外单位工作记为0。第二，使用第5章基于Angerer等（2009）的劳动收入风险测度方法得到的个体劳动收入风险。本书将体制内单位分为政府部门、事业单位和国有企业3种类型。

（3）控制变量

控制变量的选取与前文基本一致，即参照周广肃等（2018）的方法，选取户主个体特征、家庭特征和省份特征。其中，户主个体特征包括户主的年龄、性别、教育程度、婚姻状况等，家庭特征包括家庭人均收入、家庭成员是否住院、少儿比例、老年比例和是否拥有自有产权住房等，省份特征包括家庭所在省区的人均GDP、非农人口比重等。

表7-1结果表明，城镇家庭中，19.7%的户主父母一方在体制内单位工作，10.4%的家庭户主父母双方均在体制内单位工作，23%的户主在体制内单位工作。户主父母一方在体制内单位工作与户主在体制内单位工作的相关系数达到0.68，户主父母双方在体制内单位工作与户主在体制内单位工作的相关系数达到0.76，二者均通过了5%的显著性水平检验。这表明，户主父母在体制内单位工作与户主在体制内单位工作之间存在着明显的正向相关关系，且户主父母双方在体制内单位工作比户主父母一方在体制内单位工作的相关性更高。

表 7-1 变量说明及描述性统计

变量	均值	标准差
被解释变量		
户主在体制内单位工作	0.230	0.185
户主在政府部门工作	0.046	0.072
户主在事业单位工作	0.084	0.051
户主在国有企业工作	0.100	0.174
核心解释变量		
户主父母一方在体制内单位工作	0.197	0.097
户主父母双方在体制内单位工作	0.104	0.145
户主父母在政府部门工作	0.063	0.056
户主父母在事业单位工作	0.069	0.078
户主父母在国有企业工作	0.092	0.167
控制变量		
户主性别（男性=1）	0.684	0.325
户主年龄	29.462	11.324
户主婚姻状况（已婚=1）	0.712	0.436
户主教育程度（1~4）	2.374	3.582
户主政治面貌（党员=1）	0.384	0.317

7.1.3 模型设定

本书首先验证户主父母职业选择是否会对户主职业选择产生影响。被解释变量为户主职业类型，核心解释变量为户主父母职业类型，分为体制内单位工作和体制外单位工作。参照韩雷等（2016）的方法，选取户主的性别、年龄、教育程度、婚姻状况和政治面貌作为控制变量，以控制个体因素对其职业选择的影响，进而选用面板 Logit 模型估计户主父母职业选择对户主职业选择的影响。

$$OCCU_{it}^* = \beta_0 + \beta_1 OCCU1_{it} + \beta_i X_{it} + year_t + \varepsilon_{it}, \quad (7-1)$$

$$\text{Logit}(RISKY_{it} = 1) = \text{Logit}(RISKY_{it} > 0)$$
$$= \Phi(\alpha_0 + \alpha_1 OCCU2_{it} + \alpha_2 X_{it} + province_i + year_t),$$
$$(7-2)$$

其中，$OCCU1_{it}$和$OCCU2_{it}$分别以虚拟变量的形式表示户主父母职业和户主职业。在体制内单位工作时记为1，在体制外单位工作时记为0。X_{it}表示控制变量，包括户主的性别、年龄、教育程度、婚姻状况和政治面貌，ε_{it}为随机扰动项。

在验证体制内单位工作是否存在职业代际传递效应的基础上，本书使用中介效应模型分析户主父母职业选择如何通过影响户主职业选择和劳动收入风险进而影响城镇家庭风险金融资产投资。中介效应模型的运用起源于心理学研究，主要用来检验解释变量通过中介变量间接作用于被解释变量的程度（温忠麟 等，2014）。目前，中介效应检验开始运用于经济学等社会科学领域，用以检验解释变量与被解释变量之间因果关系的存在机制。

基于中介效应检验基本流程，本书参照温忠麟和叶宝娟（2014）的方法构建以下3个计量模型：

$$RISKY_{it} = \alpha_0 + \alpha_1 LIR2_{it} + \alpha_i X_{it} + year_t + \varepsilon 1_{it}, \quad (7-3)$$
$$LIR2_{it} = \gamma_0 + \gamma_1 LIR1_{it} + \gamma_i X_{it} + year_t + \varepsilon 2_{it}, \quad (7-4)$$
$$RISKY_{it} = \delta_0 + \delta_1 LIR1_{it} + \delta_2 LIR2_{it} + \delta_i X_{it} + year_t + \varepsilon 3_{it}, \quad (7-5)$$

其中，$RISKY_{it}$表示城镇家庭风险金融资产投资情况，分为家庭是否参与股票市场和广义风险金融市场，同时为了检验估计结果的稳健性，本书也选取城镇家庭风险金融资产投资强度（股票和广义风险金融资产占家庭总金融资产的比重）进行稳健性检验。$OCCU1_{it}$表示户主父母的职业选择，在体制内单位工作记为1，体制外单位工作记为0；$OCCU2_{it}$为中介变量，表示户主的职业选择，在体制内单位工作记为1，否则记为0。户主父母职业选择$LIR1_{it}$为解释变量，城镇家庭风险金融资产投资$RISKY_{it}$为被解释变量，户主的劳动收入风险（$LIR2_{it}$）表示中介变量，系数α_1表示户主父母劳动收入风险$LIR1_{it}$对城镇家庭风险金融资产投资的总效应。户主的劳动收入风险，选取基于Angerer

等（2009）的劳动收入风险测度方法所测度的劳动收入风险作为代理变量。X_{it}表示控制变量，包括户主个体特征、家庭特征和省份特征。户主个体特征是指作为户主的性别、年龄、婚姻状况、教育程度，家庭特征包括家庭成员是否住院、人均收入、家庭规模、拥有自有产权住房、少儿比例和老年比例；区域层面控制变量包括家庭所在省区人均GDP和非农人口比重，用以表征省份间投资环境和市场化水平的差异水平，$year_t$表示年份虚拟变量，用以控制随时间变化城镇家庭风险金融资产投资的时间趋势，$\varepsilon1_{it}$、$\varepsilon2_{it}$和$\varepsilon3_{it}$为随机扰动项。

在中介效应检验过程中，参照温忠麟等（2014）的方法，将中介效应细分为完全中介效应和部分中介效应，并利用Sobel检验，考虑了第一类错误（弃真错误）和第二类错误（存伪错误）对结果判断的影响。具体来说，第一步，检验模型（7-3），若系数α_1显著，进行第二步，若系数α_1不显著，则表示不存在中介效应，停止中介效应检验。第二步，依次检验模型（7-4）和模型（7-5）的系数γ_1和δ_2。若系数全部显著，则存在中介效应，进行第三步检验；若系数至少一个不显著，则进行第四步检验。第三步，检验模型（7-5）中系数δ_1是否显著，若δ_1不显著，则存在完全中介效应，即户主父母职业选择对城镇家庭风险金融资产投资的影响必然通过户主的职业选择和劳动收入风险来实现；若δ_1显著，则存在部分中介效应，即户主父母职业选择对城镇家庭风险金融资产投资的影响部分通过户主职业选择和劳动收入风险来实现。第四步，Sobel检验。该检验基于Z统计量进行，$Z = \sqrt{\gamma_1^2 S_\gamma^2 + \delta_2^2 S_\delta^2}$，$S_\gamma$和$S_\delta$分别为系数$\gamma_1$和$\delta_2$的标准差，若$Z$通过检验，则存在中介效应，反之，不存在。中介效应检验流程如图7-1所示。

变量平稳性检验是使用面板数据模型进行分析的前提和基础。本书使用面板数据单位根检验对变量的平稳性进行检验，参照现有研究通常做法，分别使用同质面板单位根的LLC检验和异质面板单位根的IPS检验面板数据平稳性问题。检验结果表明，面板模型所选取的所有变量均不存在单位根，因而更不存在协整问题。所以，面板数据是平稳的，可以直接进行估计。此外，新引入的核心解释变量——户主父母是否在体制内单位工作，由于户主父母

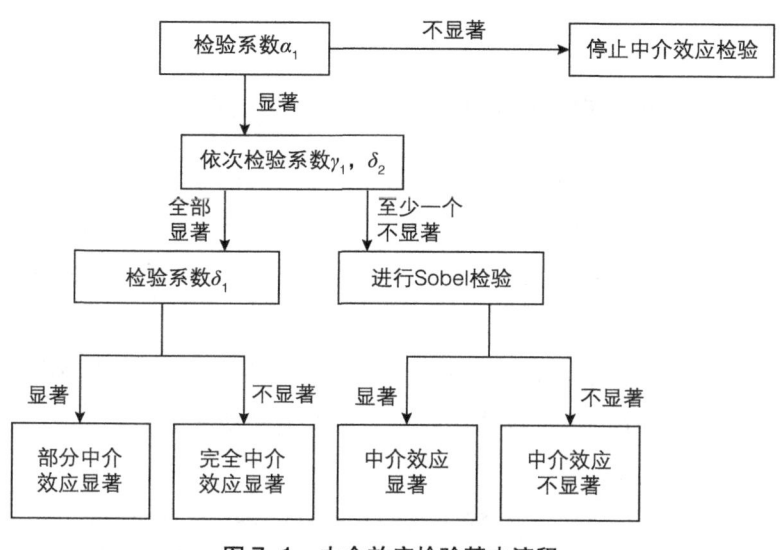

图 7-1 中介效应检验基本流程

的工作相对固定,不存在随时间变化的趋势。综上所述,模型所选取的变量是平稳的,可以直接使用面板模型进行估计。

本书使用 Hausman 检验判断使用固定效应面板数据模型还是随机效应面板数据模型进行估计。具体来说,使用 Hausman 检验分别对模型(7-3)至模型(7-5)进行检验,检验结果表明,模型(7-3)至模型(7-5) Hausman 检验卡方值分别是 125.36、147.58 和 159.22,伴随概率均为 0.0000。这表明,模型个体效应并不显著,需要使用固定效应面板数据模型进行估计。

7.2 实证结果分析

本节使用面板 Logit 模型估计了户主父母在体制内单位工作对户主职业选择的影响,进而将体制内单位细分为政府部门、事业单位和国有企业,分别分析户主父母在体制内单位工作对户主是否进入体制内单位工作的影响及影响的异质性。在验证城镇家庭体制内单位工作的代际传递效应基础上,利用中介效应模型分析户主父母职业选择是否会通过影响户主职业选择和劳动收入风险进而影响城镇家庭风险金融资产选择。

7.2.1 户主父母体制内单位工作对户主职业选择的影响

基于模型（7-2），本节选取户主是否在体制内单位工作作为被解释变量，选取户主父母是否在体制内单位工作作为核心解释变量，同时选取户主的性别、年龄、教育程度、政治面貌（中共党员=1）和婚姻状况作为控制变量，采用面板 Logit 模型估计户主父母在体制内单位工作对户主职业选择的影响。在此基础上，利用面板 Logit 模型分年度进行估计，分析体制内单位工作代际传递的年度变化趋势。具体估计结果如表 7-2 所示。

表7-2 户主父母体制内单位工作对户主职业选择的影响

变量	户主体制内单位工作（是=1）				
	面板 Logit 模型		2010 年	2012 年	2014 年
户主父母在体制内单位工作（是=1）	0.594*** (0.127)	0.532*** (0.091)	0.514*** (0.082)	0.545*** (0.093)	0.573*** (0.079)
户主性别		0.014 (0.081)	0.010 (0.061)	0.009 (0.073)	0.015 (0.094)
户主年龄		0.043 (0.032)	0.042 (0.029)	0.035 (0.024)	0.051 (0.035)
户主教育程度		1.457*** (0.524)	1.432*** (0.422)	1.258*** (0.436)	1.785*** (0.493)
户主婚姻状况		0.024 (0.028)	0.022 (0.020)	0.015 (0.019)	0.032 (0.022)
户主政治面貌		0.475*** (0.207)	0.458*** (0.173)	0.435*** (0.214)	0.506*** (0.223)
常数项		-3.004*** (0.539)	-2.735*** (0.458)	-3.187*** (0.573)	-2.562*** (0.496)
样本量/个	4764	4764	1588	1588	1588

注：*** 分别表示在 1% 的水平上显著，变量系数为标准化后的估计系数，括号内为区县层面的聚类标准误。

表 7-2 结果表明，在控制了户主的性别、年龄、婚姻状况、政治面貌和教育程度后，户主父母在体制内单位工作对户主在体制内单位工作有着显著的正向影响，即户主父母在体制内单位工作的家庭，户主在体制内单位工作的可能性更大。户主父母在体制内单位工作的，户主进入体制内单位工作的概率是户主父母不在体制内单位工作的 1.702 倍（$e^{0.532}$）。分年度估计结果表明，2010—2014 年，户主父母在体制内单位工作时，户主也在体制内单位工作是户主父母不在体制内单位工作的 1.672 倍（$e^{0.514}$）、1.725 倍（$e^{0.545}$）和 1.774 倍（$e^{0.573}$），体制内单位工作的职业代际传递效应呈现逐年增强的趋势。

此外，户主的受教育程度越高，其进入体制内单位工作的概率也就越高，这主要是因为随着教育程度的提高，不仅意味着自身能力的提升，也意味着体制内单位的录取门槛相对降低，更容易进入体制内单位工作。党员比非党员进入体制内单位工作的概率更高，这不仅因为在公务员和事业编招录过程中，很多岗位要求报考者必须是党员，也因为党员身份也是高能力和高素质的重要标志。而户主的性别、婚姻状况和年龄对其进入体制内单位工作无显著影响。

进一步地，本书也将体制内单位细分为政府部门、事业单位和国有企业 3 种类型。使用面板 Logit 模型分别估计体制内不同单位类型间的户主父母和户主之间的职业代际传递效应。表 7-3 报告了户主父母在体制内单位工作的单位类型对户主职业选择的代际传递影响。核心解释变量分解为户主父母是否在政府部门、事业单位和国有企业工作。

表 7-3　户主父母体制内单位类型对户主职业选择的影响

变量	户主职业选择（体制内单位工作=1）		
	（1）	（2）	（3）
户主父母在政府部门	0.337*** (0.075)		
户主父母在事业单位		0.595*** (0.084)	

续表

变量	户主职业选择（体制内单位工作=1）		
	（1）	（2）	（3）
户主父母在国有企业			0.784*** (0.103)
户主性别	0.014 (0.021)	0.022 (0.025)	0.018 (0.017)
户主年龄	0.045 (0.033)	0.051 (0.046)	0.069 (0.053)
户主教育程度	1.324*** (0.417)	1.533*** (0.521)	1.474*** (0.462)
户主婚姻状况	0.021 (0.017)	0.026 (0.024)	0.018 (0.016)
户主政治面貌	0.517*** (0.174)	0.624*** (0.225)	0.675** (0.289)
省份特征	控制	控制	控制
时间效应	控制	控制	控制
样本量/个	951	1688	2145

注：**、*** 分别表示在5%和1%的水平上显著，变量系数为标准化后的估计系数，括号内为区县层面的聚类标准误。

表7-3结果表明，户主父母在体制内单位工作的，无论是政府部门、事业单位还是国有企业，户主进入体制内单位工作的概率均高于户主父母在体制外单位工作的家庭。户主父母在国有企业工作的，户主进入体制内单位工作的概率高于父母在政府部门和事业单位工作的。这主要是因为近年来越来越严格和透明的公务员和事业单位等编制招录考试，使得政府部门和事业单位的招聘流程相对严格，职业代际传递效应低于在国有企业工作的情形。

本节区分户主的父母双方是否均在体制内单位工作对户主是否进入体制内单位工作的影响。具体来说，将核心解释变量分解为户主父亲在体制内单位工作、户主母亲在体制内单位工作和户主父母双方均在体制内单位工作3种情形。具体估计结果如表7-4所示。

表7-4 户主父母双方是否均在体制内单位工作对户主职业选择的影响

变量	户主职业选择（体制内单位工作=1）			
	（1）	（2）	（3）	（4）
户主父母一方在体制内单位	0.452** (0.181)			
户主父亲在体制内		0.512** (0.204)		
户主母亲在体制内			0.429** (0.172)	
户主父母均在体制内单位				0.637*** (0.225)
户主性别	0.025 (0.018)	0.019 (0.021)	0.021 (0.025)	0.032 (0.028)
户主年龄	0.085 (0.075)	0.076 (0.095)	0.082 (0.103)	0.091 (0.084)
户主教育程度	1.217*** (0.359)	1.331*** (0.412)	1.521*** (0.539)	1.832*** (0.641)
户主婚姻状况	0.027 (0.019)	0.035 (0.023)	0.023 (0.017)	0.031 (0.035)
户主政治面貌	0.532*** (0.156)	0.579*** (0.183)	0.604** (0.218)	0.775** (0.231)
省份特征	控制	控制	控制	控制
时间效应	控制	控制	控制	控制
样本量/个	1011	672	339	225

注：**、***分别表示在5%和1%的水平上显著，变量系数为标准化后的估计系数，括号内为区县层面的聚类标准误。

表7-4结果表明，户主父母双方均在体制内单位工作的，户主进入体制内单位工作的概率高于户主父母一方在体制内单位工作的情况。此外，户主父亲在体制内单位工作的，户主进入体制内单位工作的概率高于户主母亲在体制内单位工作的。即户主父母是体制内双职工的，比体制内单职工家庭的户主进入体制内单位工作的概率更高，户主父亲的职业选择对户主进入体制内单位工作的职业选择影响高于户主母亲的影响。

进一步地，本书将验证户主父母在体制内单位工作对户主劳动收入风险的影响。选取户主的劳动收入风险作为被解释变量，户主父母是否在体制内单位工作作为核心解释变量，选取户主的性别、年龄、婚姻状况、健康状况和教育程度作为控制变量，同时，控制了省份特征和年份效应。具体估计结果如表7-5所示。其中，（1）、（3）列为未引入控制变量的情形，（1）、（2）列的被解释变量为基于Angerer等（2009）的劳动收入风险测度方法测量的个体劳动收入风险，（3）、（4）列的被解释变量为个体劳动收入的波动（方差）。

表7-5 户主父母在体制内单位工作对户主劳动收入风险的影响

变量	户主劳动收入风险			
	Angerer等（2009）		个体工资性收入波动	
	（1）	（2）	（3）	（4）
户主父母体制内单位工作	-0.217*** (0.057)	-0.195*** (0.063)	-0.306*** (0.106)	-0.277** (0.124)
户主性别		-0.264** (0.113)		-0.309** (0.136)
户主年龄		0.004 (0.003)		0.007 (0.005)
户主年龄平方		-0.000 (0.000)		-0.000 (0.000)
户主教育程度		0.679*** (0.204)		0.834*** (0.315)
户主婚姻状况		0.094 (0.068)		0.085 (0.056)
户主健康状况		0.121*** (0.032)		0.146*** (0.045)
省份特征	未控制	控制	未控制	控制
年份效应	未控制	控制	未控制	控制
Pseudo-R^2	0.217	0.329	0.196	0.304
样本量/个	4764	4764	4764	4764

注：**、***分别表示在10%、5%和1%的水平上显著，变量系数为标准化后的估计系数，括号内为区县层面的聚类标准误。

表 7-5 结果表明,无论选用基于 Angerer 等(2009)的劳动收入风险测度方法测量的个体劳动收入风险还是以户主个体劳动收入的波动表示的劳动收入风险,户主父母在体制内单位工作会显著降低户主的劳动收入风险。在户主劳动收入风险的影响因素中,随着年龄的增长,劳动收入风险呈现先降低后增加的"U"形变化;受教育程度越高、身体越健康,户主的劳动收入风险越低;女性户主的劳动收入风险低于男性;婚姻状况对其劳动收入风险有着正向影响,即已婚的个体劳动收入风险更高,但该效应并不显著。

上述结果表明,体制内单位工作存在显著的职业代际传递效应,即近年来"铁饭碗"的代代相传现象仍然十分明显,且该效应呈现逐年增强的趋势。此外,教育程度是职业代际流动的重要机制。细分体制内单位类型后发现,当户主父母在国有企业工作时,户主进入体制内单位工作的概率均高于体制外单位工作的城镇家庭,户主父母是体制内双职工,户主进入体制内单位工作的概率也更高。"铁饭碗"的代际传递也通过影响户主的职业选择进而降低户主的劳动收入风险。

7.2.2 户主父母职业、户主劳动收入风险与家庭风险金融资产投资

7.2.1 节研究表明,中国城镇家庭体制内单位工作存在明显的职业代际传递效应,即"铁饭碗"的代代相传现象十分明显,且该现象近年来呈现逐步增强的趋势,这对劳动收入风险的代际传递也产生了重要影响。基于上述分析,本节将在上一节验证城镇家庭体制内单位工作存在显著的代际传递效应的基础上,运用中介效应模型,进一步分析户主父母职业选择如何通过影响户主劳动收入风险进而影响城镇家庭的风险金融资产投资。

中介效应检验程序如下:

第一步,验证中介效应的存在性。即检验模型(7-3)中户主父母劳动收入风险($LIR1_{it}$)的系数 α_1 是否显著。本节选取户主父母是否在体制内单位工作作为劳动收入风险的代理变量,户主父母在体制内工作记为 1,表明劳动收入风险低,户主父母在体制外单位工作记为 0,表明劳动收入风险高。表 7-6 中(1)、(2)列表示户主父母在体制内单位工作对城镇家庭风险金融

资产投资概率的影响,(3)、(4)列表示户主父母在体制内单位工作对城镇家庭风险金融资产投资强度的影响。

表 7-6 户主父母在体制内单位工作对城镇家庭风险金融资产投资的影响

变量	投资概率(Logit)		投资强度(Tobit)	
	股票市场	广义风险金融市场	股票市场	广义风险金融市场
	(1)	(2)	(3)	(4)
户主父母在体制内单位工作	0.157* (0.087)	0.196* (0.105)	0.074* (0.041)	0.093* (0.052)
户主性别	-0.016** (0.007)	-0.021** (0.011)	-0.226** (0.162)	-0.318** (0.170)
户主年龄	0.001 (0.001)	0.002** (0.001)	0.011 (0.008)	0.018 (0.016)
年龄平方	-0.000 (0.000)	-0.000 (0.000)	-0.000 (0.000)	-0.000 (0.000)
户主婚姻状况	0.021*** (0.007)	0.014** (0.006)	0.135** (0.061)	0.226* (0.126)
户主教育程度	0.024*** (0.003)	0.035*** (0.010)	1.325*** (0.387)	1.406*** (0.425)
户主经管教育背景	0.039** (0.019)	0.043** (0.022)	0.371** (0.187)	0.409** (0.184)
家庭规模	0.003 (0.006)	0.009 (0.007)	0.017 (0.016)	0.021 (0.032)
少儿比例	-0.042* (0.025)	-0.057* (0.021)	-0.394* (0.206)	-0.541** (0.261)
老年比例	-0.037** (0.015)	-0.046* (0.026)	-0.327** (0.132)	-0.415** (0.185)
成员住院	-0.010** (0.005)	-0.018* (0.010)	-0.036* (0.022)	-0.054* (0.031)
人均收入	0.145*** (0.053)	0.162*** (0.062)	0.319*** (0.058)	0.422*** (0.114)
自有产权住房	0.021** (0.012)	0.026** (0.011)	0.187* (0.098)	0.311** (0.151)

续表

变量	投资概率（Logit）		投资强度（Tobit）	
	股票市场	广义风险金融市场	股票市场	广义风险金融市场
	（1）	（2）	（3）	（4）
省份特征	控制	控制	控制	控制
年份效应	控制	控制	控制	控制
样本量/个	4764	4764	4764	4764

注：*、**、***分别表示在10%、5%和1%的水平上显著，变量系数为标准化后的估计系数，括号内为区县层面的聚类标准误。

表7-6结果表明，在城镇家庭中，户主父母在体制内单位工作会显著提升城镇家庭股票和广义风险金融资产的投资概率和投资强度，且均通过了10%的显著性水平检验。这表明存在显著的中介效应。

控制变量估计结果与前文分析结果基本一致，城镇家庭风险金融资产投资随年龄增加呈现倒"U"形变化，但结果并不显著；女性户主、已婚家庭、受教育程度高、拥有经管教育背景、拥有自有产权住房、家庭成员健康状况良好、高收入、低赡养和抚养负担的城镇家庭风险金融资产投资越多。

第二步，依次检验模型（7-4）中户主父母劳动收入风险（$LIR1_{it}$）的系数γ_1和模型（7-5）中户主劳动收入风险（$LIR2_{it}$）的系数δ_2是否显著。上一节已经验证，模型（7-6）中户主父母劳动收入风险（$LIR1_{it}$）的系数γ_1显著。即户主父母在体制内单位工作的，会显著增加户主进入体制内单位工作的概率，也会显著降低户主的劳动收入风险。

表7-7选取户主父母是否在体制内单位工作作为户主父母劳动收入风险的代理变量，第5章已经证实，体制内单位工作劳动收入风险低于体制外单位工作，因此，当户主父母在体制内单位工作时，记为1，表明劳动收入风险低；户主父母在体制外单位工作时，记为0，表明劳动收入风险高。

表7-7 户主父母和户主劳动收入风险对城镇家庭风险金融资产投资的影响

变量	投资概率（Logit）		投资强度（Tobit）	
	股票市场	广义风险金融市场	股票市场	广义风险金融市场
	（1）	（2）	（3）	（4）
户主父母在体制内单位工作	0.189**	0.235*	0.073*	0.092*
	（0.095）	（0.121）	（0.041）	（0.047）
户主劳动收入风险	-0.132***	-0.157***	-0.059***	-0.084***
	（0.035）	（0.059）	（0.021）	（0.032）
户主性别	-0.016**	-0.021**	-0.226**	-0.318**
	（0.007）	（0.011）	（0.162）	（0.170）
户主年龄	0.004	0.007	0.012*	0.017
	（0.003）	（0.005）	（0.007）	（0.011）
年龄平方	-0.000	-0.000	-0.000	-0.000
	（0.000）	（0.000）	（0.000）	（0.000）
户主婚姻状况	0.017*	0.026**	0.172**	0.213**
	（0.009）	（0.012）	（0.081）	（0.096）
户主教育程度	0.071***	0.089***	0.183**	0.241**
	（0.025）	（0.031）	（0.073）	（0.097）
户主经管教育背景	0.047**	0.052*	0.242*	0.286*
	（0.022）	（0.027）	（0.129）	（0.153）
家庭规模	0.011	0.016	0.023	0.034
	（0.013）	（0.019）	（0.015）	（0.021）
少儿比例	-0.063*	-0.071*	-0.279**	-0.325*
	（0.036）	（0.042）	（0.132）	（0.167）
老年比例	-0.052**	-0.059**	-0.163***	-0.197**
	（0.021）	（0.027）	（0.059）	（0.084）
成员住院	-0.057***	-0.071**	-0.364***	-0.412***
	（0.021）	（0.029）	（0.128）	（0.153）
人均收入	0.163***	0.204***	0.295***	0.364***
	（0.043）	（0.064）	（0.107）	（0.131）
自有产权住房	0.051*	0.059*	0.175**	0.191**
	（0.028）	（0.032）	（0.074）	（0.083）
省份特征	控制	控制	控制	控制
年份效应	控制	控制	控制	控制
样本量/个	4764	4764	4764	4764

注：*、**、***分别表示在10%、5%和1%的水平上显著，变量系数为标准化后的估计系数，括号内为区县层面的聚类标准误。

表7-7结果表明，在劳动收入风险与城镇家庭风险金融资产投资影响模型中引入了户主父母的劳动收入风险后，户主的劳动收入风险仍对城镇家庭风险金融资产投资有着显著的负向影响，即系数δ_2显著。

按照中介效应检验流程，当系数γ_1和δ_2均显著时，进一步验证模型（7-5）中户主劳动收入风险（$LIR2_{it}$）系数δ_1是否显著。若δ_1显著，则存在部分中介效应；若δ_1不显著，则存在完全中介效应。

表7-6结果表明，模型中引入了户主父母是否在体制内单位工作后，户主父母在体制内单位工作对城镇家庭风险金融资产投资有着显著的正向影响，即系数δ_1显著。所以，模型的部分中介效应显著。

进一步地，本节替换中介效应模型中的中介变量，将基于Angerer等（2009）的劳动收入风险测度方法测量的劳动收入风险替换为户主劳动收入的波动后，仍存在显著的部分中介效应。中介效应检验的结果是稳健且一致的，即户主父母在体制内单位工作可以通过部分影响户主的职业选择和劳动收入风险，进而影响城镇家庭风险金融资产投资。

因此，本书可以得出结论，在城镇体制内单位工作的家庭中，劳动收入风险的代际传递会显著影响城镇家庭的风险金融资产投资。具体来说，户主父母在体制内单位工作，则户主在体制内单位工作的概率更高，这进一步降低了城镇家庭整体劳动收入风险，进而提升城镇家庭风险金融资产投资概率和投资强度。也即，"铁饭碗"的代代相传，通过影响户主的职业选择和劳动收入风险，强化了劳动收入风险对城镇家庭风险金融资产投资的影响。

7.3 本章小结

本章进一步区分了户主父母是否在体制内单位工作对户主职业选择和劳动收入风险的影响，进而考察了其对城镇家庭风险金融资产投资的影响。考虑到城镇家庭"铁饭碗"代代相传带来的劳动收入风险代际传递现象，本章首先验证了城镇体制内单位工作的家庭职业代际传递现象及所带来的劳动收入风险的代际传递。在此基础上，运用中介效应模型检验在城镇体制内单位工作的家庭，户主父母的职业类型如何通过影响户主职业选择和劳动收入风险进而影响城镇家庭的风险金融资产投资。

研究结果表明，近年来，城镇家庭"铁饭碗"代际传递现象仍然十分明显，且该效应近年来呈现逐年增强的趋势。即户主父母在体制内单位工作，特别是在国有企业工作，则户主进入体制内单位工作的概率更高。在职业代际传递效应中，教育起到了至关重要的作用。户主父母在体制内单位工作，特别是父母双方均在体制内单位工作，不仅会增加户主进入体制内单位工作的概率，也会显著降低户主的劳动收入风险。

"铁饭碗"的代际传递也进一步强化了劳动收入风险对城镇家庭风险金融资产投资的负向影响。户主父母在体制内单位工作，则户主进入体制内单位工作的概率也就越高，这进一步降低了城镇体制内单位工作家庭的劳动收入风险，进而强化了劳动收入风险对城镇家庭风险金融资产投资的负向影响。具体来说，在城镇体制内单位工作的家庭中，户主父母在体制内单位工作的城镇家庭风险金融资产投资概率和投资强度均高于户主父母在体制外单位工作的情形。

因此，为了推动城镇家庭参与风险金融资产投资，合理利用金融工具以增加家庭财产性收入，城镇家庭和政府都应更加注重教育的作用，这不仅可以提升自身的人力资本、降低家庭的劳动收入风险，也可以增加代际流动性、缓解阶层固化问题，更利于社会公平。

第8章

事业单位改革与城镇家庭风险金融资产投资

前文分析结果表明,劳动收入风险与城镇家庭风险金融资产投资风险之间存在显著的替代效应,城镇家庭的劳动收入风险越低,其风险金融资产投资的概率和强度也就越高。由于体制内单位工作劳动收入风险低于体制外单位,因此,城镇体制内单位工作家庭更愿意参与股票等风险金融资产投资。

然而,当体制内单位工作劳动收入风险变化时是否会对城镇家庭风险金融资产投资产生影响?为解释这个问题,本章首先将劳动收入风险引入Merton(1971)的动态消费-投资选择模型,分析劳动收入风险变化时,家庭风险金融资产投资的变化。其次,运用中国家庭追踪调查(CFPS)数据,以"2012年事业单位分类改革"这一政策的实施作为准自然实验,利用PSM-DID模型实证检验事业单位改革引起劳动收入风险变化进而对城镇家庭风险金融资产选择的影响。

事业单位是指以政府职能向社会提供公共服务的非公共权力机构。事业单位按照单位经费来源分为国家财政预算全额拨款、差额拨款和自收自支3种类型。现有事业单位在运行过程中存在功能定位不清、职能弱化、政事不分、事企不分及内部控制较弱等问题(王澜明,2010;刘永泽 等,2013),无法有效发挥事业单位社会公共服务职能。

2012年4月16日，中共中央和国务院正式发布《关于分类推进事业单位改革的指导意见》①，旨在推进事业单位分类改革，实现政事分离，促进公益事业发展。具体来说，将现有事业单位按照社会功能分为承担行政职能的（完全或主要承担行政职能的，如人力资源社会保障局和农机局等，承担行政执法职能的参照公务员管理的事业单位，如安全生产监察执法大队）、从事生产经营的（如公立医院和报社）和从事公益服务的3种类型。将参照公务员管理的事业编纳入行政编制，从事生产经营的事业编转制为自主经营的企业，承担社会公共服务职能的事业单位，强化其社会公共服务职能，继续保留事业单位身份。新一轮的事业单位分类改革，伴随着国家行政审批制度改革、公车制度改革和养老制度改革等，重点在于简政放权，降低政府运营成本，将政府服务推向市场化（吕承文 等，2019）。相较于事业单位改革前，在事业单位工作的劳动者的劳动收入不确定性增加。

关于劳动收入风险变化对家庭风险金融资产投资的影响，杨科威（2009）利用数值模拟的方法指出，无论是可对冲风险还是不可对冲风险，当劳动收入风险增加时，家庭最优消费会下降，并挤出家庭投资。Cocco等（2015）指出劳动收入可以充当对无风险资产的替代，当劳动者受到的劳动收入风险约束增加时，会减少持有风险金融资产。新一轮事业单位改革政策落地后，体制内单位工作人员对未来预期的不确定性增加，认为事业单位改革会影响自己的职业生涯发展，担心收入减少和下岗失业（刘昕 等，2013；于志善 等，2014），这增加了事业单位工作劳动收入的不确定性，进而影响了城镇体制内单位工作家庭的风险金融资产投资。

本章的贡献在于：①将劳动收入风险引入Merton（1971）的动态消费-投资选择模型，分析劳动收入风险变化对城镇家庭风险金融资产投资的影响；②从事业单位改革的视角分析了体制内单位工作的劳动收入风险变化对城镇家庭风险金融资产投资的影响；③使用倾向得分匹配和双重差分相结合的方

---

① 中共中央 国务院关于分类推进事业单位改革的指导意见（国务院公报2012年第12号）[EB/OL].（2012-04-16）[2024-06-30]. https://www.gov.cn/gongbao/content/2012/content_2121699.htm.

法有效解决样本选择偏误带来的内生性问题，增强估计结果的稳健性。

8.1 理论模型

本书将劳动收入风险引入 Merton（1971）的动态消费-投资选择模型，分析随着中国市场化改革的深入，体制内单位工作和体制外单位工作劳动收入风险逐步趋同时，即劳动收入风险变化时家庭消费-投资组合策略的变化。

8.1.1 定义劳动收入风险

本书借鉴 Carroll（2001）的方法，假定家庭当期劳动收入 LI_t，下期劳动收入 LI_{t+1} 由持久劳动收入 PI_t 和家庭下期劳动收入不确定性程度 φ_{t+1} 组成，即

$$LI_{t+1} = PI_t \times \varphi_{t+1}, \qquad (8-1)$$

其中，家庭下期劳动收入不确定性程度的期望 $E(\varphi_{t+1}) = 1$，家庭持久收入在 t 到 $t+1$ 期的增长也受到劳动收入不确定性的约束。

$$G = PI_{t+1} - PI_t, \qquad (8-2)$$

其中，G 为家庭持久收入在 t 到 $t+1$ 期的增长，$PI_t = f(\varphi_{t+1})$。

8.1.2 引入劳动收入风险的动态消费-投资选择模型

个体按照生命周期消费效用最大化原则做出消费、储蓄和投资组合决策。假定完全市场，个体拥有有限生命且不存在借贷约束，个体财富 w_t 投资于无风险资产和风险资产两种资产。无风险资产投资额为 B_t，收益率为 r。风险资产投资额为 $N_t P_t$，收益率服从均值 μ 方差 σ 的几何布朗运动。个体财富 $w_t = B_t + N_t P_t$。将劳动收入风险引入消费-投资选择模型，则有限生命个体面临的生命周期效用最大化的消费-投资决策为：

$$\max_{c,\theta} E\left[\int_t^T u(c(x_s))\,\mathrm{d}s + \beta^{(s-t)} e^{(T-t)} H(T, w(T))\right] \qquad (8-3)$$

$$s.t.\, dw_t = [\mu \theta_t x_t + (1-\theta_t) r x_t - c_t]\mathrm{d}t + \sigma \theta x_t \mathrm{d}z_t,$$

$$w(0) = w_0 > 0$$

其中，$\mu(c)$ 和 $H(T, w(T))$ 分别表示消费带来的效用和期末财富带来的效用（遗赠），初始财富 w_0。

假定 CRRA 效用函数为幂函数形式

$$u(c) = \frac{c^{1-b}}{1-b}, \tag{8-4}$$

其中，b 是风险规避系数，$b > 0$ 且 $b \neq 1$。

该模型的目标是寻找特定外生财富下的最优消费和投资组合。考虑劳动收入风险和跨期选择问题时，经典的马科维茨投资组合模型转换为跨期最优消费-投资组合问题。

利用 Bellman 方程，将多期最优问题转化为递归形式的两阶段最优问题。

$$V_t(W_t) = \max_{c_t} \{u(c_t) + \beta E_t[V_{t+1}(W_{t+1})]\}, \tag{8-5}$$

给定财富 W_t，V 是家庭一生中消费和投资的最佳选择所获得的价值。然后将效用函数表达式代入值函数 V_t 的递归方程式（8-5），得到收入的值函数 V_t 的递推形式：

$$V_t(W_t) = \max_{c_t} \{u(c_t) + G^{1-\gamma} \beta E_t[V_{t+1}(W_{t+1})]\}$$
$$s.t. \ W_{t+1} = [W_t - c_t] R_{t+1} + PI_t \varphi_{t+1}, \tag{8-6}$$

下期财富 W_{t+1} 等于下期劳动收入 $PI_t \varphi_{t+1}$ 与下期投资收益 $[W_t - c_t] R_{t+1}$ 之和。

家庭收入来源于劳动收入 I 和投资收益 R。投资收益 R 是指投资于资产 F 的收益率，它对应于当期财富 W 减去当期消费 C，包括储蓄收益 $(1-x_t) R_f$ 和风险资产收益 $x_t R_{e,t+1}$，因此，家庭必须满足以下动态约束：

$$F_t = W_t - c_t, \tag{8-7}$$

$$W_{t+1} = F_t R_{t+1} + I_{t+1}。 \tag{8-8}$$

家庭面临的不确定性来自两个方面：投资风险和劳动收入风险。家庭的投资回报率如下：

$$R_{t+1} = x_t R_{e,t+1} + (1-x_t) R_f, \ R_e \sim N(\mu_e, \sigma_e^2), \tag{8-9}$$

结合式（8-6），家庭的最优动态选择包括最优消费选择和最优投资选择：

$$V_t(W_t) = \max_{c_t}\{u(c_t) + \beta_1 E_t[V_{t+1}(W_{t+1})]\}$$
$$s.t.\ W_{t+1} = [W_t - c_t]R_{t+1} + PI_t\varphi_{t+1},$$
(8-10)

其中，$\beta_1 = G^{1-\gamma}\beta$。

借鉴 Carroll（2001）的方法，通过一阶条件得到最优条件：

$$u'(c_t) = \beta_1 E_t[R\ V'_{t+1}(W_{t+1})]。 \quad (8-11)$$

包络定理

$$V'_t(W_t) = \beta_1 E_t[R\ V'_{t+1}(W_{t+1})]。 \quad (8-12)$$

结合式（8-11）和式（8-12）

$$u'(c_t) = V'_t(W_t)。 \quad (8-13)$$

欧拉方程

$$u'(c_t) = \beta_1 E_t[R\ u'(c_{t+1})]。 \quad (8-14)$$

关于风险资产比例 x 的一阶条件

$$E_t[V'_{t+1}(W_{t+1})(R_{e,t+1} - R)x_t] = 0, \quad (8-15)$$

则

$$x_t E_t[u'(c_{t+1}[W_{t+1}])(R_{e,t+1} - R)] = 0。 \quad (8-16)$$

最优风险资产持有比例 θ^* 为

$$\theta^*(x) = -\frac{w'(x)}{w''(x)}\frac{\mu - r}{\sigma^2}, \quad (8-17)$$

$$u'(c^*) = w'(x)。 \quad (8-18)$$

由于 $W = \overline{W}/LI$，结合式（8-6），CRRA 效用函数 $w(x)$ 自然解

$$w(x_s) = \frac{\alpha^{-b}x_s^{1-b}}{(1-b)PI\varphi_{t+1}}, \quad \forall s \geq t \quad (8-19)$$

相应地，最优风险资产投资比例 θ^* 为

$$\theta^* = \frac{1}{bPI\varphi_{t+1}} \frac{\mu - r}{\sigma^2}。 \qquad (8-20)$$

因而，最优风险资产投资比例 θ^* 与劳动收入风险 φ_{t+1} 的偏导数为

$$\frac{\partial \theta^*}{\partial \varphi_{t+1}} = -\frac{1}{bPI} \frac{\mu - r}{\sigma^2} \frac{1}{\varphi_{t+1}^2}。 \qquad (8-21)$$

由于风险规避系数 $b>0$，风险投资收益 μ 大于无风险投资收益 r，收入 $PI>0$，所以，$\partial \theta^*/\partial \varphi_{t+1} < 0$。因此，随着 2012 年事业单位分类改革的推进，体制内单位工作的劳动收入的不确定性增加，家庭最优风险投资比例 θ^* 将不断降低。

基于上述分析，本章提出以下研究假设：

当劳动收入风险变化时，城镇家庭风险金融资产投资也将变化。具体来说，当劳动收入风险增加时，城镇家庭会减少风险金融资产投资；当劳动收入风险降低时，城镇家庭会增加风险金融资产投资。

8.2 数据、变量与模型

8.2.1 数据来源与样本选取

本章使用中国家庭追踪调查（CFPS）中的城镇家庭数据，为分析体制内单位工作劳动收入风险变化对城镇家庭风险金融资产投资的影响，本书以 2012 年新一轮事业单位分类改革为准自然实验，选择 2010 年和 2018 年为样本期，分析事业单位分类改革前和改革后，城镇体制内单位工作家庭劳动收入风险变化对家庭风险金融资产选择的影响。

8.2.2 模型构建

本章主要分析 2012 年事业单位分类改革对城镇体制内单位工作家庭劳动收入风险及城镇家庭风险金融资产投资的影响。2012 年新一轮事业单位改革可以被视为一项自然实验或准自然实验。因此，本章可以通过对比受到事业单位改革政策影响和未受到政策影响的城镇体制内单位工作家庭，即政策影

响的处理组和未受影响的对照组,分析2012年事业单位改革对城镇家庭风险金融资产投资的影响。但是,由于受到事业单位改革政策影响和未受到政策影响的体制内单位工作家庭的风险金融资产投资之间本身就存在差异,而这种差异可能由不随时间变化的且不可观测的因素产生,直接运用双重差分模型进行评估可能会产生异质性偏差。考虑到异质性偏差可能对估计结果产生偏误问题,本章首先使用倾向得分匹配方法匹配出与受到事业单位改革政策影响类似的城镇体制内单位工作家庭用以消除样本选择偏差。在此基础上,使用双重差分模型测算出事业单位改革对城镇体制内单位工作家庭风险金融资产选择的影响,以进一步确保估计结果的准确性。

(1) 倾向得分匹配

首先,对所选取的城镇体制内单位工作家庭样本进行倾向得分匹配。通过倾向得分匹配,从未受到事业单位改革政策影响的城镇体制内单位工作家庭中找到与受到事业单位改革政策影响的家庭特征类似的家庭,构造反事实的结果。具体来说,在倾向得分匹配过程中,首先将全部城镇体制内单位工作家庭的样本分为两组:一组为受到事业单位改革政策影响的城镇体制内单位工作家庭,记为实验组(treatment group);另一组为未受到事业单位改革政策影响的城镇体制内单位工作家庭,记为对照组(control group),则城镇体制内单位工作全部家庭样本记为 $D=\{T, C\}$。其次,基于协变量从对照组中寻找到与实验组家庭风险金融资产投资概率近似的家庭,用以消除样本选择偏误。

假定城镇体制内单位工作家庭受到事业单位改革政策影响的概率为

$$P(x_i) = Pr\{D_i = 1\} = F[h(x_{i, t-1})], \quad (8-22)$$

其中,P 表示城镇体制内单位工作家庭参与风险金融市场的预测概率,$F[\cdot]$ 表示正态的累积分布函数,x_i 为匹配变量,所有匹配变量均滞后一期,表示影响家庭风险金融资产选择的因素。参照周广肃等(2018)的方法,选取户主性别、年龄、婚姻状况、教育程度及家庭成员是否住院、人均收入、少儿比例、老年比例和家庭拥有自有产权住房作为影响城镇家庭风险金融资产投资的控制变量。在此基础上,利用面板Logit模型估计出城镇体制内单位家庭参与风险金融市场的预测概率值 $P(x_i)$，再用倾向得分匹配方法将该预测概率值与近似地受到 2012 年事业单位改革政策影响的城镇体制内单位工作家庭进行匹配，从而得到与实验组特征相似的对照组家庭 C_P。

（2）双重差分模型

使用双重差分模型估计 2012 年事业单位分类改革对城镇体制内单位工作家庭风险金融资产投资的影响。在使用倾向得分匹配后，维持了双重差分模型估计"共同趋势"假设（李百兴 等，2019），本书可以得到一组与受到事业单位改革政策影响类似的城镇体制内单位工作家庭 $A_P = \{T, C_P\}$。其中，T 表示受到事业单位改革政策影响的城镇体制内单位工作的家庭，C_P 表示经过倾向得分匹配所得到的未受到事业单位改革政策影响的城镇体制内单位工作的家庭。

在此基础上，本书构造事业单位改革的虚拟变量 $Reform_{it}$，当城镇体制内单位工作家庭受到事业单位改革政策影响时，$Reform_{it} = 1$，未受到影响时记为 0。由于中国最近一轮的事业单位改革是以 2012 年 4 月 16 日中共中央和国务院印发的《关于分类推进事业单位改革的指导意见》为标志，因此本书以时间虚拟变量 $Time_t$ 表示事业单位改革政策影响之外的时间效应，$Time_t = 0$ 表示事业单位改革政策实施前，即本书中所指的 2010 年，$Time_t = 1$ 表示事业单位改革政策实施后，即本书中所指的 2018 年，对比分析事业单位改革政策差异对城镇体制内单位工作家庭风险金融资产投资的影响。具体的模型如下：

$$RISKY_{it} = \beta_0 + \beta_1 Reform_{it} + \beta_2 Time_t + \beta_3 Reform_{it} \times Time_t + \beta_i X_{it} + \varepsilon_{it}, \qquad (8-23)$$

其中，$RISKY_{it}$ 表示城镇家庭风险金融资产投资情况，主要是指城镇体制内单位工作家庭是否参与风险金融市场。同时为了检验估计结果的稳健性，本书也选取城镇家庭风险金融资产投资强度（风险金融资产占家庭总金融资产的比重）进行稳健性检验。X_{it} 表示影响城镇家庭风险金融资产投资的因素，包括户主的年龄、性别、婚姻状况、教育程度，以及家庭成员是否住院、人均收入、少儿比例、老年比例和家庭住房情况，ε_{it} 为随机扰动项。

对于受到 2012 年新一轮事业单位分类改革政策影响的城镇体制内单位工作的家庭，在 2012 年事业单位改革政策实施前，对家庭风险金融资产投资 $RISKY_{it}$ 的影响系数为 $\beta_0 + \beta_1$；事业单位改革政策实施后，对家庭风险金融资产投资 $RISKY_{it}$ 的影响系数为 $\beta_0 + \beta_1 + \beta_2 + \beta_3$。二者差分可以得到实验组与处理组的一阶差分 $\Delta d1 = (\beta_0 + \beta_1 + \beta_2 + \beta_3) - (\beta_0 + \beta_1) = \beta_2 + \beta_3$。同理，对于未受到事业单位改革政策影响的城镇体制内单位工作家庭，事业单位改革政策实施前，对家庭风险金融资产投资 $RISKY_{it}$ 的影响系数为 β_0；事业单位改革政策实施后，对家庭风险金融资产投资 $RISKY_{it}$ 的影响系数为 $\beta_0 + \beta_2$。二者差分可以得到实验组和处理组的一阶差分 $\Delta d2 = (\beta_0 + \beta_2) - (\beta_0) = \beta_2$。最终，本书可以通过双重差分得到 2012 年事业单位改革政策实施对城镇体制内单位工作家庭风险金融资产投资 $RISKY_{it}$ 影响的净效应，即 $\Delta\Delta d = (\beta_2 + \beta_3) - \beta_2 = \beta_3$。$\beta_3$ 为双重差分模型中交叉项 $Reform_{it} \times Time_t$ 的估计系数，当 β_3 显著为正，则表明 2012 年事业单位改革显著提升了城镇体制内单位工作家庭风险金融资产投资；当 β_3 显著为负，则表明事业单位改革显著降低了城镇体制内单位工作家庭风险金融资产投资；当 β_3 不显著，则表明事业单位改革对城镇体制内单位工作家庭风险金融资产投资没有显著影响。双重差分模型各参数含义如表 8-1 所示。

表 8-1 双重差分模型各参数含义

	改革前 $Time=0$	改革后 $Time=1$	一阶差分
实验组 $Reform=1$	$\beta_0 + \beta_1$	$\beta_0 + \beta_1 + \beta_2 + \beta_3$	$\Delta d1 = \beta_2 + \beta_3$
对照组 $Reform=0$	β_0	$\beta_0 + \beta_2$	$\Delta d2 = \beta_2$
双重差分	β_1	$\beta_1 + \beta_3$	$\Delta\Delta d = \beta_3$

在使用倾向得分匹配时，借鉴盛丹（2013）的研究，以拟合优度 R^2 最大化为原则，选择户主性别、年龄、婚姻状况、教育程度、家庭人均收入、少儿比例、老年比例、家庭成员是否住院和拥有自有产权住房作为匹配变量。

8.2.3 变量说明

(1) 被解释变量

选取城镇家庭风险金融资产投资作为被解释变量。由于中国家庭追踪调查 2018 年数据仅提供城镇家庭广义风险金融资产投资数据，因此，本书选取城镇体制内单位家庭广义风险金融资产（股票、基金、债券和其他金融衍生品等）投资概率和投资强度（广义风险金融资产占城镇家庭总金融资产的比重）作为被解释变量。

(2) 改革虚拟变量

本章将 2012 年 4 月 16 日中共中央和国务院印发《关于分类推进事业单位改革的指导意见》这一事件视为一项准自然实验。城镇体制内单位家庭中在事业单位部门工作的将受到该政策的影响，而在体制内其他单位工作的城镇家庭则不受该政策的影响。此外，分别选取改革前（2010 年）和改革后（2018 年）两个时间点，对比分析 2012 年事业单位改革对城镇体制内单位家庭风险金融资产投资影响的净效应。

(3) 控制变量

本章所选取的控制变量与前文所选取的基本一致，参照周广肃等（2018）的研究，分别选取户主性别、年龄、年龄平方、教育程度（小学及以下＝1，初中＝2，高中及中专＝3，大专及以上＝4）和婚姻状况（合法稳定夫妻关系＝1，未婚/离婚/丧偶/同居＝0）作为个体的控制变量，选取家庭规模、家庭人均收入、少儿比例、老年比例、家庭拥有自有产权住房及家庭成员是否住院作为家庭层面的控制变量。同时，为了控制区域经济发展水平差异对城镇家庭风险金融资产选择的影响，本书也选取省份层面的人均 GDP、平均受教育年限和非农人口比重作为区域经济发展水平的代理变量。

表 8-2 结果表明，实验组共 439 个城镇体制内单位工作家庭，对照组共 817 个城镇体制内单位工作家庭。城镇体制内单位工作家庭中，受到事业单位改革政策影响的事业单位家庭与未受到事业单位改革政策影响的在政府部门和国有企业工作的家庭，除个别指标外，个体特征和家庭特征相差不大。实验组受教育程度高于对照组，主要是因为对照组中，进入国有企业单位工作，对学历的要求比进入政府部门和事业单位相对较低。实验组的劳动收入风险低于对照组，基于第 5 章城镇体制内单位工作个体劳动收入风险的测度结果，在事业单位工作的劳动收入风险略高于在政府部门工作，在国有企业工作的劳动收入风险则明显高于政府部门和事业单位，因而提升了对照组整体的劳动收入风险。且未受到事业单位改革影响的城镇体制内单位工作家庭，广义

表 8-2　主要变量描述性统计

		实验组			样本组		
		样本量/个	均值	标准差	样本量/个	均值	标准差
风险金融资产投资	广义风险金融资产投资概率	439	0.176	0.227	817	0.188	0.239
	广义风险金融资产投资强度	439	0.037	0.183	817	0.048	0.154
劳动收入风险	家庭劳动收入风险	439	0.434	0.128	817	0.483	0.156
	人均劳动收入波动	439	0.927	4.532	817	1.127	5.075
户主个体特征	性别（男性=1）	439	0.654	0.258	817	0.672	0.241
	年龄	439	44.371	18.654	817	45.625	19.152
	婚姻状况（已婚=1）	439	0.845	0.315	817	0.876	0.323
	教育程度（1~4）	439	2.879	1.754	817	2.324	2.031
家庭特征	家庭规模/人	439	3.64	2.049	817	3.72	1.872
	少儿比例	439	0.215	0.075	817	0.209	0.082
	老年比例	439	0.172	0.032	817	0.182	0.037
	成员住院	439	0.229	0.125	817	0.215	0.132
	人均收入对数	439	8.732	1.481	817	8.955	1.792
	自有产权住房	439	0.854	0.271	817	0.869	0.284

风险金融资产投资概率和投资强度均高于受到事业单位改革影响的城镇体制内单位工作家庭。

8.3 实证结果分析

8.3.1 倾向得分匹配结果

本书基于 Becker 等（2002）研究中所提出的倾向得分匹配方法，使用一对一临近匹配的方法进行匹配。Vandenberghe 等（2004）研究指出，不同的匹配方法，最后匹配结果相差不大。首先，结合模型所选取的匹配变量，计算出每个城镇体制内单位工作家庭参与广义风险金融资产市场的概率。其次，为每个受到事业单位改革影响的城镇体制内单位工作的家庭找到一个未受到事业单位改革政策影响的家庭。匹配后删除未匹配到的 79 个城镇家庭样本。在使用倾向得分进行匹配时，为了检验匹配结果的准确性，本书对倾向得分匹配的平衡性假设进行了验证。倾向得分平衡性假设检验结果如表 8-3、表 8-4 所示。

表 8-3 倾向得分匹配变量的平衡性检验

匹配变量		均值		偏差	偏差减幅	t 统计量	伴随概率
		实验组	对照组				
性别	匹配前	0.503	0.518	−3%		−1.1	0.271
	匹配后	0.503	0.516	−2.5%	15%	−0.73	0.467
年龄	匹配前	50.633	49.776	6.3%		2.33	0.020
	匹配后	50.633	50.165	3.4%	45.5%	0.99	0.324
教育程度	匹配前	2.499	2.569	−5.4%		−1.98	0.047
	匹配后	2.499	2.543	−3.3%	38%	−0.96	0.336
人均收入	匹配前	9.016	9.056	−3.4%		−1.22	0.224
	匹配后	9.016	9.042	−2.1%	36.2%	−0.62	0.538
拥有自有产权住房	匹配前	0.854	0.869	−1.7%		−1.24	0.150
	匹配后	0.841	0.837	5.9%	62.6%	0.85	0.204

表 8-4　倾向得分匹配样本联合检验结果

	Pseudo-R^2	LR 检验	伴随概率
匹配前	0.104	103.45	0.000
匹配后	0.003	14.71	0.531

表 8-3 倾向得分匹配变量的平衡性检验结果表明，匹配前某些变量在实验组和对照组之间存在显著差异，如年龄和教育程度，但是实验组和对照组的所有匹配变量在匹配之后并不存在统计意义上的显著性，匹配后各匹配变量的标准偏差的绝对值均不到 10%，而且所有变量的 t 检验均未通过 10% 的统计显著性检验，并通过了联合检验，所得到的样本可以保证样本进行处理的随机性。

经过倾向得分匹配，本书删除了 79 个不在共同取值范围内的城镇家庭样本，最终得到实验组 439 个城镇体制内单位工作家庭，对照组 817 个城镇体制内单位工作家庭。

8.3.2　双重差分估计结果

本节主要考察城镇体制内单位工作家庭中，受到事业单位改革政策影响和未受到事业单位改革政策影响的城镇家庭广义风险金融资产投资差异。为了评估事业单位改革对城镇体制内单位工作的家庭劳动收入风险及对城镇家庭广义风险金融资产投资的影响，按照双重差分模型定义，主要考察交叉项 $Reform_{it} \times Time_t$ 的系数是否显著。表 8-5 中（1）、（3）列为未引入个体特征、家庭特征、省份特征和年份效应的估计结果，（1）、（2）列为事业单位改革对城镇体制内单位工作家庭广义风险金融资产投资概率的影响，（3）、（4）列为事业单位改革对城镇体制内单位工作家庭广义风险金融资产投资强度的影响。

表 8-5 事业单位改革对体制内单位工作家庭广义风险金融资产投资的影响：DID 估计

变量	投资概率		投资强度	
	（1）	（2）	（3）	（4）
$Reform \times Time$	-0.415**	-0.385**	-1.836***	-1.766***
	(0.207)	(0.153)	(0.538)	(0.507)
性别		-0.058**		-0.273**
		(0.026)		(0.115)
年龄		0.003		0.014
		(0.002)		(0.011)
年龄平方		-0.000		-0.000
		(0.000)		(0.000)
婚姻状况		0.059**		0.201*
		(0.026)		(0.113)
教育程度		0.069**		0.547***
		(0.031)		(0.187)
家庭规模		0.011		0.025
		(0.008)		(0.019)
家庭人均收入		0.079**		0.506***
		(0.032)		(0.193)
成员住院		-0.025***		-0.121*
		(0.008)		(0.067)
少儿比例		-0.085*		-0.397*
		(0.047)		(0.214)
老年比例		-0.056**		-0.224**
		(0.027)		(0.109)
自有产权住房		0.059**		0.302*
		(0.024)		(0.159)
省份特征	未控制	控制	未控制	控制
年份效应	未控制	控制	未控制	控制
Pseudo-R^2	0.057	0.224	0.071	0.269
样本量/个	2512	2512	2512	2512

注：*、**、***分别表示在10%、5%和1%的水平上显著，变量系数为标准化后的估计系数，括号内为区县层面的聚类标准误。

表 8-5 为双重差分模型下的估计结果,在使用双重差分模型评估事业单位改革对城镇体制内单位工作家庭风险金融资产投资影响时,事业单位改革和时间交叉项 $Reform \times Time$ 的系数显著为负,即 2012 年新一轮事业单位改革显著降低了城镇家庭广义风险金融资产的投资概率和投资强度,未控制个体特征、家庭特征、省份特征和年份效应,将高估事业单位改革对城镇家庭广义风险金融资产投资的负效应,高估程度分别达到广义风险金融资产投资概率的 7.79%〔(0.415-0.385)/0.385×100%〕和广义风险金融资产投资强度的 3.96%〔(1.836-1.766)/1.766×100%〕。

使用倾向得分匹配控制样本选择偏差后,2012 年事业单位分类改革带来劳动收入风险变化对城镇体制内单位工作家庭广义风险金融资产投资影响的双重差分模型估计结果如表 8-6 所示。

表 8-6　事业单位改革对体制内单位工作家庭广义风险金融资产投资的影响:PSM-DID

变量	广义风险金融资产投资概率		广义风险金融资产投资强度	
	(1)	(2)	(3)	(4)
$Reform \times Time$	-0.412** (0.185)	-0.364*** (0.136)	-1.704*** (0.527)	-1.638*** (0.475)
性别		-0.047** (0.021)		-0.248** (0.104)
年龄		0.001 (0.001)		0.009 (0.010)
年龄平方		-0.000 (0.000)		-0.000 (0.000)
婚姻状况		0.063** (0.031)		0.184** (0.075)
教育程度		0.065** (0.028)		0.496*** (0.134)
家庭规模		0.008 (0.010)		0.024 (0.022)
人均收入		0.094*** (0.027)		0.439*** (0.135)

续表

变量	广义风险金融资产投资概率		广义风险金融资产投资强度	
	（1）	（2）	（3）	（4）
成员住院		-0.032*** （0.011）		-0.147** （0.071）
少儿比例		-0.074* （0.039）		-0.348* （0.189）
老年比例		-0.052** （0.025）		-0.252** （0.114）
自有产权住房		0.068** （0.031）		0.275** （0.134）
省份特征	未控制	控制	未控制	控制
年份效应	未控制	控制	未控制	控制
Pseudo-R^2	0.075	0.219	0.061	0.324
样本量/个	2512	2512	2512	2512

注：*、**、***分别表示在10%、5%和1%的水平上显著，变量系数为标准化后的估计系数，括号内为区县层面的聚类标准误。

表8-6结果表明，控制了样本选择偏差后，事业单位改革和时间交叉项 *Reform×Time* 的系数仍显著为负，这表明事业单位改革仍然对城镇体制内单位工作家庭广义风险金融资产投资产生显著的负向影响。未控制样本选择偏差将高估事业单位改革带来的负向影响，高估程度分别为广义风险金融资产投资概率的5.77%［（0.385-0.364）/0.364×100%］和广义风险金融资产投资强度的7.81%［（1.766-1.638）/1.638×100%］。与双重差分模型估计相比，在控制了样本选择偏误后，事业单位改革效应的显著性提升（由5%的显著性水平显著提升到1%的显著性水平），因此使用PSM-DID模型估计事业单位改革对家庭广义风险金融资产投资影响更有效。

新一轮事业单位分类改革，将事业单位按照所承担的功能进行分类管理，改变了原有在事业单位工作的家庭的劳动收入风险，具体来说，原有承担行政职能的事业单位划归公务员序列，工资将由中央或地方财政全额给付，工资给付不确定性的下降进一步降低了原有事业单位工作人员的劳动收入风险，进而选择更多的参与风险金融市场。而原有医院等经营性事业单位改革后将成为独立经营的实体，自负盈亏，工资给付的不确定性上升，导致劳动收入风险上升，进而减少风险金融资产投资。因此，2012年新一轮事业单位改革带来的劳动收入风险提升效应大于风险降低效应。整体上讲，事业单位改革导致体制内单位工作家庭劳动收入风险上升，进而降低了城镇家庭风险金融资产投资。

8.3.3 稳健性检验

进一步地，本书将城镇体制内单位工作家庭样本按照区域经济发展水平和体制内单职工和双职工家庭进行细分，分析事业单位改革对城镇家庭风险金融资产投资影响的异质性。

（1）区分区域经济发展水平

由于中国家庭追踪调查（CFPS）2010年数据包含全国25个省份，本节将全国25个省份（不含内蒙古、海南、西藏、青海、宁夏、新疆，以及香港、澳门和台湾地区）分为东部地区、东北地区、中部地区和西部地区四大经济区[1]，进一步分析事业单位改革对城镇体制内单位工作家庭风险金融资产投资影响的区域异质性，估计结果如表8-7所示。

---

[1] 按照国家统计局分类标准，东北地区包括辽宁、吉林和黑龙江3个省份，东部地区包括北京、天津、河北、上海、江苏、浙江、福建、山东、广东和海南10个省份，中部地区包括山西、江西、安徽、河南、湖北和湖南6个省份，西部地区包括陕西、甘肃、青海、宁夏、新疆、重庆、四川、贵州、云南、西藏、内蒙古和广西12个省份。

表 8-7 地区差异视角下事业单位改革的投资效应：PSM-DID

变量	东部地区 概率	东部地区 强度	中部地区 概率	中部地区 强度	西部地区 概率	西部地区 强度	东北地区 概率	东北地区 强度
Reform×Time	-1.735** (0.786)	-3.857*** (1.436)	-1.571** (0.637)	-2.975* (1.579)	-1.358** (0.677)	-2.574* (1.376)	-1.836** (0.854)	-4.035** (1.769)
性别	-0.028* (0.015)	-0.043* (0.024)	-0.030* (0.017)	-0.374** (0.158)	-0.042* (0.023)	-0.436 (0.275)	-0.045* (0.025)	-0.487** (0.247)
年龄	0.007 (0.005)	0.017* (0.009)	0.007 (0.005)	0.002* (0.001)	0.008 (0.007)	0.018* (0.010)	0.011 (0.009)	0.017* (0.010)
年龄平方	-0.000 (0.001)	-0.001 (0.002)	-0.002** (0.001)	-0.001 (0.000)	-0.001 (0.001)	-0.000 (0.001)	-0.001 (0.001)	-0.003 (0.002)
婚姻状况	0.024* (0.014)	0.139* (0.078)	0.025* (0.013)	0.127* (0.071)	0.021* (0.011)	0.203 (0.134)	0.019*** (0.007)	0.149* (0.067)
教育程度	0.043* (0.024)	0.239*** (0.085)	0.042** (0.018)	0.504** (0.207)	0.036** (0.015)	0.416* (0.251)	0.043** (0.019)	0.489 (0.307)
家庭规模	0.003 (0.004)	0.001 (0.002)	0.006 (0.004)	0.012 (0.010)	0.009 (0.007)	0.013 (0.011)	0.007 (0.008)	0.014 (0.015)
人均收入	0.137* (0.073)	0.536** (0.241)	0.096** (0.043)	0.389*** (0.145)	0.148** (0.074)	0.533** (0.242)	0.136* (0.071)	0.455*** (0.211)
成员住院	-0.073** (0.035)	-0.354** (0.131)	-0.056** (0.028)	-0.316** (0.149)	-0.042** (0.019)	-0.257*** (0.094)	-0.050** (0.024)	-0.371** (0.167)
少儿比例	-0.056* (0.034)	-0.294* (0.157)	-0.074** (0.036)	-0.376** (0.184)	-0.068* (0.039)	-0.430* (0.227)	-0.081** (0.044)	-0.384* (0.201)
老年比例	-0.046** (0.019)	-0.396** (0.194)	-0.051** (0.031)	-0.224** (0.095)	-0.059** (0.034)	-0.385** (0.149)	-0.067** (0.035)	-0.251** (0.126)
自有产权住房	0.083* (0.045)	0.205** (0.101)	0.057** (0.028)	0.315** (0.122)	0.095*** (0.029)	0.287*** (0.095)	0.104** (0.045)	0.399* (0.211)
省份特征	控制	控制	控制	控制	控制	控制	控制	控制
年份效应	控制	控制	控制	控制	控制	控制	控制	控制
Pseudo-R^2	0.178	0.202	0.192	0.197	0.215	0.221	0.176	0.185
样本量/个	868	868	746	746	518	518	380	380

注：*、**、*** 分别表示在 10%、5% 和 1% 的水平上显著，变量系数为标准化后的估计系数，括号内为区县层面的聚类标准误。

表 8-7 结果表明，无论是在哪个经济区，事业单位改革和时间交叉项 $Reform \times Time$ 的系数均显著为负。这表明，事业单位改革对不同地区城镇体制内单位工作家庭风险金融资产投资均存在显著的负向影响。具体来说，事业单位改革对东部地区和东北地区城镇体制内单位工作家庭风险金融资产投资的负向影响最大，对中部地区家庭影响次之，对西部地区家庭影响最小。这主要是 2012 年新一轮事业单位改革始于中央机构改革，又在广东、浙江、上海、山西和重庆等 5 个省份开始试点实施（易丽丽，2012），改革试点集中于东部地区，这也使得东部地区事业单位改革政策实施的影响更大。

（2）区分体制内双职工和单职工家庭

本节也将城镇体制内单位工作家庭按照户主夫妻双方是否同时在体制内单位工作分为体制内双职工和单职工家庭，对比分析事业单位改革对两类家庭影响的异质性，估计结果如表 8-8 所示。

表 8-8　事业单位改革的投资效应：区分体制内双职工和单职工家庭

变量	单职工家庭		双职工家庭	
	投资概率	投资强度	投资概率	投资强度
$Reform \times Time$	-1.843**	-3.706***	-2.569**	-4.258**
	(0.826)	(1.357)	(1.126)	(1.845)
性别	-0.058*	-0.091**	-0.062**	-0.107*
	(0.033)	(0.038)	(0.025)	(0.054)
年龄	0.019	0.032*	0.019**	0.025*
	(0.014)	(0.018)	(0.09)	(0.015)
年龄平方	-0.001	-0.003	-0.002	-0.001
	(0.000)	(0.002)	(0.002)	(0.002)
婚姻状况	0.027**	0.042*	0.036*	0.071*
	(0.012)	(0.025)	(0.019)	(0.041)
教育程度	0.058**	0.297**	0.052**	0.431*
	(0.025)	(0.126)	(0.024)	(0.252)
家庭规模	0.010	0.012	0.017	0.036
	(0.011)	(0.008)	(0.015)	(0.022)

续表

变量	单职工家庭		双职工家庭	
	投资概率	投资强度	投资概率	投资强度
人均收入	0.114*** (0.031)	0.395*** (0.127)	0.157*** (0.047)	0.484** (0.214)
成员住院	-0.059** (0.024)	-0.095*** (0.034)	-0.047** (0.019)	-0.093** (0.043)
少儿比例	-0.053** (0.023)	-0.243** (0.094)	-0.045** (0.019)	-0.316*** (0.114)
老年比例	-0.041** (0.017)	-0.381** (0.157)	-0.034** (0.015)	-0.241** (0.116)
自有产权住房	0.031** (0.014)	0.276*** (0.104)	0.045*** (0.013)	0.357*** (0.138)
省份特征	控制	控制	控制	控制
年份效应	控制	控制	控制	控制
Pseudo-R^2	0.197	0.212	0.202	0.243
样本量/个	1834	1834	678	678

注：*、**、***分别表示在10%、5%和1%的水平上显著，变量系数为标准化后的估计系数，括号内为区县层面的聚类标准误。

表8-8结果表明，无论是对体制内双职工家庭还是对单职工家庭，事业单位改革和时间交叉项 Reform×Time 的估计系数均显著为负，这表明事业单位改革对体制内双职工和单职工家庭风险金融资产投资均产生显著的负向影响。具体来说，事业单位改革对体制内双职工家庭的负向影响高于体制内单职工家庭。这主要是因为当夫妻双方均在体制内单位工作时，事业单位改革会对夫妻双方的工作都产生影响的概率高于仅夫妻一方在体制内单位工作的，因而事业单位改革对城镇体制内双职工家庭风险金融资产投资的影响也更大。

8.3.4 机制检验

8.3.3节研究结果表明，2012年新一轮事业单位分类改革对城镇体制内单位工作家庭风险金融资产投资产生了显著的负向影响。为进一步解释，事业单位改革影响城镇体制内单位工作家庭风险金融资产投资的机制，结合前文的理论分析,本节将从劳动收入风险变化的视角,分析事业单位改革导致体制内单位工作家庭劳动收入风险变化,进而降低城镇家庭风险金融资产投资。

本节基于杨筝等(2017)的方法,构建交叉项,进行机制检验。具体来说,基于式(8-23)引入交叉项,构建机制检验模型。

$$RISKY_{it} = \delta_0 + \delta_1 Reform_{it} + \delta_2 Time_t + \delta_3 Reform_{it} \times Time_t + \delta_4 LIR_{it}$$
$$+ \delta_5 Reform_{it} \times LIR_{it} + \delta_6 Time_t \times LIR_{it} + \delta_7 Reform_{it} \times Time_t$$
$$\times LIR_{it} + \theta_i X_{it} + \varepsilon_{it}, \quad (8-24)$$

其中,$RISKY_{it}$ 表示城镇体制内单位工作家庭风险金融资产投资,$Reform_{it}$ 表示事业单位改革虚拟变量,$Time_t$ 表示时间效应,LIR_{it} 表示家庭劳动收入风险。本节选用基于 Angerer 等(2009)劳动收入风险测度方法得到的以城镇家庭成员劳动收入份额为权重加权平均得到的城镇家庭整体劳动收入风险,作为家庭劳动收入风险的代理变量,并选取城镇家庭成员人均工资性收入波动进行稳健性检验。X_{it} 表示控制变量,包括户主个体特征、家庭特征和区域经济发展水平特征。ε_{it} 为随机扰动项。

检验事业单位改革是否通过增加体制内单位工作的劳动收入风险进而降低城镇家庭风险金融资产投资,即检验式(8-24)中 $Reform_{it} \times Time_t \times LIR_{it}$ 的系数 δ_7 是否显著。估计结果如表8-9所示。

表8-9 机制检验:劳动收入风险的视角

变量	Angerer 等(2009)		人均工资性收入波动	
	投资概率	投资强度	投资概率	投资强度
	(1)	(2)	(3)	(4)
Reform×Time×LIR	-2.565**	-5.794***	-3.057**	-6.844***
	(1.118)	(2.078)	(1.364)	(2.257)
性别	-0.065*	-0.172**	-0.084*	-0.191**
	(0.039)	(0.074)	(0.051)	(0.086)
年龄	0.002	0.001	0.005	0.009
	(0.003)	(0.001)	(0.004)	(0.010)
年龄平方	-0.000	-0.000	-0.000	-0.000
	(0.000)	(0.000)	(0.000)	(0.000)

续表

变量	Angerer 等（2009）		人均工资性收入波动	
	投资概率	投资强度	投资概率	投资强度
	(1)	(2)	(3)	(4)
婚姻状况	0.041* (0.021)	0.153* (0.089)	0.063** (0.031)	0.184** (0.075)
教育程度	0.059*** (0.022)	0.442** (0.197)	0.065** (0.028)	0.496*** (0.214)
家庭规模	0.001 (0.002)	0.003 (0.002)	0.002 (0.003)	0.001 (0.000)
人均收入	0.081*** (0.025)	0.477*** (0.126)	0.094*** (0.027)	0.439*** (0.135)
成员住院	-0.056*** (0.019)	-0.162*** (0.059)	-0.032*** (0.011)	-0.147** (0.071)
少儿比例	-0.069* (0.037)	-0.367* (0.192)	-0.074* (0.039)	-0.348* (0.189)
老年比例	-0.058* (0.031)	-0.279** (0.119)	-0.052** (0.025)	-0.252** (0.114)
自有产权住房	0.071*** (0.023)	0.312** (0.135)	0.068** (0.031)	0.275** (0.134)
省份特征	控制	控制	控制	控制
年份效应	控制	控制	控制	控制
Pseudo-R^2	0.180	0.179	0.205	0.162
样本量/个	2512	2512	2512	2512

注：*、**、***分别表示在10%、5%和1%的水平上显著，变量系数为标准化后的估计系数，括号内为区县层面的聚类标准误。

表8-9结果表明，无论是基于修正的Angerer等（2009）的劳动风险测度方法得到的城镇家庭劳动收入风险还是以家庭人均工资性收入波动作为家庭劳动收入风险的代理变量，$Reform \times Time \times LIR$的系数均显著为负，这表明2012年新一轮事业单位改革，增加了体制内单位工作家庭的劳动收入风险，进而减少了城镇家庭风险金融资产的投资概率和投资强度。2012年以来事业单位分类改革，将承担行政职能的事业单位纳入公务员编制，将公立医院等承担

生产经营职能的事业单位转制为企业,将承担社会公共服务职能的事业单位保留事业编制身份,强化其社会公共服务职能,并通过一系列的机构改革,精简机构和编制,强化绩效考核,推行绩效工资制。这可以改善现有事业单位定位不清、分工不明、缺乏效率等问题(田祥宇 等,2013),也使得原有事业单位工作人员劳动收入风险增加,进而降低城镇家庭风险金融资产投资。

8.4 本章小结

本章主要分析城镇家庭劳动收入风险变化时,家庭风险金融资产投资的变化。首先,本章将劳动收入风险引入 Merton(1971)动态消费-投资选择模型,分析劳动收入风险变化时,家庭风险金融资产投资的变化。研究结果表明,家庭劳动收入风险增加时,其他风险金融资产投资会相对降低;家庭劳动收入风险降低时,家庭其他风险金融资产投资会相对增加。其次,以 2012 年新一轮事业单位分类改革为准自然实验,在控制了样本选择偏误问题后,使用双重差分模型估计了事业单位改革对城镇体制内单位工作家庭劳动收入风险的影响。研究结果表明,2012 年新一轮事业单位分类改革,增加了在事业单位工作家庭劳动收入的不确定性,使得城镇体制内单位工作家庭的劳动收入风险增加,进而降低了城镇家庭风险金融资产投资的概率和强度,且该效应在东部地区和东北地区体制内双职工家庭中更加显著。

第 9 章

结论与建议

9.1 研究结论

股票市场"有限参与"之谜是家庭金融领域研究的核心问题。中国家庭追踪调查（CFPS）数据显示，中国城镇家庭股票等风险金融市场也存在显著的有限参与特征。一般认为，在体制内单位工作的家庭，追求稳定的工资收入，不愿承担很高的投资风险。然而，中国家庭追踪调查（CFPS）2010—2018 年数据却显示，城镇体制内单位工作家庭股票等风险金融市场参与率明显高于城镇体制外单位工作家庭。

本书从劳动收入风险和金融资产投资风险之间的替代效应的视角解释了中国城镇家庭资产选择领域这一"异象"。首先，将人力资本引入 Li 等（2000）的多期均值-方差模型，在不考虑流动性和交易成本的情况下，资产选择达到均衡时，不同资产之间的边际收益相等，同等风险的人力资本和家庭其他资本是可以相互替代的。人力资本作为家庭重要资本，流动性较低，其风险高于定期存款和政府债券等无风险资产，但低于股票等风险金融资产，可以获得超出无风险资产收益的风险溢价（Heaton et al., 2010）。而股票的收益波动性较大，属于高风险投资（Campbell, 2006）。此外，中国股票市场波动幅度大、换手率高、市盈率低、牛市熊市成交额相差较大和股票收益率低，导致中国股票市场风险明显高于欧美成熟股票市场。

计划经济向市场经济转型过程中，我国体制内和体制外单位工作家庭的劳动收入风险之间存在较大差异，体制内单位工作家庭劳动收入虽低于体制外单位工作，但不容易被解雇，工资由中央或地方财政给付，工资来源相对稳定；体制外单位工作家庭虽然劳动收入较高，但面临较高的失业风险，工资收入受到企业经营状况影响较大，工资来源稳定性差。因此，体制内单位工作家庭的劳动收入风险低于体制外单位工作。在其他条件不变的情况下，当个体选择体制内单位工作时，由于体制内单位工作的劳动收入风险低，家庭会将其他资产投资于高风险部门；反之，当个体选择体制外单位工作时，由于体制外单位工作的劳动收入风险高，家庭会将其他资产投资于低风险部门。

本书使用中国家庭追踪调查（CFPS）2010—2018 年 5 次调查数据，修正 Angerer 等（2009）的劳动收入风险测度方法，测度并分解体制内和体制外单位工作的劳动收入风险。在此基础上，对比分析体制内和体制外单位工作劳动收入风险差异对城镇家庭风险金融资产投资的影响及影响的异质性。此外，本书也考察了"铁饭碗"的代代相传对户主劳动收入风险的影响，进而分析城镇体制内单位工作家庭职业代际传递对家庭风险金融资产投资的影响。最后，本书考察劳动收入风险变化对城镇家庭风险金融资产投资的影响，并以 2012 年新一轮事业单位改革为准自然实验，在控制了样本选择偏误的基础上，利用双重差分模型估计了劳动收入风险变化对城镇家庭风险金融资产投资的影响。

基于上述分析，本书得出以下结论：

① 本书使用中国家庭追踪调查（CFPS）2010—2018 年 5 次调查数据，将区域经济发展不平衡引入并修正 Angerer 等（2009）的劳动收入风险测度方法，结果表明，2010—2018 年，城镇体制内单位工作家庭的劳动收入风险低于体制外单位工作家庭。在体制内单位工作家庭中，政府部门工作的劳动收入风险最低，事业单位的次之，国有企业的劳动收入风险最高。无论是体制内单位工作还是体制外单位工作，暂时性劳动收入风险均高于永久性劳动收入风险。

② 劳动收入风险与城镇家庭风险金融资产投资风险之间存在显著的替代效应。体制内单位工作家庭劳动收入风险低，因而更愿意参与股票等风险金融投资。暂时性劳动收入风险对城镇家庭风险金融资产投资的负向影响大于永久性劳动收入风险，这与现有研究的结论恰恰相反。这主要是由

中国城镇居民保守的风险态度和以住房资产为主的家庭资产结构而产生流动性约束所致。体制内单位工作家庭的劳动收入风险低于体制外单位工作，因而更愿意参与股票等风险金融市场的投资。该结论在控制了体制内单位工作个体的"精英效应"和解决模型存在的内生性问题后仍得到稳健且一致的结果。此外，劳动收入风险对在政府部门、管理者/领导者岗位的双职工家庭参与风险金融市场的负向影响低于在事业单位、国有企业工作的普通单职工家庭。

③ 劳动收入风险的代际传递也将强化劳动收入风险对城镇家庭金融资产投资的负向影响。户主父母在体制内单位工作的，户主进入体制内单位工作的概率也越高，城镇体制内单位工作家庭存在明显的"铁饭碗"代际传递现象，且该效应近年来呈现逐步增强的趋势。体制内单位工作家庭的代际传递效应也带来了劳动收入风险的代际传递。中介效应检验结果表明，户主父母在体制内单位工作通过部分影响户主的职业选择和劳动收入风险进而影响城镇家庭风险金融资产投资。户主父母在体制内单位工作的，户主在体制内单位工作的概率更高，这进一步降低了城镇家庭的劳动收入风险，进而显著提升了城镇家庭风险金融资产投资。

④ 劳动收入风险的变化也会对城镇家庭风险金融资产投资产生影响。将劳动收入风险引入 Merton（1971）动态消费-投资选择模型，发现劳动收入风险的增加挤出了家庭投资。本书以 2012 年新一轮事业单位改革为准自然实验，在控制了样本选择偏误后，使用双重差分模型分析了事业单位改革对城镇体制内单位工作家庭劳动收入风险和城镇家庭风险金融资产投资的影响。研究结果表明，2012 年新一轮的事业单位改革增加了在体制内单位工作城镇家庭的劳动收入风险，进而降低了城镇家庭风险金融资产投资。该效应在东部地区和东北地区的体制内双职工家庭中更加明显。

9.2 政策建议

家庭决策者和政策制定者应注重劳动收入风险在家庭风险金融资产投资中的重要作用。对于家庭决策者来说，应权衡劳动收入风险和金融市场风险，注重人力资本在家庭资产配置中的作用，优化家庭资产配置，实现家庭收益最大化。对于政策制定者来说，应坚持平稳审慎的宏观经济政策，不断完善社会保障体系，加强对劳动者合法权益的有效保护，努力将劳动收入风险控制在合理范围内，以激励家庭更好地参与风险金融市场，不断提升家庭财产性收入。

为实现上述目标，本书从以下7个方面提出具体建议：

第一，积极参与学历教育和职业培训，不断提升劳动者自身素质。随着现代社会分工的日趋复杂和专业化程度的不断提高，工作岗位对劳动者个体素质和专业技能的要求越来越高。本书结果表明，教育不仅是人力资本的重要组成部分，也是提升劳动收入和降低劳动收入风险的重要手段。因此，对于用工企业和劳动者来说，应不断加大劳动者职业和技能培训力度，全面提升劳动者素质，以满足日趋复杂的社会分工需要。

第二，根据家庭劳动收入风险，合理参与风险金融市场。劳动者应全面评估自身面临的劳动收入风险，选择合理的理财方案。对于银行等金融机构来说，应根据投资者的劳动收入风险水平制定个性化的理财方案。针对劳动收入风险较高的投资者，制定并推荐风险和收益相对较低的理财方案；针对劳动收入风险较低的投资者，制定并推荐风险和收益相对较高的理财方案，以优化家庭资产配置，增加家庭财产性收入。同时，基于家庭生命周期下的家庭责任、风险与需求，充分运用保险的保障属性、保值属性和法律属性，依托"保险+服务"综合解决方案，设计综合性的保险方案。努力扩大保险覆盖面。鼓励保险机构改善产品设计，提高服务质量，提供受普通家庭欢迎的保险品种。

第三，普及金融教育，提升居民基本金融素养。居民教育程度和金融素养的提升，可以增加居民对风险的认知能力，也可以增加对金融市场风险的认知，帮助城镇家庭充分利用金融市场工具，改变以往以住房和存款为主的家庭资产结构，合理配置家庭资源，增加家庭财产性收入。努力帮助居民理解金融概念和原理，掌握金融工具和服务，培养财务规划和决策能力，增强金融风险意识和防范能力，识别金融诈骗、避免过度借贷等。政府应制定相关政策，鼓励和支持金融机构、学校、社区等多方参与金融教育。利用电视、广播、互联网等多种媒体渠道,以及学校、社区等实体场所,广泛宣传金融知识。针对青少年、成年人、老年人等不同人群,开发适合其年龄和认知水平的金融教育课程。鼓励金融机构承担责任,金融机构可以在其业务中融入金融教育元素,如为客户提供金融知识咨询服务,或在营业场所设置金融知识宣传栏。

第四,健全劳动保障法律法规,保护劳动者合法权益。政府和立法机关应进一步建立健全劳动保障相关法律法规,加强对劳动者合法权益的保护。法律的生命在于执行,在劳动保障执法过程中应更多地向低收入群体、临时就业和自由职业者倾斜,重点解决不签订劳动合同、不缴纳或者少缴纳社会保险、违法解除劳动合同、拖欠工资及不执行最低工资标准等问题,切实保障劳动者的合法权益。加快推动基本劳动标准立法进程,明确工时、休息休假、工资、职业安全卫生等劳动基准规范。建立健全政府监督、社会监督和舆论监督相结合的劳动保障监督体系。鼓励和支持工会、行业协会等社会组织参与劳动保障监督工作,发挥其在维护劳动者权益方面的积极作用。建立健全法律援助制度,为经济困难的劳动者提供必要的法律援助和支持。同时,鼓励和支持律师事务所、法律援助机构等社会组织为劳动者提供优质的法律服务。通过维护劳动者获取基本工资和社会保障的权益,进一步降低劳动者的劳动收入风险。

第五,完善收入分配政策,加大对低收入群体的转移支付。一是优化财政转移支付制度。增加转移支付资金规模。中央和地方政府应进一步增加对低收入群体的转移支付资金,确保资金充足,能够满足低收入群体的基本生活需求。精准识别低收入群体。建立健全低收入群体识别机制,确保转移支付资金能够精准地发放到真正需要的人手中。完善转移支付结构。优化一般性转移支付和专项转移支付的比例,确保资金既能够覆盖低收入群体的基本生活需求,又能够支持其长远发展。二是加强税收调节。完善个人所得税制度。通过提高个人所得税起征点、增加专项附加扣除等方式,适当扩大转移支付覆盖面,并逐步提高保障水平,减轻低收入群体的税收负担。加大对高收入群体的税收调节力度。通过累进税率等方式,增加高收入群体的税收贡献,为转移支付提供更多资金来源。

第六,加快家庭数字化转型,扩大数字金融的覆盖面。以移动支付、智能手机等数字技术为代表的数字化转型浪潮,对家庭的灵活就业和创业活动产生了显著的正向影响,为家庭经济的多元化发展开辟了新的路径。一方面,要依托新基建的推进,不断扩大移动网络的覆盖面,确保更多边远地区的家庭能够接入移动互联网,享受数字生活的便利。为低收入家庭提供购机补贴、优惠套餐等政策措施,降低他们使用数字设备的门槛。推广智能手机、平板电脑等数字设备,以及相关的应用软件和服务,提高家庭数字技术的普及率。另一方面,要加强数字技术的教育培训,特别是对老年群体、农村家庭及受教育水平较低的家庭,要进行有针对性的知识培训,提升他们应用数字技术的能力。这能够有效缩小数字鸿沟,也让更多普通家庭享受到数字经济带来的红利,实现家庭经济的可持续发展。此外,鼓励金融机构开发适合家庭使用的数字金融产品,如移动支付、网络借贷、智能投资顾问等,满足家庭多样化的金融需求。优化数字金融服务的流程和体验,提高服务效率和客户满意度。例如,通过简化注册流程、提供个性化推荐等方式,提升用户体验。

第七,完善社会保障体系,将劳动收入风险控制在合理范围内。目前,中国家庭结构正呈现出小型化、老龄化、独居化的趋势,家庭规模小型化意味着传统互帮互助的保障模式将进一步弱化,亟须通过市场化的手段应对潜在风险。《中国家庭风险保障体系白皮书(2023)》进一步显示,中国家庭普遍对疾病、意外伤残、死亡、养老、财富保值增值、财富安全六类风险的关注度较高,但在健康、医疗与养老方面存在较大缺口[1]。社会保障体系可以通过养老保险、医疗保险和失业保险等形式对劳动者的收入风险和健康风险进行保障,降低劳动者劳动收入的不确定性。社会保障体系不应只关注正式就业的劳动者,也应该向临时就业者、创业者和自由职业者倾斜,合理管控其劳动收入风险。在社会保险体系的基础上,可以引入商业保险,发挥各自优势。例如,参照补充医疗保险的形式,引入补充失业保险,当劳动者面临

---

[1] 《中国家庭风险保障体系白皮书》发布,填补中国家庭保险消费研究空白[EB/OL].(2023-04-24)[2024-06-30].https://www.zzwb.cn/news/303570.

失业问题时，可以获取相对较高的更稳定的基本收入，保障其基本生活水平。特别是新冠疫情加剧了体制外单位工作家庭的劳动收入风险，导致其工资性收入降低，并增加了失业风险。政府应坚持将"六稳""六保"作为宏观经济政策的核心目标，将劳动收入风险控制在合理范围内，保证居民的基本生活水平。

9.3 研究展望

本书分析了城镇家庭体制内和体制外单位工作的劳动收入风险差异及其对家庭风险金融资产投资的影响。但是，本书也存在一些问题，在后续研究中可以进一步修正：

首先，由于中国家庭追踪调查（CFPS）数据存在的诸多限制，现有数据只能观测到个体的职业类型，无法进一步区分劳动者所在企业所属行业和企业规模，因此，无法进一步控制企业规模和所属行业对个体劳动收入风险的影响，以及对家庭风险金融资产投资的影响。在进一步的研究中，可以考虑从企业规模和所属行业的角度进一步修正劳动收入风险测度方法，更精准地测度城镇家庭劳动收入风险并分析其对家庭风险金融资产投资的影响。

其次，2012年开始的新一轮事业单位改革以实现政事分离为目标，剥离事业单位的行政职能，改革后不同岗位的职工身份将发生变化，如公立医院医生等生产经营单位的职工将转制为企业职工，而城管执法、环境监察等承担行政功能的岗位将改为参公管理事业编制。现有事业单位工作人员的劳动收入风险不同程度和不同方向的变化，这对城镇家庭风险金融资产投资也会产生影响。然而，由于本轮单位改革尚未完成，需要进一步追踪观测在事业单位工作的城镇家庭的劳动收入风险变化及其对家庭风险金融资产投资的影响。

最后，2019年末开始的新冠疫情导致国内众多企业停产停工，严格的人员外出限制和隔离措施也使得居民消费需求暂时被遏制，生产和投资暂时中断，企业利润下降，财务压力和破产风险上升。2020年3月以来，国内新冠疫情虽然得到了有效控制，但是全球范围内的疫情暴发使得国外企业大量停工，所在国政府也纷纷仿效中国，制定严格的隔离措施，导致对中国产品需求也大幅降低，这更加重了国内出口企业经营压力和破产风险。对于在体制外单位工作的劳动者来说，严格的出行和隔离措施降低了劳动者的劳动参与率和工资性收入，企业经营压力的增加和破产概率的上升也增加了体制外单位工作劳动者的失业风险。2022年12月26日，国家卫生健康委发布《关于对新型冠状病毒感染实施"乙类乙管"的总体方案》①，明确指出2023年1月8日起，对新型冠状病毒感染实施"乙类乙管"。新冠疫情"乙类乙管"时代体制内和体制外单位工作劳动收入风险变化也尚不确定，这需要进一步长期追踪调查城镇家庭收入、消费和投资变动情况，以更加全面地分析劳动收入风险变化对城镇家庭风险金融资产投资的影响。

---

① 关于印发对新型冠状病毒感染实施"乙类乙管"总体方案的通知［EB/OL］.（2022-12-26）［2024-06-30］. https：//www.gov.cn/xinwen/2022-12/27/content_5733739.htm.

参考文献

[1] ADDOUM J M, STEFANOS D, KORNIOTIS G M. Consumption-income sensitivity and portfolio choice [J]. The review of asset pricing studies, 2019 (6): 91-136.

[2] AJZEN I. The theory of planned behavior [J]. Organizational behavior & human decision processes, 1991, 50 (2): 179-211.

[3] ALFARO L, CHARI A, GREENLAND A, et al. Aggregate and firm-level stock returns during pandemics, in real time [R]. National bureau of economic research working paper series, No. 26950, 2020. https://www.nber.org/papers/w26950.

[4] AMPUDIA M, VAN VLOKHOVEND H, ZOCHOWSKI D. Financial fragility of Euro Area households [J]. Journal of financial stability, 2016, 27 (12): 250-262.

[5] ANDERLONI L, BACCHIOCCHI E, VANDONE D. Household financial vulnerability: an empirical analysis [J]. Research in economics, 2012, 66 (3): 284-296.

[6] ANDO A, MODIGLIANI F. The "life cycle" hypothesis of saving: aggregate implications and tests [J]. American economic review, 1963, 53 (1): 55-84.

[7] ANGERER X, LAM P S. Income risk and portfolio choice: an empirical study [J]. The journal of finance, 2009, 64 (2): 1037-1055.

[8] ARRONDEL L, MASSON A. Stockholding in France [M]. London: Palgrave Macmillan UK, 2003.

[9] BAEK S, MOHANTY S K, GLAMBOSKY M. COVID-19 and stock market volatility: an industry level analysis [J]. Finance research letters, 2020, 37 (11): 1-10.

[10] BAGLIANO F C, MORANA C. Permanent and transitory dynamics in house prices and consumption: some implications for the real effects of the financial crisis [J]. Applied financial economics, 2010, 20 (1): 151-170.

[11] BARASINSKA N, SCHAEFER D, STEPHAN A. Individual risk attitudes and the composition of financial portfolios: evidence from German household portfolios [J]. The quarterly

review of economics and finance, 2012, 52 (1): 1-14.

[12] BECKER G, DIMPFL T. Labor income risk and households' risky asset holdings [J]. Studies in economics & finance, 2016, 33 (2): 262-280.

[13] BECKER S O, ICHINO A. Estimation of average treatment effects based on propensity scores [J]. The stata journal, 2002, 2 (4): 358-377.

[14] BENJAMIN B. Inter-generation differences in occupation [J]. Population studies, 1958 (3): 262-268.

[15] BERTOCCHI G, BRUNETTI M, TORRICELLI C. Who holds the purse strings within the household? The determinants of intra-family decision making [J]. Journal of economic behavior & organization, 2014, 101 (1): 65-86.

[16] BETERMIER S, JANSSON T, PARLOUR C, et al. Hedging labor income risk [J]. Journal of financial economics, 2012, 105 (3): 622-639.

[17] BLALOCK H M, BLAU P M, DUNCAN O D. The American occupational structure [J]. American journal of sociology, 1968, 33 (2): 296.

[18] BODIE Z, MERTON R C, SAMUELSON W F. Labor supply flexibility and portfolio choice in a life cycle model [J]. Journal of economic dynamics and control, 1992, 16 (3-4): 427-449.

[19] BRUNETTI M, GIARDA E, TORRICELLI C. Is financial fragility a matter of illiquidity? An appraisal for Italian households [J]. Review of income and wealth, 2016, 62 (4): 628-649.

[20] CAI M, ZHAO J, PAN R, et al. Household life-cycle asset allocation and background risk of labor income [J]. China finance review international, 2013, 3 (2): 117-130.

[21] CAMPBELL J Y. Household finance [J]. The journal of finance, 2006, 61 (4): 1553-1604.

[22] CARDAK B A, WILKINS S R. The determinants of household risky asset holdings: Australian evidence on background risk and other factors [J]. Journal of banking & finance, 2009, 33 (5): 850-860.

[23] CARROLL C D. A theory of the consumption function, with and without liquidity constraints [J]. Journal of economic literature, 2001, 15 (3): 23-45.

[24] CHIU M C, PUN C S, WONG H Y. Big data challenges of high-dimensional continuous-time mean-variance portfolio selection and a remedy [J]. Risk analysis, 2017 (2): 475-496.

[25] CLAUDIO D, LUIGI P. Family labor supply and asset returns [J]. European economic review, 2020, 124 (4): 1-22.

[26] COCCO J F, GOMES F J, MAENHOUT P J. Consumption and portfolio choice over the life cycle [J]. Review of financial studies, 2015, 18 (2): 491-533.

[27] DAI S, LI H. Study on the systemic risk of China's stock markets under risk-neutral conditions [J]. Journal of mathematical finance, 2019 (9): 54-79.

[28] FLAVIN M, YAMASHITA T. Owner-occupied housing and the composition of the household portfolio [J]. American economic review, 2002, 92 (1): 345-362.

[29] FRIEDMAN M. Studies in the quantity theory of money [J]. Economica, 1956, 28 (2): 234-245.

[30] GOMES, FRANCISCO J, MICHAELIDES, et al. Portfolio choice with internal habit formation: a life-cycle model with uninsurable labor income risk [J]. Review of economic dynamics, 2003, 6 (4): 729-766.

[31] GUISO L, JAPPELLI T. Background uncertainty and the demand for insurance against insurable risks [J]. Geneva papers on risk & insurance-issues and practice, 1998, 23 (6): 7-27.

[32] GUISO L, JAPPELLI T, TERLIZZESE D. Income risk, borrowing constraints, and portfolio choice [J]. American economic review, 1996, 86 (1): 158-172.

[33] GUISO L, PAIELLA M. Risk aversion, wealth, and background risk [J]. Journal of the European economic association, 2008 (6): 1109-1150.

[34] GUISO L, SAPIENZA P, ZINGALES L. Time varying risk aversion [J]. Journal of financial economics, 2018 (6): 403-421.

[35] GUISO L, SODINI P. Household finance: an emerging field [J]. Handbook of the economics of finance, 2012 (2): 1397-1532.

[36] HARRIS C, LAIBSON D. Instantaneous gratification [J]. Quarterly journal of economics, 2013, 128 (1): 205-248.

[37] HEATON J, LUCAS D. Portfolio choice and asset prices: the importance of entrepreneurial risk [J]. The journal of finance, 2002, 55 (3): 1163-1198.

[38] HEATON J, LUCAS D. Portfolio choice in the presence of background risk [J]. Economic journal, 2010, 110 (460): 1-26.

[39] HUANG M C. Risk diversification gains from metropolitan housing assets [J]. Review of financial economics, 2019, 37 (4): 453-481.

[40] IRINA G, JANI K. How the investor's risk preferences influence the optimal allocation in a credibilistic portfolio problem [J]. Journal of systems science and information, 2019, 7 (4): 317-329.

[41] IWAISAKO T. Household portfolios in Japan [J]. Japan & the world economy, 2009, 21 (4): 373-382.

[42] JI S, PENG S. Terminal perturbation method for the backward approach to continuous time mean-variance portfolio selection [J]. Stochastic processes & their applications, 2008, 118 (6): 952-967.

[43] JOHN M K. The general theory of employment, interest, and money [M]. Cambridge: Cambridge University Press, 1936.

[44] KOCH M P, WENZELBURGER J. Equilibria in the CAPM with non-tradeable endowments [J]. Journal of mathematical economics, 2018, 75 (1): 93-107.

[45] KONNO, HIROSHI, SUZUKI, et al. A mean-variance-skewness portfolio optimization model [J]. Journal of the operations research society of Japan, 1995, 38 (2): 173-187.

[46] LEE H S. Consumption-portfolio choice with subsistence consumption and risk aversion change at retirement [J]. Journal of inequalities & applications, 2018 (1): 165-181.

[47] LEVY H. Mean-variance, stochastic dominance and the investment horizon [M]. Berlin: Springer International Publishing, 2016.

[48] LI D, NG W L. Optimal dynamic portfolio selection: multiperiod mean-variance formulation [J]. Mathematical finance, 2000, 10 (3): 387-406.

[49] LUSARDI A, SCHNEIDER D, TUFANO P. Financially fragile households: evidence and implications [R]. National bureau of economic research working paper series, No. 17072, 2011. https://www.nber.org/papers/w17072.

[50] MA G, SIU C C, ZHU S P. Dynamic portfolio choice with return predictability and transaction costs [J]. European journal of operational research, 2019 (2): 278-293.

[51] MAO, JAMES C T. Models of capital budgeting, E-V vs E-S [J]. Journal of financial & quantitative analysis, 1970, 5 (1): 657-671.

[52] MARKOWITZ H. Portfolio selection [J]. The journal of finance, 1952, 7 (1): 77-91.

[53] MERTON R C. Lifetime portfolio selection under uncertainty: the continuous-time case [J]. Review of economics and statistics, 1969, 51: 247-257.

[54] MERTON R C. Optimum consumption and portfolio rules in a continuous-time model [J]. Journal of economic theory, 1971, 3 (4): 373-413.

[55] MICHAELIDES H A. Portfolio choice and liquidity constraints [J]. International economic review, 2003, 44 (1): 143-177.

[56] MINCER J A. Schooling, experience, and earnings [M]. Columbia: Columbia University Press, 1974: 83-96.

[57] MODIGLIANI F. The life-cycle hypothesis, the demand for wealth, and the supply of capital [J]. Social Research, 1966 (33): 160-217.

[58] MUTH J F. Rational expectations and the theory of price movements [J]. Econometrica, 1961, 29 (3): 315-335.

[59] PAIELLA G M. Risk aversion, wealth, and background risk [J]. Journal of the European economic association, 2008, 6 (6): 1109-1150.

[60] PELIZZON L, WEBER G. Efficient portfolios when housing needs change over the life cycle [J]. Journal of banking and finance, 2009, 33 (11): 2110-2121.

[61] ROSEN H S, WU S. Portfolio choice and health status [J]. Journal of financial economics, 2004, 72 (3): 457-484.

[62] ROY A D. Safety first and the holding of assets [J]. Econometrica, 1952, 20 (3): 431-449.

[63] SCHMIDT L, SEVAK P. Gender, marriage and asset accummulation in the United States [J]. Feminist economics, 2006, 12 (1): 139-166.

[64] SCHULTZ T W. Investment in human capital [J]. American economic review, 1961, 51 (1): 1-17.

[65] SHARPE W F. A simplified model for portfolio analysis [J]. Management science, 1963, 9 (2): 277-293.

[66] SHUM P, FAIG M. What explains household stock holdings? [J]. Journal of banking & finance, 2006, 30 (9): 2579-2597.

[67] TAE Y P, PATRYK B. Does cognitive aging affect portfolio choice? [J]. Journal of economic psychology, 2018, 66 (6): 1-12.

[68] TSAI H J, WU Y R. Optimal portfolio choice for investors with industry-specific labor income risks [J]. Finance research letters, 2014, 11 (4): 429-436.

[69] VANDENBERGHE V, ROBIN S. Evaluating the effectiveness of private education across countries: a comparison of methods [J]. Labour economics, 2004, 11 (4): 490-506.

[70] VICEIRA L M. Optimal portfolio choice for long-horizon investors with nontradable labor income [J]. The journal of finance, 2001, 56 (2): 433-470.

[71] WAITE L J, GALLAGHER M. The case for marriage: why married people are happier, healthier, and better off financially [J]. Journal of marriage & family, 2001, 63 (3): 10-11.

[72] XIE S, LI Z, WANG S. Continuous-time portfolio selection with liability: mean-variance model and stochastic LQ approach [J]. Insurance mathematics & economics, 2008, 42 (3): 943-953.

[73] XIN M. Labor market outcomes and reforms in China [J]. Journal of economic perspectives, 2012, 26 (4): 75-101.

[74] YILMAZER T, LICH S. Portfolio choice and risk attitudes: a household bargaining approach [J]. Review of economics of the household, 2015 (13): 219-241.

[75] 李嘉图. 政治经济学及赋税原理 [M]. 郭大力, 王亚南, 译. 北京: 商务印书馆, 1976.

[76] 配第. 赋税论 [M]. 马妍, 译. 北京: 中国社会科学出版社, 2010.

[77] 斯密. 国民财富的性质和原因的研究 [M]. 郭大力, 王亚南, 译. 北京: 商务印书馆, 1972.

[78] 白云丽, 曹月明, 刘承芳, 等. 农业部门就业缓冲作用的再认识: 来自新冠肺炎疫情前后农村劳动力就业的证据 [J]. 中国农村经济, 2022 (6): 65-87.

[79] 白重恩, 钱震杰. 谁在挤占居民的收入: 中国国民收入分配格局分析 [J]. 中国社会科学, 2009 (5): 99-115, 206.

[80] 边燕杰, 张展新. 市场化与收入分配: 对1988年和1995年城市住户收入调查的分析 [J]. 中国社会科学, 2002 (5): 97-111, 205.

[81] 蔡昉, 张丹丹, 刘雅玄. 新冠肺炎疫情对中国劳动力市场的影响: 基于个体追踪调查的全面分析 [J]. 经济研究, 2021, 56 (2): 4-21.

[82] 蔡继明, 陈臣. 论古典学派价值理论的分野 [J]. 经济学动态, 2017 (6): 143-154.

[83] 蔡继明, 刘媛, 高宏, 等. 数据要素参与价值创造的途径: 基于广义价值论的一般均衡分析 [J]. 管理世界, 2022, 38 (7): 108-121.

[84] 曹扬. 社会网络与家庭金融资产选择 [J]. 南方金融, 2015, 471 (11): 40-48.

[85] 曹芸静. 新形势下完善地方机关事业单位编外聘用人员管理的几点建议 [J]. 中国市场, 2019 (20): 106-107.

[86] 柴时军. 移动支付是否放大了家庭债务风险?: 基于家庭财务杠杆视角的微观证据 [J]. 西南民族大学学报 (人文社科版), 2020, 41 (10): 122-133.

[87] 陈斌开, 李涛. 中国城镇居民家庭资产: 负债现状与成因研究 [J]. 经济研究, 2011 (增刊1): 55-66.

[88] 陈琪,刘卫.健康支出对居民资产选择行为的影响:基于同质性与异质性争论的探讨[J].上海经济研究,2014(6):111-118.

[89] 陈刚,卫艳青.独生子女的"体制内"就业偏向:来自CHFS2011的经验证据[J].制度经济学研究,2017(3):177-197.

[90] 陈瑞祥.为什么存在公务员热:基于中国部门人力资本定价机制的比较研究[J].青年研究,2010(3):88-93.

[91] 陈怡安.代际传递:父母政治资本是否有利于子女创业[J].制度经济学研究,2016(4):44-62.

[92] 陈莹,武志伟,顾鹏.家庭生命周期与背景风险对家庭资产配置的影响[J].吉林大学社会科学学报,2014(5):73-80.

[93] 陈赟,沈艳,王靖一.重大突发公共卫生事件下的金融市场反应[J].金融研究,2020(6):20-39.

[94] 陈运森,黄健峤,韩慧云.股票市场开放提高现金股利水平了吗?:基于"沪港通"的准自然实验[J].会计研究,2019(3):55-62.

[95] 程恩富,顾钰民.新的活劳动价值一元论:劳动价值理论的当代拓展[J].当代经济研究,2001(11):16-20,72.

[96] 程虹,李唐.人格特征对于劳动力工资的影响效应:基于中国企业—员工匹配调查(CEES)的实证研究[J].经济研究,2017(2):173-188.

[97] 褚翠翠,孙旭.中国职业代际流动的趋势及子代教育的作用[J].劳动经济研究,2019,7(2):122-139.

[98] 邓可斌,关子桓,陈彬.宏观经济政策与股市系统性风险:宏微观混合β估测方法的提出与检验[J].经济研究,2018,53(8):68-83.

[99] 丁际刚,兰肇华.前景理论述评[J].经济学动态,2002(9):64-66.

[100] 董婧璇,臧旭恒,姚健.移动支付对居民家庭金融资产配置的影响[J].南开经济研究,2022(12):79-96.

[101] 段军山,崔蒙雪.信贷约束、风险态度与家庭资产选择[J].统计研究,2016,33(6):62-71.

[102] 段军山,洪榕,吴倩雯,等.婚姻状况与家庭风险资产选择:基于中国家庭金融调查(CHFS)的经验证据[J].金融学季刊,2016(1):20-50.

[103] 冯亚南,肖庆宪.Merton模型在非有效市场中的适用性分析[J].商业时代,2008(36):64-65.

[104] 高扬,申怡然,徐嘉熙.投资者情绪对科创板市场收益率的影响:基于文本数据挖掘视角[J].运筹与管理,2022,31(2):184-190.

[105] 关璐.雇佣状态对工作产出的影响研究:事业单位编外与编内员工的对比[J].兰州学刊,2015(1):197-202.

[106] 郭丛斌,丁小浩.中国劳动力市场分割中的行业代际效应及教育的作用[J].教育研究,2005(1):36-42.

[107] 郭佩.疫情下日本就业保障体系的再构建与挑战[J].东北亚学刊,2022(5):74-90,149.

[108] 郭士祺,梁平汉.社会互动、信息渠道与家庭股市参与:基于2011年中国家庭金融调查的实证研究[J].经济研究,2014(增刊1):116-131.

[109] 韩雷,陈华帅,刘长庚."铁饭碗"可以代代相传吗?:中国体制内单位工作代际传递的实证研究[J].经济学动态,2016(8):61-70.

[110] 郝大海,李路路.区域差异改革中的国家垄断与收入不平等:基于2003年全国综合社会调查资料[J].中国社会科学,2006(2):110-124.

[111] 何兴强,史卫.健康风险与城镇居民家庭消费[J].经济研究,2014(5):34-48.

[112] 何兴强,史卫,周开国.背景风险与居民风险金融资产投资[J].经济研究,2009,44(12):119-130.

[113] 何杨平,何兴强.健康与家庭风险金融资产投资参与程度[J].华南师范大学学报(社会科学版),2018,232(2):136-143.

[114] 胡春阳,马亚明,马金娅.重大事件冲击下金融市场与实体经济间双向尾部风险溢出效应[J].金融经济学研究,2023,38(2):3-19.

[115] 胡寄窗.西方经济学说史[M].上海:立信会计出版社,1991.

[116] 胡振,臧日宏.收入风险、金融教育与家庭金融市场参与[J].统计研究,2016(12):67-73.

[117] 胡支军,叶丹.基于损失厌恶的非线性投资组合问题[J].中国管理科学,2010,18(4):28-33.

[118] 黄磊,黄思刚.数字金融、居民劳动参与及家庭财务脆弱性[J].技术经济,2023,42(12):109-124.

[119] 江静琳,王正位,廖理.农村成长经历和股票市场参与[J].经济研究,2018,53(8):84-99.

[120] 姜励卿,钱文荣.公共部门与非公共部门工资差异的分位数回归分析[J].统计研究,2012,29(1):68-73.

[121] 金泉，李辉文，苏庆新，等．新冠肺炎疫情突发事件对中小微企业企业家信心的影响及对策：基于中国企业创新创业调查（ESIEC）数据库的分析［J］．产业经济评论，2020（2）：49-58.

[122] 金岳成．新冠疫情对我国金融资产价格的动态影响研究［J］．金融发展评论，2023（2）：65-78.

[123] 蓝波，庄雷．新冠肺炎疫情对金融市场冲击的影响研究［J］．统计与决策，2021（5）：129-133.

[124] 雷晓燕，周月刚．中国家庭的资产组合选择：健康状况与风险偏好［J］．金融研究，2010（1）：35-49.

[125] 李爱梅，凌文辁．心理账户：理论与应用启示［J］．心理科学进展，2007（5）：727-734.

[126] 李百兴，王博．新环保法实施增大了企业的技术创新投入吗？：基于PSM-DID方法的研究［J］．审计与经济研究，2019（1）：91-100.

[127] 李彬彬．马克思对亚当·斯密价值理论的批判和超越：基于《政治经济学批判（1861—1863年手稿）》的研究［J］．马克思主义理论学科研究，2023，9（12）：34-43.

[128] 李波，朱太辉．债务杠杆、金融素养与家庭金融脆弱性：基于中国家庭追踪调查CFPS 2014的实证分析［J］．国际金融研究，2020（7）：25-34.

[129] 李冠华，陶帅．家庭收入波动、杠杆率与消费支出：基于中国家庭金融调查的微观证据［J］．南方金融，2022（1）：12-25.

[130] 李凤，罗建东，路晓蒙，等．中国家庭资产状况、变动趋势及其影响因素［J］．管理世界，2016（2）：45-56.

[131] 李任玉，杜在超，何勤英．富爸爸、穷爸爸和子代收入差距［J］．经济学（季刊），2014（1）：231-258.

[132] 李容，张凯，曹斌，等．普惠金融、数字渗透与家庭金融脆弱性［J］．财经科学，2023（11）：17-32.

[133] 李瑞晶，王丽媛．数字金融、家庭财务脆弱性与返贫风险：基于中国家庭金融调查数据的实证检验［J］．南方金融，2023（1）：37-49.

[134] 李涛．社会互动、信任与股市参与［J］．经济研究，2006（1）：34-45.

[135] 李涛，郭杰．风险态度与股票投资［J］．经济研究，2009（2）：57-68.

[136] 李涛，朱俊兵，伏霖．聪明人更愿意创业吗？：来自中国的经验发现［J］．经济研究，2017（3）：93-107.

[137] 李维安. 深化国企改革与发展混合所有制 [J]. 南开管理评论, 2014, 17 (3): 1.

[138] 李心丹. 行为金融理论: 研究体系及展望 [J]. 金融研究, 2005 (1): 175-190.

[139] 李亚玲, 陶小龙. 劳动经济学 [M]. 北京: 科学出版社, 2019.

[140] 李焱芳, 王薛瑶, 张晶, 等. 普通民众在新冠肺炎期间的心理调查 [J]. 国际感染病学, 2020, 9 (2): 308-310.

[141] 李云峰, 徐书林, 白丽华. 金融知识、过度自信与金融行为 [J]. 宏观经济研究, 2018 (3): 33-47.

[142] 李志萌, 盛方富. 新冠肺炎疫情对我国产业与消费的影响及应对 [J]. 江西社会科学, 2020, 40 (3): 5-15.

[143] 李仲飞, 汪寿阳. 摩擦市场的最优消费-投资组合选择 [J]. 系统科学与数学, 2004, 24 (3): 406-416.

[144] 廖婧琳, 王聪. 制度环境差异与居民金融市场参与: 基于各国经济制度环境差异的比较 [J]. 经济体制改革, 2017 (3): 178-184.

[145] 廖宇航. 健康风险冲击对劳动参与的影响: 一个反事实的因果分析 [J]. 人口与经济, 2019 (4): 30-46

[146] 林毅夫, 刘培林. 自生能力和国企改革 [J]. 经济研究, 2001 (9): 60-70.

[147] 刘逢雨, 赵宇亮, 何富美. 经济政策不确定性与家庭资产配置 [J]. 金融经济学研究, 2019, 34 (4): 98-109.

[148] 刘进军. 中国城镇居民家庭异质性与风险金融资产投资 [J]. 经济问题, 2015 (3): 51-55.

[149] 刘圣尧, 李怡宗, 杨云红. 中国股市的崩盘系统性风险与投资者行为偏好 [J]. 金融研究, 2016 (2): 55-70.

[150] 刘雯. 社会资本对家庭金融资产配置的影响研究 [J]. 调研世界, 2019 (8): 55-60.

[151] 刘昕, 王俊杰. 事业单位职员制改革: 进程、问题与对策 [J]. 国家行政学院学报, 2013 (4): 48-52.

[152] 刘彦林, 马莉萍. 体制内单位工作的代际传递及机制研究: 基于全国高校毕业生就业调查数据 [J]. 教育与经济, 2018, 145 (5): 42-49.

[153] 刘永泽, 唐大鹏. 关于行政事业单位内部控制的几个问题 [J]. 会计研究, 2013 (1): 59-64, 98.

[154] 刘志国, MA J. 劳动力市场的部门分割与体制内就业优势研究 [J]. 中国人口科学, 2016 (4): 85-95.

[155] 刘志国,MA J. 谁进入了体制内部门就业:教育与家庭背景的作用分析[J]. 统计与信息论坛,2016,31(7):76-82.

[156] 刘志阳. 国外行为金融理论述评[J]. 经济学动态,2002(3):71-75.

[157] 卢现祥,梁玉. 寻租、人力资本投资与"公务员热"诱因[J]. 改革,2009(11):149-154.

[158] 卢亚娟,张菁晶. 农村家庭金融资产选择行为的影响因素研究:基于CHFS微观数据的分析[J]. 管理世界,2018(5):98-106.

[159] 路晓蒙,侯晓华,尹志超. 国企改革与企业现金持有行为:来自中国工业企业数据库的经验证据[J]. 上海金融,2019(5):1-12,22.

[160] 路晓蒙,李阳,甘犁. 中国家庭金融投资组合的风险:过于保守还是过于冒进?[J]. 管理世界,2017(12):102-118.

[161] 路晓蒙,尹志超,张渝. 住房、负债与家庭股市参与:基于CHFS的实证研究[J]. 南方经济,2019(4):41-61.

[162] 吕承文,傅亦倩. 法治化视野中我国编制分类管理改革路径思考[J]. 行政科学论坛,2019(10):38-42.

[163] 吕学梁,吴卫星. 借贷约束对于中国家庭投资组合影响的实证分析[J]. 科学决策,2017(6):55-76.

[164] 马克思,恩格斯. 马克思恩格斯文集[M]. 中共中央马克思恩格斯列宁斯大林著作编译局,译. 北京:人民出版社,2009.

[165] 马征程,杨朝军,蔡明超. 住房资产对风险型金融资产投资的影响:基于我国家庭的实证研究[J]. 上海金融,2019,462(1):3-10.

[166] 孟亦佳. 认知能力与家庭资产选择[J]. 经济研究,2014(增刊1):132-142.

[167] 莫亚琳,王淑婕. 数字普惠金融与家庭金融资产投资:基于链式多重中介效应的分析[J]. 投资研究,2024,43(1):118-140.

[168] 钱先航,曹廷求,曹春方. 既患贫又患不安:编制与公共部门的收入分配研究[J]. 经济研究,2015(7):59-73.

[169] 钱羽. 中国居民劳动收入风险与投资组合选择:城市与农村的区别[D]. 北京:对外经济贸易大学,2010.

[170] 乔涵,刘新刚. 马克思股票观点再探及其对新常态下中国股市发展的启示[J]. 武汉理工大学学报(社会科学版),2018,31(3):21-27.

[171] 秦学志,吴冲锋. 模糊随机风险偏好下的证券投资组合选择方法[J]. 管理科学学报,2003,6(4):73-76.

[172] 单树峰. 行为金融理论中的投资者行为[J]. 国际金融研究, 2004（3）: 15-20.

[173] 沈国兵. 新冠肺炎疫情对我国外贸和就业的冲击及纾困举措[J]. 上海对外经贸大学学报, 2020, 27（2）: 16-25.

[174] 沈丽, 米映静. 重大突发公共卫生事件下宏观经济波动对银行业风险影响研究述评[J]. 经济与管理评论, 2021, 37（6）: 102-111.

[175] 沈悦, 李朝前, 赵欣悦, 等. 重大风险事件下全球股票市场风险传染效应研究[J]. 国际经贸探索, 2023, 39（4）: 82-99.

[176] 盛丹. 国有企业改制、竞争程度与社会福利: 基于企业成本加成率的考察[J]. 经济学（季刊）, 2013, 12（4）: 1465-1490.

[177] 史本叶, 杨善然. BGG-DSGE模型下罕见灾难风险宏观经济效应研究: 兼论新冠肺炎疫情的宏观经济影响[J]. 吉林大学社会科学学报, 2021, 61（2）: 116-127, 237.

[178] 史代敏, 宋艳. 居民家庭金融资产选择的实证研究[J]. 统计研究, 2005, 22（10）: 43-49.

[179] 宋炜, 蔡明超. 劳动收入与中国城镇家庭风险资产配置研究[J]. 西北人口, 2016（3）: 26-31.

[180] 苏斌原, 叶苑秀, 张卫, 等. 新冠肺炎疫情不同时间进程下民众的心理应激反应特征[J]. 华南师范大学学报（社会科学版）, 2020（3）: 79-94.

[181] 苏冬蔚, 毛建辉. 股市过度投机与中国实体经济: 理论与实证[J]. 经济研究, 2019, 54（10）: 152-166.

[182] 粟亚亚. 网络舆情的金融资产价格波动效应研究[D]. 长沙: 湖南大学, 2020.

[183] 孙文凯, 樊蓉. 重估中国近年体制内工资溢价: 基于CFPS数据的实证分析[J]. 经济学动态, 2017（5）: 91-103.

[184] 孙文凯, 王晶, 李虹. 中国近年体制内工资溢价趋势: 来自中国综合社会调查（CGSS）数据的证据[J]. 劳动经济研究, 2016（4）: 73-97.

[185] 谭松涛. 行为金融理论: 基于投资者交易行为的视角[J]. 管理世界, 2007（8）: 140-150.

[186] 谭远发. 父母政治资本如何影响子女工资溢价: "拼爹"还是"拼搏"？[J]. 管理世界, 2015（3）: 22-33.

[187] 唐楚文, 练宇泽, 罗颖, 等. 新冠肺炎疫情对睡眠质量的影响及其相关因素[J]. 国际精神病学杂志, 2023, 50（4）: 627-630.

[188] 唐举,黄智华.高一年级学生逻辑推理能力与数学学业成绩的关系研究[J].数学通报,2019(7):11-13.

[189] 田利辉,谭德凯.大宗商品现货定价的金融化和美国化问题:股票指数与商品现货关系研究[J].中国工业经济,2014(10):72-84.

[190] 田祥宇,王鹏,唐大鹏.我国行政事业单位内部控制制度特征研究[J].会计研究,2013(9):29-35.

[191] 涂巍,王治国,邹恒甫.转型期的中国经济波动特征[J].统计研究,2015(4):10-15.

[192] 万丽梅.美国上市公司退市制度[J].中国金融,2019,897(3):57-58.

[193] 王聪,田存志.股市参与、参与程度及其影响因素[J].经济研究,2012(10):98-108.

[194] 王向楠.金融综合经营的风险效应研究:基于中国股市的数据[J].当代经济科学,2019,41(2):39-50.

[195] 王海军,杨虎.数字金融渗透与中国家庭债务扩张:基于房贷和消费的传导机制[J].武汉大学学报(哲学社会科学版),2022,75(1):114-129.

[196] 王琎,吴卫星.婚姻对家庭风险资产选择的影响[J].南开经济研究,2014(3):100-112.

[197] 王靖一,郭峰,李勇国.用金融科技缓解疫情对个体工商户的冲击[N].中国财经报,2020-03-10(5).

[198] 王澜明.改革开放以来我国事业单位改革的历史回顾[J].中国行政管理,2010(6):7-12.

[199] 王稳,桑林.社会医疗保险对家庭金融资产配置的影响机制[J].首都经济贸易大学学报,2020,22(1):21-34.

[200] 王珍珍,钟佳琪,吴正言,等.新冠肺炎流行期间江苏省心理援助热线来电特征[J].中国心理卫生杂志,2021,35(4):344-349.

[201] 王智波,李长洪.好男人都结婚了吗?:探究我国男性工资婚姻溢价的形成机制[J].经济学(季刊),2018,15(3):917-940.

[202] 王宗润,何博.考虑劳动收入风险的多阶段投资组合研究[J].工业技术经济,2020,39(10):153-160.

[203] 汪祚军,匡仪,陈嫒,等.为群体决策更保守?责任感增强群体代表的风险规避[C]//中国心理学会.第十八届全国心理学学术会议摘要集:心理学与社会发展.天津.2015:800-801.

[204] 魏滨辉，罗明忠．数字普惠金融对农业服务业的影响：来自中国地级市的经验证据［J］．金融经济学研究，2023，38（5）：61-74．

[205] 卫兴华．关于深化对劳动和劳动价值理论的认识问题［J］．经济学动态，2000（12）：9-17．

[206] 卫兴华．劳动价值论的坚持与发展问题［J］．经济纵横，2012（1）：7-13．

[207] 温博慧，孟新新，赵志尚．数字金融对家庭社会关系网络风险分担的影响：基于家庭金融脆弱性视角［J］．广东财经大学学报，2023，38（6）：54-71．

[208] 温忠麟，叶宝娟．中介效应分析：方法和模型发展［J］．心理科学进展，2014，22（5）：731-745．

[209] 吴鹤群，成晓越．风险社会视域下"校园贷"问题的生成及应对［J］．当代青年研究，2018（1）：106-111．

[210] 吴洪，徐斌，李洁．社会养老保险与家庭金融资产投资：基于家庭微观调查数据的实证分析［J］．财经科学，2017（4）：45-57．

[211] 吴卫星，高申玮．房产投资挤出了哪些家庭的风险资产投资？［J］．东南大学学报（哲学社会科学版），2016（4）：56-66．

[212] 吴卫星，齐天翔．流动性、生命周期与投资组合相异性［J］．经济研究，2007（2）：97-110．

[213] 吴卫星，丘艳春，张琳琬．中国居民家庭投资组合有效性：基于夏普率的研究［J］．世界经济，2015，38（1）：154-172．

[214] 吴卫星，荣苹果，徐芊．健康与家庭资产选择［J］．经济研究，2011（增刊1）：43-54．

[215] 吴卫星，谭浩．夹心层家庭结构和家庭资产选择：基于城镇家庭微观数据的实证研究［J］．北京工商大学学报（社会科学版），2017，32（3）：1-12．

[216] 吴卫星，邵旭方，陶利斌．家庭财富不平等会自我放大吗？：基于家庭财务杠杆的分析［J］．管理世界，2016（9）：44-54．

[217] 吴卫星，王治政，吴锟．家庭金融研究综述：基于资产配置视角［J］．科学决策，2015（4）：69-94．

[218] 吴卫星，吴锟，王琎．金融素养与家庭负债：基于中国居民家庭微观调查数据的分析［J］．经济研究，2018，53（1）：97-109．

[219] 吴卫星，尹豪．职业声望、信贷约束与金融市场参与［J］．财贸经济，2019（5）：52-65．

[220] 吴卫星，尹豪．工作时长与风险金融市场参与［J］．国际金融研究，2019（6）：77-86．

[221] 吴雨，李晓，李洁，等．数字金融发展与家庭金融资产组合有效性［J］．管理世界，2021，37（7）：92-104，7．

[222] 吴再发．陷阱与跨越：校园贷视阈下的大学生消费引领［J］．福州大学学报（哲学社会科学版），2017，31（2）：105-108．

[223] 萧端，吕俞璇．教育背景与我国家庭股票市场参与：基于CFPS微观数据的实证分析［J］．经济理论与经济管理，2018，330（6）：82-97．

[224] 邢春冰．经济转型与不同所有制部门的工资决定：从"下海"到"下岗"［J］．管理世界，2007（6）：23-37．

[225] 杨科威．考虑不可对冲收入的最优消费-投资选择［J］．管理科学学报，2009（5）：82-91．

[226] 杨璐．金融资产对我国城镇家庭消费影响的实证分析［J］．商业经济研究，2020（4）：46-49．

[227] 杨筝，刘放，李茫茫．利率市场化、非效率投资与资本配置：基于中国人民银行取消贷款利率上下限的自然实验［J］．金融研究，2017（5）：85-100．

[228] 杨子晖，陈雨恬，张平淼．重大突发公共事件下的宏观经济冲击、金融风险传导与治理应对［J］．管理世界，2020，36（5）：13-35，7．

[229] 杨之旭，彭海云，辛素飞．疫情后期青少年的抑郁和焦虑变迁趋势及其潜在因果：一项追踪研究［J］．心理学报，2024，56（4）：482-496．

[230] 姚海祥，姜灵敏，马庆华，等．考虑通货膨胀因素下的连续时间均值-方差投资组合选择［J］．控制与决策，2013，28（1）：43-48．

[231] 易丽丽．我国行政类事业单位改革探索：基于对三个试点省（市）的调研思考［J］．中国行政管理，2012（9）：34-37．

[232] 易行健．新冠肺炎疫情对经济金融的冲击研究：基于国际文献综述及其扩展分析［J］．金融经济学研究，2020，35（3）：3-16．

[233] 易行健，周利．数字普惠金融发展是否显著影响了居民消费：来自中国家庭的微观证据［J］．金融研究，2018（11）：47-67．

[234] 尹力博，韦亚，韩复龄．中国股市异象的时变特征及影响因素研究［J］．中国管理科学，2019，27（8）：14-25．

[235] 尹彦辉，孙祥栋，徐朝．新冠肺炎疫情与宏观经济波动：基于DSGE模型的分析及启示［J］．统计与决策，2020，36（7）：85-90．

[236] 尹志超．切实加强家庭财务风险防范［N］．经济日报，2023-12-27（9）．

[237] 尹志超, 甘犁. 公共部门和非公共部门工资差异的实证研究 [J]. 经济研究, 2009 (4): 129-140.

[238] 尹志超, 李青蔚, 张诚. 金融知识与家庭财务脆弱性: 基于中国家庭金融调查数据的实证研究 [J]. 财经问题研究, 2023 (2): 39-49.

[239] 尹志超, 宋全云, 吴雨. 金融知识、投资经验与家庭资产选择 [J]. 经济研究, 2014 (4): 62-75.

[240] 尹志超, 宋全云, 吴雨, 等. 金融知识、创业决策和创业动机 [J]. 管理世界, 2015 (1): 87-98.

[241] 尹志超, 吴雨, 甘犁. 金融可得性、金融市场参与和家庭资产选择 [J]. 经济研究, 2015 (3): 87-99.

[242] 虞斌, 何建敏. 基于预防性储蓄动机的中美股市财富效应比较研究: 对牛市和熊市的检验 [J]. 西安电子科技大学学报 (社会科学版), 2010, 20 (6): 35-44.

[243] 于志善, 徐建中. 事业单位的功能定位与活力建设: 兼谈分类推进事业单位改革的实践与对策 [J]. 理论探讨, 2014 (5): 170-173.

[244] 袁会, 季益富, 靳胜春, 等. 新冠肺炎疫情前后个体的心理健康状况及心理应激的调查 [J]. 神经损伤与功能重建, 2021, 16 (1): 21-24.

[245] 岳崴, 王雄, 张强. 健康风险、医疗保险与家庭财务脆弱性 [J]. 中国工业经济, 2021 (10): 175-192.

[246] 曾志耕, 何青, 吴雨, 等. 金融知识与家庭投资组合多样性 [J]. 经济学家, 2015 (6): 86-94.

[247] 张兵, 吴鹏飞. 收入不确定性对家庭金融资产选择的影响: 基于 CHFS 数据的经验分析 [J]. 金融与经济, 2016 (5): 28-33.

[248] 张车伟, 薛欣欣. 国有部门与非国有部门工资差异及人力资本贡献 [J]. 经济研究, 2008 (4): 17-27, 67.

[249] 张峰, 黄玖立, 禹航. 体制内关系与创业 [J]. 管理世界, 2017 (4): 92-105.

[250] 张璐, 万迪昉, 商晨, 等. 分类账户制度能够抑制市场过度投机吗?: 来自中国股指期货市场的经验证据 [J]. 当代经济科学, 2017, 39 (5): 48-56, 125-126.

[251] 张敏, 胡慧, 陈波. 公共卫生事件冲击下的就业政策效应: 二元劳动力市场搜寻匹配视角 [J]. 经济研究, 2022, 57 (7): 64-83.

[252] 张腾文, 王威, 于翠婷. 金融知识、风险认知与投资收益: 基于中小投资者权益保护调查问卷 [J]. 会计研究, 2016 (7): 66-73.

[253] 张晓妮. 消费金融研究评述与展望 [J]. 商业经济研究, 2020 (5): 171-173.

[254] 张欣, 臧旭恒. 家庭资产结构、流动性约束与异质性消费者行为 [J]. 消费经济, 2020, 36 (1): 13-25.

[255] 张义博. 公共部门与非公共部门收入差异的变迁 [J]. 经济研究, 2012 (4): 77-88.

[256] 张岳, 万安泽, 彭世广. 中国居民投资风险偏好的影响因素研究 [J]. 海南金融, 2019, 365 (4): 4-11.

[257] 郑美华, 孔的漩. 数字普惠金融、过度负债与家庭财务风险 [J]. 安徽农业大学学报（社会科学版）, 2024, 33 (1): 64-75.

[258] 中国家庭金融调查与研究中心, 蚂蚁集团研究院. 中国家庭财富指数研究报告: 疫情下中国家庭财富的变动趋势 [R]. 成都: 西南财经大学, 2020.

[259] 钟震, 郭立. 新冠肺炎疫情对中小银行的影响及对策研究 [J]. 武汉金融, 2020 (3): 37-41, 59.

[260] 周广肃, 樊纲, 李力行. 收入差距、物质渴求与家庭风险金融资产投资 [J]. 世界经济, 2018 (4): 53-74.

[261] 周广肃, 梁琪. 互联网使用、市场摩擦与家庭风险金融资产投资 [J]. 金融研究, 2018, 451 (1): 84-101.

[262] 周弘. 风险态度、消费者金融教育与家庭金融市场参与 [J]. 经济科学, 2015, 37 (1): 79-88.

[263] 周建锋. "人口红利"、劳动者利益与我国经济转型: 基于马克思经济学理论的分析 [J]. 厦门大学学报（哲学社会科学版）, 2019, 253 (3): 83-90.

[264] 周磊, 孙宁华, 钱国军. 新冠肺炎疫情冲击、劳动力市场波动与稳就业的财政规则: 基于搜寻摩擦的DSGE模型 [J]. 商业研究, 2022 (4): 43-57.

[265] 周利, 柴时军, 周李鑫泉. 互联网普及如何影响中国家庭债务杠杆率 [J]. 南方经济, 2021 (3): 1-18.

[266] 周钦, 袁燕, 臧文斌. 医疗保险对中国城市和农村家庭资产选择的影响研究 [J]. 经济学（季刊）, 2015 (3): 109-138.

[267] 周洋, 刘雪瑾. 认知能力与家庭创业: 基于中国家庭追踪调查（CFPS）数据的实证分析 [J]. 经济学动态, 2017 (2): 66-75.

[268] 朱涛, 葛婷婷, 周娜. 基于家庭财富视角的收入差距研究 [J]. 当代经济, 2009 (12): 149-151.

[269] 朱涛, 卢建, 朱甜, 等. 中国中青年家庭资产选择: 基于人力资本、房产和财富的实证研究 [J]. 经济问题探索, 2012 (12): 170-177.

[270] 朱涛,谢婷婷,王宇帆. 认知能力、社会互动与家庭金融资产配置研究[J]. 财经论丛(浙江财经大学学报), 2016 (11): 47-55.

[271] 朱武祥,张平,李鹏飞,等. 疫情冲击下中小微企业困境与政策效率提升:基于两次全国问卷调查的分析[J]. 管理世界, 2020 (4): 13-25.

[272] 朱永王,费为银,苏凯. 带有习惯形成的最优消费-投资与闲暇选择问题[J]. 南京信息工程大学学报(自然科学版), 2012, 4 (5): 476-480.

[273] 宗庆庆,刘冲,周亚虹. 社会养老保险与我国居民家庭风险金融资产投资:来自中国家庭金融调查(CHFS)的证据[J]. 金融研究, 2015 (10): 99-114.

[274] 邹静娴,孟星屹. 新冠疫情对劳动力市场的影响分析:来自发达国家的借鉴[J]. 国际经济评论, 2023 (2): 109-130, 7.

后　记

时光荏苒，岁月如梭。

这句话从本科毕业论文的致谢写到了硕士论文的致谢，再到博士论文的致谢，现在又用在了学术生涯第一本专著中。提笔往事，想说的话很多，却又不知该从何处起笔。

本书是基于我 2020 年博士学位论文《劳动收入风险与城镇家庭风险金融资产投资》和 2021 年博士后科学基金《突发公共卫生事件对城镇家庭资产配置的影响及机制研究》研究报告综合完成的。限于个人学力，书中不足之处，敬请各位师友批评指正。

15 年前，我坐着绿皮火车，从齐鲁大地奔赴西北关中，孜孜求学，七载有余。8 年前，从陕西杨凌来到了首都北京，环境在变，求知求真之心却从未改变。我一直追求的不仅是攻读博士学位，更希望能够尽我所学服务社会。一路走来，感谢曾帮助过我的、批评过我的、引导过我的所有人。

感谢西北农林科技大学为我提供了攻读学士和硕士学位的机会，在杨凌 7 年的学习和生活，让我感觉自己俨然是一个关中人，两天不吃面总感觉生活中少了些什么，内心已把杨凌当作第二故乡，诚朴勇毅的校训也将激励着我继续前进。

感谢北京师范大学为我提供了攻读博士学位的机会。北京师范大学是北京三环闹市中一片难得的宁静之地，我在此学习生活了 4 年。宿舍、餐厅和图书馆三点一线的生活，简单纯粹，每天阅读文献，每天都有所收获，这种感觉真的很好。

感谢杨晓维老师 4 年来的悉心指导和帮助，从讲好故事到奥卡姆剃刀，从契约精神到做个头脑清晰的人，老师的谆谆教诲时刻萦绕耳边。作为杨老师的助教，我一遍又一遍地跟着老师学习微观经济学，也真正发现了经济学的魅力所在。确定选题之后，一次次地讨论，一次次地提出质疑，只为把故事讲得再"圆"一些。

感谢北京师范大学经济与工商管理学院沈越教授、高明华教授和陆跃祥教授，几位老师从入学面试，到博士论文开题、中期考核，再到预答辩，给予了我大量的建议和帮助。

感谢中国科协创新战略研究院和清华大学社会学系的博士后联合培养，帮助我实现从学生身份到科研人员的身份转换，基于经济学基础，立足科技创新实践，开展科技创新理论研究和实践评价。

感谢北京科技大学科技史与文化遗产研究院，来到这里，有一天突然意识到，我不再只是一名科研工作者，又成为一名立德树人的光荣的人民教师。"师者，所以传道受业解惑也"，未来希望能跟研究院的老师们和同学们一起永攀新的高峰。

感谢中国博士后科学基金第69批面上资助，使我在疫情期间可以继续沿着博士论文的研究方向，自由探索新冠疫情背景下家庭资产选择变化及趋势。感谢北京大学中国家庭追踪调查项目和西南财经大学中国家庭金融调查项目，两项调查无偿为本书提供了翔实的数据支撑。

感谢西南财经大学甘犁老师、对外经济贸易大学吴卫星老师、中央财经大学李涛老师、首都经济贸易大学尹志超老师、广东金融学院易行健老师、中国人民大学周广肃老师，以上几位国内家庭金融研究领域的师长和前辈，虽未曾谋面，但前辈的研究给我提供了翔实的研究基础。

感谢家人一直以来对我的默默支持，你们的支持是我迷茫时温暖的港湾，也是我前进道路上无尽的动力。

一个结束意味着另一个开始。希望自己可以继续在学术道路上扎实前进，也希望能够利用自身所学回馈社会。

贺茂斌

2024 年 7 月